MZ세대를 위한 생명존중교육

대표 저자 유영권
노충래 · 송인한 · 신성만 · 신성현 · 유수현
이범수 · 이정상 · 이희영 · 임승희 · 조영순
조흥식 · 최승원 · 최윤영 · 하상훈 · 현명호 공저

MENTAL HEALTH CARE FOR MZ GENERATION

MZ

학지사

발간사

   경제적 성장과 발전에 기반하여 대한민국은 여러 분야에서 괄목할 만한 성장을 이루었습니다. K-Pop, 영화, 음식, 문화 등 다양한 분야의 발전에 대하여 자랑스럽게 생각합니다. 하지만 이러한 성장 뒤에 국민의 행복 지수와 정신건강 지수는 어떤가 의문을 던져 볼 필요가 있습니다. 많은 기관과 단체에서 생명존중교육을 통한 자살예방 운동을 실시하고 있지만 대한민국의 자살률은 여전히 감소하지 않고 있는 상황입니다. 현재 COVID-19를 경험하면서 고립감을 호소하고 경제적 어려움으로 인하여 극단적인 선택을 하는 사람들이 늘어나고 있습니다. 이러한 상황에서 청소년과 대학생들에게 자신의 생명을 사랑하고 스트레스나 위기를 잘 극복할 수 있는 기술을 가르치면 대한민국의 자살률을 낮출 수 있지 않을까 기대하는 교수님, 정신건강 영역 종사자, 사회운동가들이 모여서 생명문화학회를 만들었고, 2015년에는 청소년 생명존중교육 매뉴얼을 작성하였습니다. 이 매뉴얼을 바탕으로 학회에서 청소년과 대학생들에게 생명존중교육을 실시할 수 있는 교재를 만들자는 의견이 모여서 집필진 교수님들을 선정하고 원고를 요청하여 이 책을 출판하게 되었습니다.

   이 저서는 현장에서 상담을 가르치는 선생님, 대학교에서 교양과목으로 생명존중교육을 실시하는 강사, 교수, 자살예방교육에 관심 있는 상담심리사, 사회복지사, 정신건강 전문의, 임상심리사들이 청소년과 대학생들에게 자살예방교육을 체계적으로 가르칠 수 있는 내용으로 구성되어 있습니다. 청소년과 대학생들의 심리 이해를 바탕으로 그들을 이해하고, 청소년과 대학생들의 자살 특징에 대하여 설명하고, 자살 위기 평가 도구, 스트레스 평가 도구와 관리 방법, 청소년, 대학생들과 관계 맺는 방법과 자살 위기에 처했을 때 어떻게 대처해야 하는지 등 구체적인 방법을 제시하고 있습니다.

이 저서가 중·고등학교 그리고 대학교에서 생명존중교육 교재로 사용되기를 바랍니다. 또한 젊은이들에게 생명의 소중함과 주변 사람들이 자살 위기에 처해 있을 때 어떤 행동과 말을 해야 하는지 배움으로써 생명을 지키는 사회의 안전망을 구축하는 데 도움이 되기를 바랍니다. 위기를 겪는 청소년과 대학생이 이 저서를 접하고 읽으면서 자신의 위기를 극복하고 스트레스를 관리할 수 있는 도움을 받았으면 좋겠습니다.

이 저서가 출판되기 위해 지원해 주신 생명문화학회 유수현 이사장님 그리고 임승희 회장님께 감사를 드립니다. 항상 대한민국의 정신건강을 위해 훌륭한 저서를 출판해 주시는 학지사의 김진환 사장님 그리고 무엇보다 귀한 옥고를 제출해 주신 집필진 분들께 감사를 드립니다. 또한 원고 청탁과 학지사와의 연락을 통해 디테일한 부분까지 챙겨 주신 이희영 박사님에게도 감사를 드립니다. 원고 수정을 통해 수고해 준 곽성혜 선생님, 홍은미 선생님에게도 감사를 드립니다.

이 저서가 현장에서 적극적으로 활용되어서 사회적 안전망을 구축하고 치열한 경쟁과 취업난으로 인해 고립되고 힘들어하는 한국의 청소년, 대학생들에게 희망과 숨 쉴 수 있는 안전한 기지를 제공하는 데 도움이 되기를 간절히 바랍니다.

2023년 1월

대표 저자 유영권 교수(연세대학교)

이 책의 활용

『MZ세대를 위한 생명존중교육』의 후반부에는 교육 대상자들과 활동할 때 사용할 수 있도록 내용을 부록으로 구성하였습니다. 활동할 때 교육자는 교육 대상자들에게 부록을 복사하여 나누어 주어 활용해도 됩니다.

이해하기

우선, 교육자는 이 책의 내용을 확실하게 이해할 필요가 있습니다. 이 책은 총 4부로 구성되어 있습니다. 제1부는 이 저서의 대상인 MZ세대 중 청소년과 대학생에 대한 심리·사회적 특성과 정신건강을 이해하도록 구성되었고, 제2부는 자살의 특성에 대해서 이해하는 부분으로 생명의 존엄성, 중독과 자살의 이해, 자살 예방에 대한 법적 이해와 상담윤리로 구성되었으며, 제3부는 자살 위기를 평가하기 위해 자살 위험성 신호와 자살 위기 평가, 스트레스 평가, 자살의 위험요인과 보호요인을 파악하도록 구성되었습니다. 제4부는 실제적으로 정신건강 돌보기, 스트레스 관리하기, 외상 후 스트레스 장애 대처하기, 마음챙김, 건강한 관계 맺기와 자살생존자에 대한 돌봄으로 구성되었습니다.

교육 내용 선택하기

『MZ세대를 위한 생명존중교육』은 교육 대상의 연령, 상황, 관심도에 맞추어 내용을 선별하여 실시할 수 있도록 구성되었습니다. 교육 자료로 사용할 때 교육 대상자들에게 생각할 문제를 제시해 주고 활동할 수 있도록 다양한 활동 사항을 추가하여 구성하였습니다. 이런 활동과 생각할 거리를 통해 토론으로 진행되는 교육이 실시되기를 바랍니다.

PPT 활용

『MZ세대를 위한 생명존중교육』은 교육 대상자들에게 전달하기 쉽게 별도로 PPT를 작성하였습니다. 이 자료를 활용하여 교육 대상자의 연령과 상황, 시간에 맞는 PPT를 발췌하여 사용하기를 추천합니다. 300여 장이 넘는 PPT 자료 중에 교육자가 선별하여 교육을 실시하면 됩니다.

차례

제1부 청소년과 대학생에 대해 알기

제1장 청소년과 대학생의 심리 · 사회적 특성 ········ 15

제2장 청소년과 대학생의 정신건강 ········ 33

[제4부 자살 예방 및 대처하기]

제1부

청소년과 대학생에
대해 알기

제1장

청소년과 대학생의 심리·사회적 특성

유수현(생명문화학회 이사장)

이 장의 목적

1. 표적집단이 되는 청소년과 대학생의 연령 및 세대를 명확히 구분한 후, 이들의 생물학적·심리적·사회적 특성을 파악한다.
2. 청소년과 대학생의 특성은 물론이고, 이들의 가치관과 생활 양식에 적합하도록 생명존중교육의 내용과 방법을 설정하는 데 유용한 정보를 제공함으로써 궁극적으로 자살 예방에 도움을 주고자 한다.

청소년과 대학생은 연령이 13~24세에 속하는 인구집단으로 아동기와 성인기의 중간에 해당한다. 이 시기에 급속한 신체적 성숙이 이루어져 어른의 신체적 형태에 가까워지고 부모에게서 정신적·사회적으로 독립을 추구한다. 그러기 위하여 자신의 정체성을 찾고, 자신의 인간적·사회적 역할과 의무 등에 대한 철학적 사고와 가치관을 확립해야 하는 시기이기도 하다.

청소년과 대학생은 이 시기에 신체적 변화에 대한 적응, 부모와의 심리적 독립과 갈등 해결, 자아정체감의 확립, 또래집단과의 관계 및 이성과의 관계 형성 등 여러 가지 심리사회적 과제에 직면하게 된다. 이러한 발달과제를 성취하지 못하면 성인기 이후 다양한 환경과 사회적 상황에서 혼란을 겪을 수 있다. 이러한 혼란은 과도한 스트레스와 불안, 우울증을 일으켜 자살과 같은 사회부적응 행동으로 이어질 수 있다.

청소년과 대학생의 생명존중교육은 그들의 생물학적·심리적·사회적 특성을 바로 이해하는 것에서 출발해야 한다. 청소년과 대학생에 대한 올바른 지식은 그들로 하여금 인생 과도기의 발달과제에 잘 적응해 나가도록 도울 수 있을 것이다.

1. 청소년 및 대학생의 범위

청소년기는 아동기의 끝과 성인기의 시작을 연결하는 전환기로 사회문화적 특성에 따라 청소년기를 규정하는 연령 범위는 다르다.

「청소년기본법」에서는 9세 이상 24세 이하인 사람을 청소년으로 규정하고 있으나, 「청소년보호법」에서는 만 19세 미만인 사람을 청소년으로 부르며, 「민법」에서는 19세를 성인으로 인정하고 있다. 「아동 · 청소년의 성보호에 관한 법률」과 「대중문화예술산업발전법」에서는 청소년을 만 19세 미만의 사람으로 보며, 「영화 및 비디오물의 진흥에 관한 법률」에서는 18세 미만인 자를 청소년으로 부른다. 또 「형법」에서는 14세 되지 아니한 자를 형사미성년자로 규정하고, 「근로기준법」에서는 15세 미만인 자를 소년으로 보고 있다. 따라서 청소년의 연령 범위는 중학교에 입학하는 13세부터 고등학교를 졸업하는 18세까지로 보는 것이 일반적이다. 그러나 생애주기를 고려하여 중학교 시기인 13~15세를 '청소년 전기', 고등학교 시기인 16~18세를 '청소년 중기', 대학교 시기인 19~24세를 '청소년 후기'로 구분하기도 한다.

요즈음 회자되고 있는 MZ세대의 일부도 청소년 및 대학생 시기에 해당되고 있다. 즉, 1980년대 초에서 2000년대 초에 출생한 밀레니얼 세대(Y세대)와 1995년부터 2005년 사이에 출생한 Z세대를 통칭하여 MZ세대로 부르는데, 이 중 현 시점에서 따져 보면 적게는 16세부터 많게는 26세 정도가 Z세대에 해당된다. 이 Z세대는 고등학생과 대학생에 해당하는 인구집단이다.

이러한 다양한 견해를 고려하여 이 책에서는 중학생부터 대학생 시기에 해당하는 인구집단을 표적으로 삼아 '청소년 및 대학생'으로 구분하였다(〈표 1-1〉 참조). 따라서 이 책에서는 청소년을 중 · 고등학생 시기로 잡고, 대학생은 청소년 후기 또는 성인 초기에 해당하는 연령집단임을 밝혀 둔다.

표 1-1　연령대별 세대 구분과 이 책의 표적집단

출생 년도	2008~ 2006년	2005~ 2003년	2002~ 1997년	1996년	1995년	1994~ 1991년	1990~ 1981년
연령	13~15세	16~18세	19~24세	25세	26세	27~30세	31~40세
세대	A세대	Z세대		(중복)		Millennial세대(=Y세대)	
생애주기	청소년(전기)		청소년(후기)	(중복)		성인 초기	성인기
신분	중학생	고등학생	대학생	(복학생)		일반인/직장인	

출처: 삼정KPMG경제연구원(2019). 서울연구원(2019); 신한카드 빅데이터R&D본부(2021); 유수현 외(2015);
　　 PLAY.D(2021) 등의 자료에서 연령 및 세대 구분을 참고하여 필자가 직접 작성함.

2. 청소년 및 대학생의 생물학적 · 심리적 · 사회적 특성

청소년(adolescence)의 어원은 'adolescre'라는 라틴어의 '성장하다'라는 의미에서 유래하였다. 청소년들은 급작스러운 신체적 성장과 함께 심리사회적 성숙과 변화를 경험하면서 그들만의 특성을 지니고 있다. 청소년과 대학생을 바로 이해하기 위해서는 생물학적, 심리적 그리고 사회적 차원의 전인적 관점에서 바라보아야 한다. 그러므로 이 장에서는 청소년과 대학생들의 생물학적 · 심리적 · 사회적 특성과 이에 따른 생활 유형에 대해 살펴보고자 한다.

1) 생물학적 특성

(1) 신장과 체중의 증가

청소년들은 이 시기에 신장과 체중이 급격히 성장하는데, 이 성장은 21세까지 지속된다. 성인의 98%에 달하는 신장과 체중이 증가하고, 소화기, 폐, 심장 등 내부 기관도 급속히 성장하므로 어른의 신체적 형태에 가까워진다. 신체적 성장과 성숙에 있어서 여자는 8~13세에 특징적인 변화가 시작되는데, 남자는 여자보다 2년 정도 늦게 시작된다. 남자의 신장은 13~14세 무렵에 가장 급속하게 성장하여 그 성장 속도가 여자를 추월한다. 이러한 성장 급등에 대해 청소년들은 두 가지 반응을 보인다. 즉, 신체적 성장은 대개 운동 능력의 발달을 동반하는데, 청소년 자신도 가치 있는 것으로 여겨 긍정적으로 받아들인다. 반면, 급속한 성장이 신체의 모든 부분에서 균등하게 일어나는 것이 아니므로 다소 어색하고 균형이 잡히지 않은 상태에 놓이게 된다.

(2) 체형의 변화와 자아 개념

성장 급등과 함께 체지방에 의해 팔과 다리가 길어지면서 엉덩이, 가슴, 어깨 등 신체 형태도 변화하며, 신체 비율이 어린이 때와는 크게 달라진다. 남자의 경우 엉덩이에 비해 어깨가 넓어지고, 몸통에 비해 다리가 길어지고, 피하지방이 빠르게 없어진다. 반면, 여자는 둔부가 넓어지고, 유방이 커지며 초경이 시작된다. 골반, 가슴 등의 윗부분에 체지방이 축적되어 전체적으로 둥근 형태가 만들어진다. 근육은 25세와 30세 사이에 최대한으로 발달하며 그 이후로는 일반적으로 점차 쇠퇴한다. 시각과 청각은 물론 다른 감각 또한 이 시기에 최고로 민감하다.

외모는 청소년에게 매우 중요한데, 일반적으로 여자가 남자보다 더 자신의 외모 특히 체중과 비만에 대해 비판적이며 불만족하는 경향이 있다. 신체상(Body-image)과 매력에 대한 지각은 청소년, 특히 여자의 자존감 수준과 관련이 있다. 이는 자신을 매력적이라고 생각하는 사람이 더 자신감이 있고 자신에 대해 만족한다는 말에 영향을 받는데, 여성의 외모를 지나치게 중시하는 사회 문화에 기인하는 것으로 생각된다.

(3) 생리적 변화와 양면적 감정

청소년 시기에 생식기관이 성숙하고 제2차 성징의 출현으로 생식 능력도 획득하게 된다. 즉, 체모의 성장, 변성, 유방의 발달, 피부 변화, 월경, 몽정 등이 시작되면서 성호르몬의 생성과 분비가 일어나 남자의 경우 고환과 음경이 발달하고, 여자의 경우 난소와 자궁의 발육이 본격적으로 시작되어 성인의 성적 기능을 갖추게 된다. 그 결과로, 성숙에 대한 자부심과 함께 이러한 변화로 인한 불편함에 당황한다.

대부분의 청소년은 부모나 학교로부터 성적인 성숙에 대하여 충분히 교육받지 않은 상태에서 경험하는 급속한 신체적 변화로 인해 심리적 영향을 받는다. 자신을 더욱 성인에 가깝게 느끼도록 하고, 성역할에 대한 동일시를 강화한다. 그러나 성적 성숙에 따라 일어나는 현상에 대해 즐거움과 불안이라는 양면적인 감정으로 반응한다. 또 급속한 자신의 신체적 변화에 관심이 집중되어 자기도취적 상태에 빠지는 경향이 있다.

(4) 삶의 양식과 건강 상태

일반적으로 청소년 및 대학생 시기가 일생 중 가장 건강한 시기이다. 하지만 건강은 운동과 개인적인 삶의 양식 등 생활습관과 생활 환경 조건에 따라 달라진다. 가난한 환경, 신체적 학대, 타인의 권력 남용에 의한 피해 그리고 불공정한 대우를 받을 경우에 좋지 못한 건강 상태에 노출되고 낮은 수준의 삶으로 살기 쉽다. 적당한 운동과 적절한 수면, 균형 잡힌 식사 조절은 건강을 유지하는 데 필수 요건이 된다. 그러나 일부 대학생의 경우에는 아침 식사를 거르고, 고지방, 고당분의 간식을 먹으며, 흡연과 과도한 음주로 자신의 건강을 해친다. 게다가 대학 생활에서 오는 스트레스를 적절히 관리하지 못하면 신체적 · 정신적 건강을 유지하지 못하기도 한다.

2) 심리적 특성

(1) 정서적 특성

청소년과 대학생의 정서란 발달 과정의 특성과 사회 환경에의 적응 과정에서 일어나는 갖가지 감정 또는 그런 감정을 유발하는 주위의 분위기나 기분을 의미한다.

첫째, 청소년은 발달 과정의 특성상 독립과 의존에 대한 양가감정을 갖게 된다. 즉, 부모에게 분리 및 독립하여 자율성을 찾는 과정에서 독립에 대한 갈망과 분리되는 것에 대한 불안감을 동시에 갖는다. 청소년들은 대체적으로 감정의 기복이 심하며, 긍정적이거나 부정적인 감정의 교차와 자부심과 수치심의 교차가 빈번하게 일어난다. 따라서 청소년의 심리는 불안정하고, 행동은 변화무쌍하며, 에너지는 차고 넘친다(홍현희, 2021).

둘째, 입시 위주의 교육 환경이 청소년의 정서에 영향을 미친다. 학업성적이 부진한 아이들은 학업 성적이 우수한 아이들보다 우울감, 스트레스, 현실에 대한 불만족 등의 정신건강상에 문제가 있을 가능성이 높으며, 청소년 비행 심지어는 자살의 가능성도 높다(이성식, 1996, pp. 30-47). 또한 기초교육조차 안 되었거나 학업에 흥미를 상실한 경우에는 압박감과 열등의식을 느낀 나머지 자포자기의 형태나 도피의 일환으로 가출을 시도하기도 한다(김향초, 1998).

셋째, 청소년과 대학생의 정서는 감정의 표출과 대처 방식에 따라 부적응 행동이나 비행으로 발전하기도 한다. 이들의 감정 표현은 일관적이기보다는 불안정하고, 긍정적인 감정보다는 부정적인 감정의 표출이 더 높아질 수 있다. 친구들과 공유할 수 없는 감정의 경험을 통해서 고립감을 느끼기도 한다. 감정의 표현이나 수용에 엄격한 청소년과 대학생들은 자신의 강한 감정 상태에 대해 부끄러움을 느끼고 표현을 지나치게 억제하므로 사회적 고립이나 부적응 행동으로 이어질 수도 있다. 반면에 감정을 일으키는 자극에 충동적이고 즉각적인 반응을 보이는 경우도 있다. 청소년과 대학생의 기복이 심한 감정은 가족관계와 또래관계에 영향을 미치기도 한다. 따라서 청소년과 대학생들은 자신의 감정에 보다 관대해지고, 자신의 격한 감정을 받아들이며, 이러한 감정 상태에 과민하게 반응하지 않는 것을 주요 과제로 삼을 필요가 있다.

(2) 인지·도덕적 특성

청소년 및 대학생이 다른 사람의 행동이나 사건, 상황에 대해 어떤 의미를 부여하고 잘잘못을 가리는지는 인지적·도덕적 특성으로 파악할 수 있다. 피아제(Jean Piaget)는 도덕이란 규칙을 존중하는 태도와 상호성 혹은 동등성을 고려하는 것이라고 하였다. 청소년 및 대학생 시기에는 아동기에 가졌던 타율적 도덕성(external morality)이 자기를 다스리고 조절할 수 있는 자율적 도덕성(internal morality)으로 변해 간다(유수현 외, 2015, p. 151). 청소년기는 피아제가 말하는 형식적 조작기(formal operational period)에 해당된다. 형식적 조작이란 가설적이고 추상적인 사상과 개념을 논리적으로 다룰 수 있고, 형식 논리에 의해 사고할 수 있는 정신 능력을 의미한다. 청소년과 대학생들은 자신의 사고를 비판적으로 검토할 수 있고, 경험해 본 적이 없는 사건에 대해서도 논리적인 원리에 의해서 인과관계를 추론할 수 있으며 더 추상적으로 사고할 수 있다. 하지만 청소년과 대학생들이 추상적 이론과 관념적인 사상에 몰두하여 불완전한 현실을 비판하거나 비관하고, 미래의 진학, 취업, 결혼에 지나친 염려를 함으로써 과도한 불안을 갖게 할 수 있다.

셀먼(Robert L. Selman)은 14세 이후 청소년 및 대학생 시기에 '제3자적 조망수용 능력'[1]에서 나아가 '사회적 조망수용 능력'이 발달한다고 하였다. 이 사회적 조망수용 능력이란 자신과 타인의 상호작용 속에서 사회적 가치가 반영된 집단 조망이 존재하는 것을 인식하고, 더 큰 사회적 가치에 의해 영향을 받을 수 있다는 것을 인식하는

---

1) 중립적인 제3자의 관점에서 자신과 타인의 행동을 고려하고, 제3자에게 자신과 타인이 어떻게 보일지 상상할 수 있는 능력

능력이다.

콜버그(Kohlberg, 2000, p. 166)는 청소년기에는 가족, 집단 혹은 국가의 기대에 따르며, 기존의 사회 질서를 적극적으로 지지하고 정당화하는 인습적 수준(conventional level)의 도덕성이 발달한다고 보았다. 청소년들은 다른 사람을 기쁘게 하거나 도움을 주고 그들에게서 착한 아이라고 인정받기 위해 행동한다. 이들은 주어진 의무를 수행하고 권위를 존중하며 정해진 규칙과 기존의 사회 질서를 유지하는 것이 옳은 행동이라고 여긴다. 그러다가 후인습적 수준(post-conventional level), 즉 자율적 단계에 들어서면 후기 청소년과 대학생들은 도덕적 관점과 법적 관점을 구분하고, 도덕적 관점은 사회적 인습과 법적 규제에 앞서는 것으로 받아들인다. 어떤 법이 불의의 행동을 지지하기 때문에 불복해야 한다는 상황이 제기될 경우에 도덕적 원리에 입각하여 적절한 행위를 선택하게 된다. 도덕적 행동이란 일반 개개인의 권리와 전체 사회에서 인정한 기준에 의한 것, 즉 「대한민국헌법」에 명시된 공식적 도덕성을 의미하는 사회적 계약을 지향한다. 그리고 개인의 도덕적 판단은 보편적인 공명정대의 원칙, 기본적 인권의 동등성, 개인의 존엄성을 존중하는 방향으로 발전한다. 후기 청소년들은 '정의(right)'란 스스로 선택한 논리적 일반성, 보편성, 일관성을 나타내는 도덕적 원리에 일치하는 양심의 결정이라고 믿는다.

(3) 자아정체감

자아정체감(ego identity)이란 일반적으로는 자신에 대한 확신, 신념, 생각이나 평가를 뜻한다. 그리고 자신이 가지고 있는 여러 특성—성격, 취향, 가치관, 능력, 세계관, 미래관, 인간관 등—을 이해하는 '심리적인 상태'를 말한다.

아동이 나이를 먹고 몸이 커진다고 성인이 되는 것이 아니라, 생각을 행동으로 옮기는 용기를 낼 수 있어야 성인이 될 수 있다. 성인은 자신에게 주어진 과제를 독립적으로 해낼 수 있는 능력이 있어야 하는데, 이때 요구되는 것이 바로 자아정체감이다. 개인의 정체감은 자아 개념 및 자아존중감과 서로 관련되어 있다. 자아정체감은 인성과도 밀접한 관계가 있어서 자아정체감이 높은 집단일수록 인성 수준이 높다(손경원, 엄상현, 2019, pp. 199-252).

청소년들은 자기 행동에 대해 자주적인 선택을 위하여 부모의 가치와 규범을 나름대로 재평가하면서 점점 더 '나는 무엇인가?' '무엇을 할 것인가?' '나는 미래에 어떻게 될 것인가?' 등의 의문을 갖게 된다. 이러한 현상은 자아정체감을 형성하는 과정으로서 아동기에 그 뿌리를 두고 청소년기를 거쳐 성인기에 이르기까지 지속되지만, 특히 청소년 후기와 대학생 시기가 가장 중요하다.

에릭슨(Erik H. Erikson)은 청소년 후기에 자아정체감이 형성된다고 주장하였다. 이 자아정체감이란 개인이 청소년기 동안에 획득해야 하는 일종의 포괄적인 성취로서 성인기 이전의 모든 경험으로부터 유래한다. 자아정체감이 형성된 사람은 신념, 가치관, 정치적 견해, 직업 등에서 스스로 의사결정을 할 수 있다. 자아정체감을 지닌 사람은 개별성, 통합성, 지속성을 경험한다. 여기서 개별성이란 가치나 동기, 관심을 타인과 공유하더라도 자신은 타인과 구별되는 고유한 존재라는 인식을 말한다. 통합성이란 자신의 욕구, 태도, 동기, 행동 양식 등이 전체적으로 통합되어 있다는 느낌이며, 지속성이란 과거, 현재 그리고 미래로 시간이 경과해도 자신은 동일한 사람이라는 인식을 의미한다.

마르시아(James E. Marcia)는 청소년이 의사결정을 해야만 하는 위기에 직면한 경험의 유무와 그때 스스로 의사결정에 전념한 경험의 유무에 따라 자아정체감 지위를 분류하였다(〈표 1-2〉 참조). 즉, 정체감 성취(identity achievement), 정체감 유실(foreclosure), 정체감 유예(moratorium) 그리고 정체감 혼란(identity diffusion)이 그것이다.

표 1-2 마르시아의 자아정체감 지위 구분

구분	위기 직면 경험 있음	위기 직면 경험 없음
독자적 의사결정에 전념한 경험 있음	정체감 성취	정체감 유실
독자적 의사결정에 전념한 경험 없음	정체감 유예	정체감 혼란

출처: Marcia (1973): Argyle (1973), p. 340에서 재인용.

첫째, 정체감 성취란 위기를 성공적으로 극복하고, 자신의 가치관과 정치적·개인적 신념 체계를 확립하고, 자신의 의사에 따라 자율적 의사결정을 하며, 직업적 역할을 성공적으로 수행할 수 있는 상태를 말한다. 정체감 성취는 과거의 경험을 미래의 희망과 적절히 연결시켜 만족스러운 방향으로 통합시키도록 이끌어 준다.

둘째, 부모나 사회의 가치관을 자신의 것으로 그대로 선택하므로써 정체감의 위기를 한 번도 겪어 보지 못한 청소년이 직업이나 가치관에 관해 쉽게 의사결정을 내리지만 독립적 의사결정을 하지 못하는 상태가 정체감 유실에 해당한다. 이렇게 주위 사람들의 요구에 따라 미숙한 결정을 내리는 것은 성장하고 변화할 수 있는 여러 가지 기회가 차단됐다는 것을 의미한다.

셋째, 정체감 위기 상태에 처하여 정체감을 확립하기 위해 다양한 역할 실험을 수행하고 있는 상태로 정체감 성취나 정체감 혼란 중 어느 방향으로도 나아갈 수 있는 가능성이 있는 경우가 정체감 유예 또는 일시적인 정지(moratorium)에 해당된다. 정체감 위기 동안에 극심한 분노를 겪었으나 아직도 개인의 가치관이나 직업 선택을 하지 못한 사람은 자신이 무엇을 믿어야 하고, 무엇을 해야 하는가에 대한 대립적인 감정을 가지는 것이 특징이다. 이 범주에 속한 청소년은 신의 존재와 같은 종교적인 문제에 심하게 논쟁하기도 하는데, 매우 비판적이지만 해결할 수 없는 문제에 대해 그러하다.

넷째, 정체감 확립을 위한 노력도 없고, 기존 가치관에 대한 의문도 제기하지 않는 상태에서 개인적 신념 체계를 확립하지 못하여 자기 자신의 능력에 대해 회의를 품고, 직업 역할을 수행하지도 못하는 청소년들이 정체감 혼란에 속한다. 이들은 위기에 직면한 경험도 없고, 개인적인 신념이나 자신의 직업 선택에 관하여 분명한 결정을 할 수 없어 고통을 겪는다. 또 자존감이 낮고 결의가 약한 것이 특징이다. 이러한 사람들은 한 곳에서 몇 달 이상 머물지 못하고 떠돌아다니며, 진지한 개입을 결코 할 수 없으며, 자신이 선택한 것에 대해 무의미하게 생각하고, 자신에 대한 어떤 견해도 확고하게 받아들이지 못한다. 이들이 정체감 혼란을 넘긴다고 하더라도 결코 이 문제를 해결할 수 없다.

(4) 성역할에 대한 정체감

청소년들은 초기에 일어나는 신체적 변화를 자신의 성역할에 대한 정체감에 통합하게 된다. 성역할에 대한 정체감은 청소년 후기에 이르기까지 재개념화되고 확고해지는데, 청소년 후기를 통과해 나가면서 성인 남자와 여자에게 주어지는 성역할 행동에 대한 사회적 기대를 접하게 된다. 남성의 경우 아동기에는 신체적 힘과 공격성, 정서표현의 억제 등과 같은 전통 사회의 남성다움과 동일시하려고 한다. 하지만 청소년 후기부터는 경제적 지위, 정서적 민감성, 자기주장 능력 등과 같은 현대 사회의 남성다움과 동일시하여야 하므로 성역할 정체감 형성에서 많은 갈등과 긴장을 경험한다. 여성의 경우에는 아동기에 성과 관련된 제약을 적게 받지만 청소년기에 이르게 되면 엄격한 성역할을 강요받는다. 그리고 청소년 후기가 되어서는 전통적 여성상인 현모양처와 현대적 여성상인 유능한 여성이라는 두 가지 성역할 사이에서 갈등과 긴장을 경험한다. 이러한 중요한 경험에 의해서 성역할 정체감이 확고해지고 성적 사회화가 이루어진다.

그러나 정형화된 성역할이 때로는 부정적인 자아 개념(self-concept)을 갖게 하여 여성뿐만 아니라 남성에게도 불리하게 작용할 때도 있다. 예컨대, 성취, 경쟁 및 감정의 억압과 같은 전통적인 남성 역할의 강조가 결국은 여성보다 남성의 수명을 단축시키고, 집안일과 자녀 양육은 여성의 주 임무로 당연시하며, 여성의 외모를 중요시하는 관점이 바로 그것이다.

3) 사회적 특성

(1) 가족관계

청소년은 부모나 가족의 보호, 감독, 간섭에서 벗어나 독립하려는 심리적 경향을 보인다. 부모의 지시를 논리적으로 비판하거나 반항하며 친구관계에서 배운 가치관을 가족관계에 적용하려고 한다. 이때 부모는 청소년이 성장한 데 보람도 느끼지만 거부당하는 데 대한 상실감을 동시에 경험하게 된다. 청소년이 부모의 보호에서 벗어나 자신의 판단에 의해 독립적으로 행동하려는 성향을 심리적 이유(weaning, 離乳)라고 부르는데, 청소년이 심리적 이유를 추구하는 과정에서 부모에게 반항하는 행동적 특성 때문에 제2의 반항기라고도 부른다. 그러므로 청소년기에 안정된 가족관계를 유지하기 위해서는 부모와 자녀가 서로의 의견을 경청하고, 그 차이를 토론하며, 이러한 차이를 극복할 수 있는 방안을 가족 성원이 상의하여 결정할 필요가 있다.

(2) 친구관계

청소년들에게 또래집단이 미치는 영향력은 매우 크다. 청소년은 강한 군중심리를 지니고 또래에게 인정을 받고자 하는 욕구가 강하다. 그들은 특정 집단의 성원이 되기를 추구하는 경향이 있으며 자기가 속한 그 집단 속에서 자신의 존재감을 확인하기도 한다. 이 시기가 되면 집에서 떨어져 밖에서 보내는 시간이 많고, 친구들과의 대화가 일상 활동이 되기 때문이다. 청소년들은 또래집단과 강한 유대관계를 형성하고, 집단 내 지위와 역할을 예측하고 평가하면서 필요한 사회적 기술을 학습하게 된다.

청소년 전기에는 호르몬 분비의 변화를 통해 이성에 대한 관심을 갖게 되지만 실제 동성의 친구들을 더 많이 사귀며, 가장 친한 친구 역시 동성의 친구인 경우가 많고, 자신이 직면한 심각한 문제에 대해 의논하는 상대도 동성의 친구인 경우가 많다. 그래서 청소년 전기에는 동성의 친구관계가 중요하다. 이성과의 친구관계는 1대1의 관계보다는 집단으로 사귀는 것을 선호하는 경향이 있다.

(3) 이성 교제

청소년은 성적인 성숙이 이루어지고 성호르몬의 분비가 높아지면서 이성 친구가 중요한 의미를 지니게 된다. 이성 교제는 대체로 또래집단과의 활동이나 단체 활동을 통해 이루어지며, 이성 교제를 할 때 동성 친구관계의 연장된 형태로 동성과 이성의 친구가 집단으로 접촉하다가 점차 개인적으로 데이트를 하고 사랑에 빠지게 된다. 남녀 간 사랑의 본질과 기쁨을 알아 가기도 하며 성역할과 성적 행동에 대한 기본적인 태도를 배우고 형성해 간다. 청소년기의 이성 교제는 대체로 정신적 사랑에 머물러 있는 경우가 많지만, 성개방 풍조의 확산과 청소년들의 성장 발달 속도가 빨라지면서 신체적 접촉을 하는 경우도 늘고 있다. 청소년기의 이성에 대한 관심은 청소년 후기가 되면서 인생의 동반자를 구하는 사랑으로 변화해 간다.

(4) 진로와 직업 선택

가정에서 자립심, 책임감, 자존감을 배우면서 자란 청소년이 독립적인 성인이 되려면 정서적, 사회적, 경제적으로 독립할 수 있어야 한다. 이 중에서 경제적 독립은 재정적 필요를 채울 수 있는 수단을 확보해야 가능한 것이다. 그래서 청소년 후기에 성취해야 할 가장 중요한 과제 중의 하나가 진로와 직업을 선택하고 이에 따른 준비를 하는 것이다. 직업 선택의 필수 요건은 고용주에게 직업의 대가로 제시할 수 있는 최소한 한 가지의 시장성 있는 기술이나 능력을 개발하는 것이다. 이때 자신의 적성과 흥미를 고려하여 직업을 선택하도록 신중을 기하여야 한다. 이 시기에 직업 선택에 따라 성인기의 삶의 방식이 결정될 것이라고 인식하고 있기 때문에 후기 청소년들은 자신이 원하는 직업을 갖기 위하여 최선의 노력을 한다.

3. Z세대의 가치관과 생활 양식

이 책의 표적 대상인 청소년기~대학생기에 속하는 인구집단 중 16세부터 26세에 속하는 연령층이 Z세대에 해당된다. Z세대란 1995년부터 2005년 사이에 출생하여 현 시점에서 보면 대부분이 고등학생과 대학생들이다. 그런데 이들 중 대학교 복학생에 해당하는 1995~1996년생들은 혹자에 따라서 Z세대 또는 M세대로 분류하므로 MZ에 해당된다. 따라서 청소년과 대학생들을 이해하기 위해 이 MZ세대의 가치관과 생활 특성도 함께 다룰 필요가 있다. 여기서는 주로 Z세대에 중점을 두어 살펴보고자 한다.

M세대와 Z세대는 격변하는 사회에 대한 적응과 도전, 크게 변해 가는 세상 속에서 자신만의 영역을 확장해 나가는 삶과 경험을 탐닉하는 가치관을 가지고 있다. 이 M세대와 Z세대는 디지털 세대로서 재미를 추구하고, 사고가 자유로우며, 사생활 간섭을 싫어한다는 공통점이 있지만 뚜렷한 차이도 보인다. 필자는 우리나라 M세대와 Z세대의 가치관과 행동 및 생활 양식을 중심으로 그 특성을 비교하여 보았다(〈표 1-3〉 참조).

표 1-3   한국의 MZ세대의 특성 비교

비교 기준	M세대(=Y세대)	Z세대
연령대	• 1980~2000년생 (1981~1996년생)	• 1995~2005년생 (1997~2005년생)
영향 받는 대상	• TV, 유명 연예인	• YouTube, 인기 유튜버
커뮤니케이션	• 소셜 미디어(SNS)	• 영상통화
부모와의 관계	• 부모를 권위적이라고 생각함	• 부모를 친구처럼 생각함
관심사	• 자유	• 개인의 행복
라이프 스타일	• 모바일 환경에 익숙하여 스마트폰 활용에 능숙함 • 자기 표현 욕구가 강함	• 태어날 때부터 디지털 환경에 노출된 디지털 원주민 • 나의 만족이 최우선 고려 요소로 개인주의와 다양성을 추구하는 신인류
소비 시 중시점	• 가격, 브랜드에 민감함	• 디자인과 포장, 사회적 가치
소비 패턴	• 실속: 평소에는 실속을 챙기다가 때때로 과감히 소비함	• 편리: 쉽게 충전해서 가볍게 사용함

직업의식	• 디지털창업 • 조직을 위해서가 아니라 함께 일함	• 유연한 고용 • 본업과 부업 멀티태스킹
키워드	• 자기계발, YOLO, 언택트, 가심비, 핫플레이스, 펭수	• 콘텐츠, 크리에이터, 스트리밍, 급식체

출처: 삼정KPMG경제연구원(2019. 5. 18.); 서울연구원(2019. 12.); 신한카드 빅데이터R&D본부(2021). 재인용.

일반적으로 M세대로 불리는 밀레니얼 세대는 베이비붐 세대의 자녀들로 비교적 풍요로운 환경에서 성장했으나, 외환 위기 이후 글로벌 저성장 시대를 거치며 청년 실업을 겪었다. 이 M세대는 TV세대로 연예인이 동경의 대상이었고, 이들로부터 많은 영향을 받아 왔다. 반면에 Z세대는 X세대의 자녀로 생애주기 내 호황기를 누리지 못하고, 사춘기 무렵 글로벌 금융 위기를 겪으며 성장하였다. 이들은 경제관념이 명확하고, 실용적이며, 현재 중심적인 성향을 보이고, 개인주의적이고 자유로운 가치관을 물려받아 부모 세대와 일부 유사함을 보인다. 이들이 가장 중요시하는 가치는 공정으로서 내 노력과 실력에 합당한 평가와 대접을 받고 싶어 한다. 학창 시절부터 주관적인 기준이 반영되는 수행평가 등을 거치면서 '평가'와 '보상'의 기준에 누구보다 민감하기 때문에 공정성과 투명성에 대한 인식도가 높다. 이 Z세대는 다음과 같은 특성을 가지고 있다.

- 디지털 원주민(digital native)이다. 어릴 때부터 디지털 환경에 노출되어 자라서 인터넷과 IT(정보통신기술)에 친숙하며, TV와 컴퓨터보다는 스마트폰, 텍스트보다는 이미지와 동영상 콘텐츠를 선호한다.
- 다양성을 인정한다. 타인의 취향을 존중하며, 각자의 삶의 방식을 인정하고 강요하지 않는다. 타인의 삶을 들여다보고, 또 그 삶을 꿈꾸는 이들과 만남으로써 Z세대는 현재의 삶이 아닌 다양한 삶과의 만남을 끊임없이 추구한다.
- 사생활에 대한 간섭을 싫어하며 자신만의 스타일을 추구한다. 이들은 자신을 가꾸고 챙길 줄 아는 자기 개성이 강한 세대로 민주, 통일, 인권보다는 오직 자신이 잘 먹고 잘 사는 것에 더 큰 관심을 가진다.
- 자신 속에 잠재된 가능성의 확장에 더 열중하며, 이 확장을 통해 미래를 대비한 다양한 대안적 경로를 모색한다. 불안정한 현대에 안주하지 않고 다른 기회를 잡을 수 있는 가능성을 열기 위해 노력한다.

- 온라인을 통한 느슨한 연대를 추구한다. Z세대의 관계망은 후렌드(whoriend)[2]로 불리듯 아주 느슨하다. 그 어떤 누구와도 쉽게 친구가 될 수 있고 또 정리하기도 한다. 이들은 의리 및 우정 등은 애초에 배제된 상태의 친구 사이라고 생각한다.
- 환경과 윤리적 가치를 중요하게 여긴다. 환경 자원의 지속 가능성에 관심을 갖고, 환경 보호에 선한 영향력을 펼치며, 윤리에 위반되지 않는 행동을 하는 데 중점을 둔다.
- 도덕적 감성이 강하여 좋은 일에는 더 적극적으로 참여하려고 한다. 사회 참여의 경우 정치, 사회적 이슈에 기존 세대와는 다른 방식으로 참여한다. 공정, 평등, 기후 변화 같은 사회적 이슈에 적극적으로 목소리를 내고, 무개념이라고 생각되는 사안에는 분노하고 냉정하게 대처한다.

이상에서 보듯이 Z세대는 다양성을 추구하고, 작은 참여라도 소중하게 여기며, 자신만의 스타일을 추구한다. 사회적으로는 느슨한 관계망을 선호하고, 재미있는 놀이에 집중한다. 또 이 세대는 타인의 취향은 존중하면서도 자신의 의견을 토로하는 데 스스럼이 없다. 그렇기 때문에 SNS, 유튜브, 틱톡 등의 플랫폼이 각광받는다.

4. 생명존중교육의 선행 조건

앞서 서술한 바와 같이, 청소년과 대학생 또는 Z세대들의 행동은 그들의 생물학적·심리적·사회적(bio-psycho-social) 특성과 가치관에 의해 영향을 받으며, 이 행동이 생활 양식으로 발전한다. 청소년과 대학생들이 직면하는 인생 과도기의 여러 상황에 적절하게 대처하지 못할 경우에 중대한 위기에 직면하게 된다. 이 시기에 주어지는 학업 수행이나 행동 발달 등 과대한 기대와 요구로 강한 스트레스를 경험하는데, 이를 심리적으로 억압하고 억제해 오다가 자칫 충동적인 행동으로 옮길 수 있기 때문이다.

특히 대인관계에서 친밀감을 형성하지 못하게 되면 배척감이나 고립감을 경험하며, 소외감이나 낮은 자존감으로 인해 고립과 고독감에서 절망감으로 발전하게 된다. 이

---

2) '누구'를 뜻하는 'who'와 '친구'를 의미하는 'friend'의 합성어

때 우리 사회의 생명 경시 풍조와 연계될 경우에는 스스로 생명을 포기하는 부적절한 행동으로 이어질 수 있다. 그러므로 생명존중교육은 이러한 전환기에 있는 청소년과 대학생의 생물학적·심리적·사회적 특성을 이해하고, Z세대의 가치관과 생활 양식을 고려하여 그들의 생애 과업을 잘 수행해 나갈 수 있도록 돕는 방법을 고안해 나가야 할 것이다.

이 장의 요약

청소년과 대학생들은 급속한 신체적 성장과 성숙에 따른 체형의 변화를 경험하며, 외모와 자아 개념에 대해 고민한다. 그들은 부모에게서의 독립과 의존 사이에서 양가감정을 가지고 있다. 청소년들은 대부분 입시 위주의 교육 환경에서 오는 학업 스트레스로 인해 심리적 부담을 경험하기도 한다. 청소년과 대학생들은 자아정체감의 형성기에 또래집단의 영향을 받고, 점차 동성 친구에서 이성 친구로 관심이 바뀌면서 인생의 동반자를 찾으려고 한다. 그들은 보편적인 공정의 원칙과 기본적 인권의 동등성 그리고 개인의 존엄성을 존중하는 도덕적 관점이 사회적 인습과 법적 규제에 앞서는 것으로 받아들인다. 특히 대학을 졸업하는 시기가 되면 성인기로 진입하기 위해 심리사회적 독립만이 아니라 경제적 독립을 위해 진로와 직업 선택이란 과제에 직면하게 된다.

우리는 청소년과 대학생 세대를 Z세대로 부르기도 하는데, 이 Z세대들은 앞서 설명한 생물학적·심리적·사회적 특성 외에도 그들만의 독특한 가치관과 생활 양식을 가지고 있다. 그것은 다양성을 추구하고, 타인의 취향을 존중하면서도 남의 간섭을 싫어하며, 자신만의 스타일을 추구하는 것이다. 이들은 도덕성이 강하고, 공정, 평등, 기후 변화 같은 사회적 이슈에 적극적으로 목소리를 낸다. 이러한 Z세대의 가치관과 생활 양식도 생명존중교육에 고려해야 할 필요한 정보이므로 이에 대해 바로 이해할 필요가 있다.

생각해 볼 거리

1. 최근 얼짱, 몸짱 등 용모를 중시하는 사회적 풍조가 확산되어 가고 있다. 이러한 외모를 중시하는 사회적 분위기가 청소년 발달에 미치는 영향은 무엇입니까?

2. 청소년 후기는 직업 선택에 대한 준비를 하는 시기라고 볼 수 있다. 직업 선택 시 중요하게 고려해야 할 점은 무엇입니까?

3. 자신의 자아정체감 지위와 이를 뒷받침할 수 있는 경험이나 논리적 근거는 무엇입니까?

_____

_____

_____

_____

_____

_____

_____

_____

4. Z세대의 생활 양식과 가치관이 자신의 그것과 얼마나 일치하는가? 구체적인 사례를 들
   어 비교해 봅시다.

_____

_____

_____

_____

_____

_____

_____

_____

참고문헌

권중돈(2014). 인간행동과 사회환경: 이론과 실천. 서울: 학지사.

김향초(1998). 가출청소년의 이해: 누구에게 속한 아이들인가?. 서울: 학지사.

삼정KPMG경제연구원(2019. 5. 18.). 신 소비세대와 의식주 라이프 트렌드 변화. 대전: 삼정KPMG.

서울연구원(2019). 월간 서울동향 리포트(2019년 12월호).

손경원, 엄상현(2019). 대학생의 인성의 발달적 특징과 영향요인. 윤리교육연구, 52, 199-252.

신한카드 빅데이터R&D본부(2021. 7. 18.). MZ세대의 라이프 스타일 조사 보고서. 조선일보.

엄신자(2008). 인간행동과 사회환경. 서울: 인간과 복지.

유수현, 김창곤, 김용진, 천덕희, 최은정, 이화영, 성준모, 최희철, 허만세, 김남형, 이현주, 채정아
    (2015). 인간행동과 사회환경. 경기: 양서원.

이성식(1996). 학업성적과 자긍심. 한국청소년연구, 24, 30-47.

정옥분(2003). 아동발달의 이론. 서울: 학지사.

홍현희(2021). 청소년 심리와 상담: 상담가 · 교사 · 부모를 위한 이론과 실제. 서울: 삼양미디어.

Kohlberg, L. (2000). *The psychology of moral development: The nature and validity of moral stages*. San Francisco, CA: Harper & Row, Publishers.

Marcia, J. E. (1973). *The ego-identity status: Relationship to change in self-esteem, general maladjustment, and authoritarianism*. London: Routledge.

Michael, A. (1973). *Social Encounters*. Penguin.

Selman, R. L. (2007). *The promotion of social awareness: Powerful lessons from the partnership of developmental theory and classroom practice*. New York: Russell Sage.

PLAY.D (2021. 1.). Trend Delivery: X, M, Z세대를 중심으로 살펴보는 세대별 트렌드 XMZ세대. https://www.playd.com/nsm_/news/202101/2021_PlayD_Trend_Delivery_XMZ

[모든 열풍의 '핵'…MZ세대를 모셔라(1)] 모든 변화의 중심, 新인류 'MZ세대'. 한국금융신문. https://m.fntimes.com/html/view.php?ud=20210904115325303dd55077bc2_18

[카드뉴스] 미래를 이끌어 나갈 MZ세대의 가치관을 알아보자!. 대한민국청소년의회 기자단. https://www.youthassembly.kr/news/609884

"MZ세대라고 통칭하지 마세요" …… M세대는 '실속', Z세대는 '편리'. 조선일보. https://www.chosun.com/economy/economy_general/2021/07/18/5ACZGXJ46JEETN7J6SBWAONR7E

미래 비즈니스 바꾸는 新인류 'MZ세대'. 조선비즈. https://biz.chosun.com/industry/2021/05/31/57JHHZF4FBFCLGEKGKJI3IQ2VU

제2장

청소년과 대학생의 정신건강

노충래(이화여자대학교 사회복지학과 교수)

이 장의 목적

1. 참여자가 청소년기 및 성인 초기인 대학생 시기의 발달적 특징 및 스트레스의 속성을 이해하 도록 돕는다.
2. 청소년기 및 대학생 시기의 정신건강 문제의 요인을 인식하고 적절하게 예방할 수 있도록 돕 는다.
3. 청소년 및 대학생 시기에 나타날 수 있는 정신건강 장애를 이해하고 이에 따른 대처 방식을 익힌다.

이 장에서는 청소년과 대학생의 정신건강을 구체적으로 다루고자 한다. 청소년 및 대학생의 자살충동 및 자살행동을 이해하기 위해 각 시기의 발달적 특징과 발달 과정 에서 어떠한 스트레스를 경험하게 되는지 파악하는 것은 중요하다. 청소년 및 대학생 시기에 경험하는 스트레스를 적절히 다루지 못할 때 여러 정신건강 문제를 경험하게 되고, 이러한 정신건강 문제가 악화되거나 만성화되면 자살충동이나 자살행동으로 이 어질 수 있다. 그러므로 정신건강 문제를 일으키는 요인을 보다 정확하게 이해하고 세 심하게 접근하는 과정이 필요하다. 아울러 청소년 및 대학생 시기에 나타날 수 있는 여러 가지 정신건강 장애의 종류를 확인하고, 각각의 장애에 어떤 증상이 포함되는지, 어떻게 대처하는 것이 효과적인지에 대한 이해를 바탕으로 청소년 및 대학생들의 자 살행동을 예방하는 활동을 실시한다.

1. 청소년 및 대학생의 발달과 스트레스

1) 청소년의 발달과 스트레스 이해하기

청소년기는 아동기에서 성인기로 발달하는 전환기로 특징 짓는다(Erikson, 1968). 이때 청소년들은 신체적·심리사회적 변화로 인해 여러 가지 스트레스를 경험하게 된다. 스트레스는 개인이 가진 욕구와 자원활용 능력의 불균형에서 나타나는 걱정스러운 감정이나 심리 상태를 의미한다. 스트레스는 개인에게 위기이자 기회이다. 즉, 스트레스로 인한 걱정이나 불안한 심리 상태는 개인에게 위기를 초래하고, 이러한 위기를 적절히 관리하도록 요구한다. 따라서 이러한 위기를 관리하지 못할 때 스트레스의 부정적 효과라고 할 수 있는 디스트레스(distress)를 경험한다(최송식 외, 2014). 하지만 개인이 스트레스를 적절히 관리할 수 있는 능력과 자원을 갖추면 다양한 유형의 스트레스를 긍정적으로 활용할 수 있어 발달과업을 잘 다룰 수 있는 숙련도를 향상시킬 수 있고 성장을 위한 기회를 갖는다. 이러한 긍정적 측면의 스트레스 효과를 유스트레스(eustress)라고 부른다(최송식 외, 2014). 예를 들어, 중요한 시험을 앞두고 있는 학생이 시험이라는 자극으로 잠을 이루지 못하고 불안과 걱정으로 인해 시험에 실패하였다면, 이 시험으로 학생은 심리적 압박감과 자기비난 등과 같은 위기를 경험하게 된다. 반면, 시험을 앞두고 자신이 취약한 과목이나 영역을 집중적으로 공부하고, 스스로 '잘할 수 있어'라고 독려하며 시험을 잘 치른 경우는 공부에 즐거움을 느끼고 자신감이 증가하는 효과를 경험한다. 스트레스를 적절히 다루지 못할 때 개인의 정신건강은 위험에 놓이게 된다. 청소년들에게 스트레스를 불러일으키는 원인을 정리하면 [그림 2-1]과 같다. 즉, 청소년기는 호르몬의 변화로 인해 신체적 발달이 급속해져 성인의 신체 구조와 비슷해지며, 정신적으로는 아동과 성인의 사고와 판단력이 혼재한다. 따라서 청소년과 성인의 대화 과정에서 청소년은 어떤 경우에는 매우 미숙한 사고방식을 보이다가도 때로는 제법 어른스러운 판단과 사고를 갖춘 모습을 보인다. 청소년기의 주요 발달과업은 정체감 형성이며, 이에 대한 구체적 내용은 앞서 제1장의 설명을 참고하길 바란다. 한편, 우리나라 청소년은 대학 입시로 인한 학업 성취에 대한 압박감이 제1의 스트레스 원인으로 꼽힌다(원경림, 이희종, 2019).

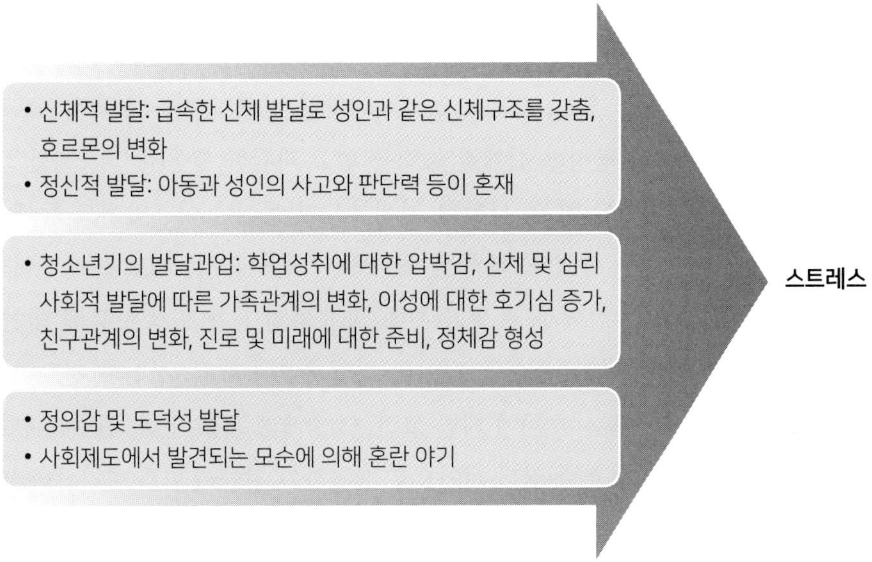

- 신체적 발달: 급속한 신체 발달로 성인과 같은 신체구조를 갖춤, 호르몬의 변화
- 정신적 발달: 아동과 성인의 사고와 판단력 등이 혼재

- 청소년기의 발달과업: 학업성취에 대한 압박감, 신체 및 심리사회적 발달에 따른 가족관계의 변화, 이성에 대한 호기심 증가, 친구관계의 변화, 진로 및 미래에 대한 준비, 정체감 형성

- 정의감 및 도덕성 발달
- 사회제도에서 발견되는 모순에 의해 혼란 야기

스트레스

그림 2-1 스트레스의 원인

또한 앞서 언급한 것처럼 신체적, 정신적 성숙은 가족관계에도 변화를 가져와 잦은 언쟁을 갖기도 한다. 한편, 신체적 성숙으로 인해 청소년은 보다 본격적으로 이성에 대한 관심을 갖게 되어, 자신의 외모를 가꾸는 데 시간을 소비하기도 한다. 청소년기는 비단 이성 친구뿐 아니라 동성 친구와의 관계에도 많은 노력을 기울이는데, 최근 동성애에 대한 관심도 비교적 증가하는 추세이다. 청소년기는 진로에 대한 준비를 위해 자신의 직업 적성을 파악하고, 대학교 진학 시 관련 전공학과를 탐색해 보는 시기이기도 하다. 따라서 이성 및 동성 친구에 따른 성역할, 진로에 대한 고민 등 다양한 위기를 경험하고 직면하는가의 여부는 정체성 형성에도 영향을 미친다. 청소년기의 도덕적 발달은 정의감 형성과도 밀접한 관련이 있다. 즉, 성인의 부도덕한, 비합리적인 결정과 행동에 대해 분노와 공격성을 표출하기도 하며, 사회제도의 모순에 대한 혼란으로 인해 무기력감, 무망감 등이 심각해지기도 하는 것이다.

2) 대학생의 발달과 스트레스 이해하기

청소년기가 대학 진학과 같은 커다란 전환점을 앞두고 있는 시기라면, 대학생은 성년의 초기 단계에서 다양한 발달과업과 스트레스를 경험한다. 대학생 및 청년기는 아동기부터 이어져 온 다양한 과업을 숙달, 완성하여 성인으로 독립된 생활을 할 수 있도록 준비하는 시기이다(권중돈, 김동배, 2005). 대학생 및 청년기는 신체적으로 가장 건강한 시기이다. 따라서 왕성한 신체적 능력을 믿고 과감한 행동[예: 익스트림 스포츠(extreme sports)]을 즐기기도 하고, 다양한 자원봉사 활동이나 아르바이트 등에 참여하는 등 활동 영역이 매우 폭넓다. 대학생 초기에는 대학이라는 새로운 환경에서 학업 및 진로에 대한 고민과 함께 교우 및 선후배, 교수와의 관계 형성을 통해 대인관계를 확장해 나간다. 대학생이 경험하는 다양한 발달과업은 학업, 취업과 진로에 대한 준비, 이성 교제 및 결혼(혹은 비혼)에 대한 고민, (남학생의 경우) 군대, 선후배 관계 등으로 이 시기에는 본격적으로 독립된 성인으로 생활하기 위한 준비를 한다. 하지만 최근 우리나라에는 N포 세대라고 할 만큼 대학생과 청년들이 해결해야 할 과제가 산적해 있는 상황이다. 대학 생활 동안에 아무리 훌륭한 이력(스펙)을 쌓아도 취업에 성공하기 어려운 환경에 놓여 있다. 특히 본인 스스로 그리고 남들이 인정할 수 있는 직업 혹은 안정된 직장(decent job/work)을 구하기 위해 많은 노력을 기울여도 취업문이 좁아진 탓에 대학생 및 청년들이 경험하는 스트레스는 매우 크다. 힘들게 취업에 성공해도 자신이 생각한 이상적인 직장이 아닐 수도 있고, 직장에서의 스트레스로 인해 어렵게 들어간 직장을 조기에 포기하기도 한다. 이 시기에 대학생들은 신체건강과 함께 성에 대한 관심이 증가하고, 이성 교제 및 결혼에 대한 관심 또한 증가하지만, 어려워진 취업과 경제 상황으로 인해 이성 교제 및 결혼을 포기하는 현상이 사회 문제로 지적되고 있다. 이로 인해 청년들 가운데는 니트족(Not in Education, Employment or Training: NEET), 혹은 독립된 생활을 할 시기가 지났음에도 불구하고 오랜 동안 부모와 함께 거주하는 캥거루족, 집 밖에서의 외부 활동을 포기하고 집 안에 스스로 은둔해 있는 은둔형 외톨이(오호영, 2017) 등 다양한 유형의 청년층이 존재한다. 특히 최근 우리 사회에 널리 퍼지는 성차별주의와 20대의 남녀 갈등은 서로에 대한 이해를 확장하기보다는 반목과 혐오가 더욱 표면화되는 현상으로 이어져 일부 극단주의적 사이트를 통해 자신들의 결속을 다지는 실정이다.

한편, 제4차 산업혁명은 MZ세대와 알파세대에게는 새로운 도전이 되고 있다. 제4차 산업혁명은 기계화, 자동화, 디지털화된 직장을 양산해 내어 직장 건물로 출퇴근하는 개념에서 어디서든 디지털 공간과 자유로운 시간을 기반으로 하여 근무하고, 근무시간보다는 성과물로 보상을 받는 시대로 진화하고 있다. 따라서 제4차 산업혁명은 업무의 고도화 및 숙련화를 통해 다양한 직종에서 근무하는 잡 노마드과 디지털 노마드를 양산할 것이다(권광현, 박영훈, 2017). 이는 자신의 필요에 따라 디지털화된 다양한 N개의 직업을 갖고 성과에 따른 보상으로 임금을 대체하는 시기가 도래하는 것이다. 이에 따라 MZ세대 그리고 알파세대는 자신의 인생을 최대한 즐기는 욜로족(You Only Live Once: YOLO)으로 존재하며, 이전 청년세대와는 다른 삶의 양상을 띨 것으로 예상된다.

앞서 언급한 발달과업은 대학생 및 청년에게 다양한 스트레스의 원인을 제공한다. 이성 및 동성과의 관계 속에서 발생하는 (데이트, 성, 신체 및 정서적) 폭력과 따돌림, 결혼에 대한 압박감과 비혼 선택에 대한 주변인들의 시선, 경제적 독립에 대한 부담감, 취업난으로 인한 장기화된 취업 준비 및 이로 인한 가족관계의 갈등, 특히 성년이 된 자녀와 부모의 관계는 대학생 및 청년들에게 심리사회적 어려움을 야기한다. 이러한 스트레스에 대해 효과적인 대처 방법을 숙달한다면 개인은 스트레스를 통해 더욱 성장할 수 있는 기회를 갖게 된다. 따라서 어린 시기부터 다양한 스트레스에 대한 대처 방법을 익힐 수 있는 개인적 경험 및 제도적 장치가 마련될 필요가 있다. 예를 들어, 밴듀라(Bandura, 1977)는 개인이 고위험 상황과 같은 스트레스 요인을 경험할 때 이를 효과적으로 다룰 수 있다고 스스로 인식하는 자기효능감은 고위험 상황의 잠재적 위험을 최소화할 수 있다고 주장한다. 이러한 자아효능감은 어렸을 때부터 부모와의 상호작용 속에서 형성될 수 있는 것이기에 긍정적인 부모-자녀 관계를 통한 자기효능감 및 자아존중감 발달은 개인의 심리적 자원이 된다. 한편, 학교와 같은 교육기관에서는 낮은 자기효능감 및 자아존중감을 갖고 있는 청소년을 조기 발견하고 이에 따른 적극적 개입을 통해 긍정적 대처기제를 발달시킬 수 있도록 지원할 필요가 있다.

3) 스트레스 이해 및 관리

스트레스는 개인에게 부조화 혹은 불균형을 일으켜 부정적 효과를 가져오기도 하지만 스트레스를 잘 대처할 수 있다면 개인의 성장에 많은 도움을 준다. 따라서 스트레스를 잘 이해하고 이를 효과적으로 관리할 수 있는 방법을 익히는 것은 개인의 정신건강 관리 차원에서 매우 중요하다. 여기서는 청소년 및 대학생(청년)이 경험할 수 있는 스트레스에 대해 스스로 생각해 보고 이를 관리할 수 있는 방법에 대해 이해하고자 한다.

(1) 최근에 경험하고 있는 스트레스 확인하기

먼저, 최근에 개인이 경험하고 있는 스트레스를 알아보도록 한다. 외적 자극이 없는데도 경험하는 스트레스가 있을 수 있고, 외적 자극으로 인해 스트레스를 경험할 수도 있는데, 다양한 원인의 스트레스를 다음의 빈칸에 적어 본다.

| 가정에서
• 일상생활을 할 때(여가 시간 등)
• 부모님/형제자매와의 관계에서

| 학교에서
• 공부할 때
• 선생님/친구와의 관계에서

| 기타

그 림 2-2 스트레스 원인 파악하기

(2) 스트레스 대처 방식

스트레스에 대한 반응과 대처 방식은 개개인마다 다르다. 따라서 동일한 사건이나 현상에 대해 각자가 인지하는 방식이 다르고, 개개인의 생활 방식이나 성장배경에 따라 스트레스에 대한 대처 방식도 다를 수밖에 없다. 또한 한 사람의 효과적인 대처 방식이 다른 사람에게 동일하게 효과적이라고 말할 수도 없다. 여기서는 최근에 경험한 스트레스를 생각해 보면서 스트레스에 대해 어떻게 달리 생각해 볼 수 있는지 알아보도록 한다.

그 림   2-3   최근 경험한 스트레스를 다르게 보기

　동일한 스트레스나 현상에 대해 긍정적·부정적 측면을 살펴보았다면, 이제는 내가 이러한 스트레스에 대해 어떻게 대처했는지를 파악해 본다.

스트레스에 대한 나의 효과적인 대처 방식을 적어 보시오.

1. _____

2. _____

3. _____

스트레스에 대한 나의 대처 방식 가운데 효과적이지 못한 점을 적어 보시오.

1. _____

2. _____

3. _____

스트레스 대처 방식 가운데 이전에는 효과적이었지만 현재는 효과적이지 못한 점을 적어 보시오.

1. _____

2. _____

3. _____

새롭게 개발하거나 파악한 긍정적인 대처 방식을 적어 보시오.

1. _____

2. _____

3. _____

2. 청소년 및 대학생의 정신건강 문제와 요인

1) 청소년 및 대학생의 정신건강 문제 인식하기

아동기를 지나 청소년기에 이르면 성인이 경험할 수 있는 다양한 초기 정신건강 문제를 보일 수 있다. 청소년 및 대학생의 정신건강을 이해하기 위해서는 아동의 발달력 및 성장배경에 대한 이해가 필요하다. 특히 청소년 및 대학생의 정신건강 문제가 어린 시절의 부정적 경험(예: 아동학대 및 가정폭력)으로 누적되어 온 것인지, 새롭게 청소년 혹은 대학생 시기에 나타난 것인지를 파악해야 한다.

청소년기 및 대학생 시기에 나타나는 정신건강 문제는 신체화 장애, 강박장애, 우울증, 불안장애 등으로 구분할 수 있다.

(1) 신체화 장애
- 청소년들에게서 두통, 소화불량, 복통, 통증, 생리통 등으로 많이 나타남
- 다양한 스트레스나 심리적 갈등과 같은 정신적 어려움이 신체적 반응으로 나타남
- 실제적으로 신체적 질병이나 고통이 없는지 의학적 원인을 우선 확인하는 것이 필요함

(2) 강박(사고 및 행동)장애
- 청소년기 이후 많이 나타남

- 학업 성취에 대한 부담감과 실수에 대한 불안 등이 복합적으로 작용한 결과

(3) 우울증
- 청소년기 이후 본격적으로 나타나는 정신건강 문제
- 우리나라의 경우, 학업 및 성적 그리고 대학 진학에 대한 스트레스가 주 원인으로 파악됨. 하지만 최근 집단 따돌림과 같은 대인관계의 어려움도 주요 원인임
- 비행, 음주 및 흡연, 무단결석, 분노, 성행동, (게임)중독 등의 형태로 나타남

(4) 불안장애
- 학교공포증, 등교거부증, 시험공포증으로 나타남
- 범불안장애나 사회공포증 등 대인관계 및 사회 활동에 장애를 초래함

청소년의 정신건강 문제는 개인의 심리내적 문제뿐 아니라 사회 문제로 인식되고 있다. 최근에는 학교폭력이 단순한 신체적 폭행에서부터 금품 갈취, 따돌림, 괴롭힘 등의 사회 문제로 나타나고 있으며, SNS 등을 통한 집단 따돌림은 피해 학생에게 우울증이나 등교 거부, 자살 등의 심각한 심리적 피해를 주고 있다. 이러한 집단 따돌림은 교사나 부모가 발견하기 쉽지 않으며, 때로는 피해 학생의 학교 부적응으로 오해되기 쉽다. 따라서 청소년들이 대부분의 시간을 보내는 학교에서 또래집단 내에 어떤 문제를 겪고 있는지 면밀히 살피고, 시기적절하게 개입하는 것은 매우 중요하다.

2) 대학생의 정신건강 문제 인식하기

대학생(청년)의 정신건강 문제는 일반 성인들의 정신건강 문제와 크게 다를 바 없다. 다만, 청소년기와 대학생 시기에 좀 더 두드러진 정신건강 문제는 외모에 대한 고민과 갈등에 따른 섭식장애(eating disorder)를 들 수 있다. 섭식장애는 거식증(anorexia)과 폭식증(bulimia)으로 구분된다. 거식증은 체중 증가로 인한 신체 외모의 변화를 두려워해서 규칙적인 식사를 거부하거나 극히 소량으로 섭취하는 것으로, 기초 체력을 유지하기 힘들 정도로 심각한 영양 불균형 상태를 초래한다(American Psychiatric Association, 2013). 반면, 배고픔을 모면하기 위해 폭식을 하였지만, 체중 유지를 위해 소화가 되기

전 이를 토해 내는 등의 신경성 폭식증은 외모에 대한 심리적인 부적응의 결과라고 할 수 있다(American Psychiatric Association, 2013). 대학생(청년) 시기에는 청소년기에 나타날 수 있는 정신건강 문제를 포함하여 다양한 성격장애와 정신증(조현병, 양극성장애)과 신경증(우울, 불안 등)이 출현하는데, 이러한 정신장애를 조기에 파악하고 적절한 개입과 도움을 제공하여 만성질환으로 발전하는 것을 최소화하여야 한다.

3) 청소년 및 대학생의 정신건강 문제의 요인

청소년과 대학생의 정신건강 문제의 요인은 크게 개인적 요인과 환경적 요인으로 구분할 수 있다.

표 2-1 청소년과 대학생의 정신건강 문제의 요인

개인적 요인	환경적 요인
• 성별(여학생이 남학생에 비해 우울, 불안, 공포증, 정신증에 더 예민함) • 나이 • **자아존중감** • **자기효능감** • **자기조절 능력**(또는 자기통제력) • **낙관성** • **창의성** • 우울 • 분노 • 공격성 • 불안 • 충동성	• 가족 - 아동기의 부정적 사건 경험(아동학대, 가정폭력, 성폭력) - 역기능적 가족관계 - 부모의 비일관적 훈육 방식과 지나친 기대 - 경제적 어려움 - 부모의 문제성 음주 및 약물 복용 등 • 학교 및 환경 - 교우 및 교사(교수)와의 역기능적 관계 - 낮은 학업 성적 - 사회지지체계의 결여 - 역할모델(혹은 멘토)의 결여 - 폭력을 용인하는 사회 - 환경의 물리적 열악함(노후 건물의 방치, 소음, 어두운 가로등 조명 등)
진한 글씨로 표기한 요인이 긍정적으로 발달할 때 정신건강의 보호요인으로 작용할 수 있음	이상과 같은 요인의 반대 상황은 정신건강 유지 및 향상에 도움을 줌. 특히 긍정적 사회지지체계(대인관계)의 형성과 같은 보호요인을 많이 만들어 나갈 수 있도록 지원할 필요가 있음

4) 정신건강 상태 점검하기

여기서는 나의 정신건강에 영향을 줄 수 있는 다양한 요인을 확인하고 이에 따른 대처 방식을 파악해 보고자 한다.

최근 2주 이내에 내가 겪었던 다양한 스트레스 상황을 파악해 보고 다음을 작성한다.

(1) 스트레스에 취약한 나의 개인적 · 환경적 요인 확인하기

나는 어떤 개인적 요인으로 인해 스트레스를 쉽게 받나요?

1. (예: 소극적 성격, 실패에 대한 두려움 등) _____

2. _____

3. _____

나는 어떤 환경적 요인으로 인해 스트레스를 쉽게 받나요?

1. (예: 부모나 친구의 언행, 사회적 불안 등) _____

2. _____

3. _____

(2) 자기 스스로 통제 가능한 개인적 · 환경적 요인 점검하기

스트레스에 취약한 개인적 요인 중에서 나 스스로 통제(관리) 가능한 것은 무엇인가요?

1. _____

2. _____

3. _____

스트레스에 취약한 환경적 요인 중에서 나 스스로 통제(관리) 가능한 것은 무엇인가요?

1. _____

2. _____

3. _____

스트레스를 쉽게 받지 않도록 하기 위해서 스트레스와 정신건강 문제를 일으키기 쉬운 개인적 · 환경적 요인을 어떻게 관리하면 좋을까요? 나만의 노하우를 찾아보세요. 그리고 이러한 노하우를 친구들과 공유해 보면서 스트레스 대처 방식의 상호 간 공통점과 차이점을 파악해 보시오.

1. _____

2. _____

3. _____

3. 청소년 및 대학생의 정신건강 장애

청소년 및 대학생(청년기)의 정신건강 장애 가운데 대표적인 문제는 불안장애와 기분장애(우울증)라고 할 수 있다. 이와 더불어 조현병(정신분열증)은 청소년기 후반부터 성인에게서 전반적으로 나타나는 대표적인 정신장애이다. 그리고 주의력결핍 과잉행동장애와 품행장애, 학습장애는 초기 청소년기 및 후기 청소년기에 흔히 나타나는 문제행동이다(American Psychiatric Association, 2013). 그리고 지적 장애는 발생 시기에 따라 아동기에서부터 노년기까지 평생에 걸쳐 개인 및 가족에게 많은 스트레스를 유발할 수 있는 장애이다. 이에 대해 하나씩 구체적으로 살펴보면 다음과 같다.

1) 불안장애

(1) 개념

불안이란 명확한 걱정의 대상이 없음에도 불구하고 내적 심리적 갈등을 경험하고 현실보다는 미래에 발생할 수 있는 상황을 염려하는 것이다(홍강의 외, 2014). 불안장애는 발달 시기에 나타날 수 있는 정상적인 불안이나 공포와는 다른 것으로, 발달 시기에 비해 지속적으로 나타나거나 과도하게 표현된다(American Psychiatric Association, 2013).

(2) 유형

일반적으로 아동기에만 나타나는 불안은 분리불안장애와 선택적 함구증이 있다. 그러나 아동도 외상 후 스트레스 장애 및 사회 불안(학교공포증 포함)을 경험할 수 있는데, 청소년이나 청년에 비해 그 표현하는 방식이 다르게 나타날 수 있고 이들 표현 방식이 아동의 일반적인 행동과 유사하기에 세심한 관심을 가질 필요가 있다. 예를 들어, 사회불안장애에서 아동의 잦은 울음이나 짜증, 부모나 성인에게 매달려 안 떨어지려는 행동, 사회적 상황에서 말로 표현하기 어려워하는 행동 등은 정상적인 발달을 넘어선 불안이 작용하고 있을 수 있다. 나아가 범불안장애에서는 아동이 가만히 있지 못하는 행동이나 쉽게 피로해하는 행동, 주의집중하지 못하는 행동, 짜증이나 근육 긴장, 수면장애(잠에 들지 못하거나 깊은 잠을 자지 못하는 경우 등)가 나타날 수 있다(American Psychiatric Association, 2013). 아동기에 나타나는 불안장애와 청소년기 및 대학생 시기, 나아가 성인기에 나타날 수 있는 불안 및 관련 장애를 정리해 보면 [그림 2-4]와 같다.

[아동기에 나타나는 불안장애]
- 선택적 함구증
- 분리불안장애
- 사회불안(학교공포증 포함) 장애
- 외상 후 스트레스 장애

[청소년기 및 대학생 시기에 나타날 수 있는 불안 및 관련 장애]
- 강박관념적-강박행동적 장애
- 공황장애
- 특정 공포증
- 범불안장애
- 사회불안(학교공포증 포함) 장애
- 광장공포증
- 외상 후 스트레스 장애

그림 2-4 발달 시기에 따른 불안장애의 구분

(3) 증상

불안의 증상은 다양하게 나타날 수 있다. 우선 신체적인 측면에서 잦은 피로감, 위통, 두통, 메스꺼움, 식욕 부진, 소화 불량, 구토, 어지러움 등과 함께 잦은 불안 및 공포, 염려, 불면증 및 우울, 사회적 관계에서의 탈피 등이 있다. 행동적으로 강박적 관념과 사고를 갖기도 하며, 주의집중 문제, 짜증, 거짓말, 싸움, 파괴적 행동, 욕설, 울화, 가출 등의 행동으로 표현되기도 한다.

(4) 발병 및 예후

불안장애는 증상을 갖고 있는 성인의 반 이상이 15세경에 발병하고 있으며, 아동기의 불안장애는 후속되는 정신병리적 어려움을 증가시킨다. 불안장애의 21%는 성인기에 신경증, 14%는 성격장애를 갖게 된다. 또한 두려움을 잘 느끼는 학령 전 아동은 5년 후 신경증을 일으킬 가능성이 높고, 불안해하는 11세 전후의 아동은 성인기에 불안장애와 우울증을 경험하기 쉽다. 그리고 아동기의 공포증은 성인기의 다른 장애로 이행되는 경향이 있다.

(5) 진단 기준

『정신장애 진단 및 통계 편람(Diagnostic and Statistical Manual of Mental Disorders: DSM)』은 미국 정신의학회(American Psychiatric Association, 2013)에서 공식적으로 사용하는 정신장애 진단 분류 체계이다. 이 편람은 정신의학뿐 아니라 일반 의학, 심리학, 사회복지학, 아동학, 유아교육학, 특수교육학, 간호학 등 다양한 학문에서 개인의 정신건강 문제를 이해하고 진단하는 데 활용된다. 이 편람에서는 각각의 정신장애의 증상과 진단 기준을 제시하고 있어, 전문가 및 개인, 가족이 정신장애의 증상과 진단 기준을 이해하고 이에 따른 조기 발견 및 개입을 통해 정신장애의 어려움을 완화하고 치료해야 한다. 청소년기 및 대학생 시기에 많이 겪는 불안장애 가운데 특정공포증과 사회불안장애에 대한 기준을 예시로 살펴보면 다음 〈표 2-2〉와 같다.

표 2-2	DSM-5의 특정 공포증과 사회불안장애 진단 기준

• 특정 공포증의 DSM-5 진단 기준
- 특정 대상이나 상황에 대해 극심한 불안과 공포를 보인다(예: 비행기, 동물, 주사).
- 공포 대상이나 상황에 노출되면 예외 없이 즉각적으로 공포·불안 반응이 유발된다.
- 공포 대상이나 상황을 회피하거나 극도의 공포와 불안 상태로 견디어 낸다.
- 공포 대상이나 상황에 대해 통상적이거나 실제 위험의 정도를 훨씬 넘는 공포와 불안을 보인다.
- 공포, 불안, 회피의 기간이 최소한 6개월 이상이다.
- 공포·불안·회피 행동으로 인해 사회생활, 직업, 기타 중요한 활동에 심각한 고통을 초래한다.
- 공황장애, 광장공포증, 강박장애, 외상 후 스트레스 장애, 분리불안장애, 사회불안장애에서 보이는 공포나 불안이 아니어야 한다.

출처: APA(2015): 권준수 외(2015), p. 209 재인용.

• 사회불안장애의 DSM-5 진단 기준
- 타인이 자신을 주목하게 되는 사회적 상황(예: 수업 시간의 발표)에 대해 심각한 불안과 공포를 느낀다.
- 자신의 행동이 부정적으로 평가되거나 혹은 불안이 남에게 노출될까 봐 두려워한다.
- 사회적 상황에의 노출은 거의 예외 없이 불안을 유발한다.
- 사회적 상황을 회피하거나 극도의 공포와 불안 상태로 견디어 낸다.
- 사회적 상황에 대해 통상적이거나 실제 위험의 정도를 훨씬 넘는 공포나 불안을 보인다.
- 공포·불안·회피 행동이 6개월 이상 지속되어야 한다.
- 사회 상황에 대한 불안, 공포, 회피로 인해 정상적인 일상생활, 직업, 학업, 또는 사회적 활동에 심각한 장애와 고통을 유발한다.
- 공포, 불안, 회피는 약물 남용이나 처방된 약물, 다른 의학적 상태에 의한 것이 아니어야 한다.
- 공포, 불안, 회피가 다른 정신장애로 더 잘 설명되어서는 안 된다.
- 만약 다른 의학적 상태(예: 비만, 화상)가 존재하는 경우 공포, 불안, 회피가 이 질환과 연관이 없거나 과도하다.

출처: APA(2015): 권준수 외(2015), p. 214 재인용.

2) 기분장애

(1) 개념

기분장애란 일상적인 기분의 변화와는 전혀 다르게 일정기간 기분이나 감정이 극단적인 양상을 보여서 일상생활이 어려운 정도에 이르는 경우를 말한다. 기분장애 중 우울증은 정서적 증상으로 슬픔, 불행, 절망감, 공허함, 외로움, 무가치감, 걱정, 죄책감을 드러내며 흔히 슬픔을 가누기 어려워 우는 경우가 많다. 기분장애를 경험하는 청소년은 일상 및 학교 생활에 만족이 없고, 즐거움이 없다.

(2) 원인

청소년의 정신건강에 매우 중요한 영향을 미치는 요인으로 학업 성취를 꼽을 수 있다. 특히 우리 사회에서 대학 입학이 갖는 심리사회적 의미를 생각한다면 학업 성취는 청소년의 정신건강에서 매우 중요한 요소이다. 즉, 좋은 상위권 대학을 입학, 졸업하는 것은 사회생활의 성공 여부를 판단한다는 고정 관념으로 인해 중·고등학교 시절 좋은 성적과 대학 진학에 갖는 부담은 상당하다. 이로 인해 청소년 자신 및 부모의 학업에 대한 과도한 기대는 학업 스트레스를 유발하며, 이는 우울 및 자살의 주요 원인이 되고 있다. 또한 학업에서의 반복적인 실패는 낮은 자존감, 무능함, 열등감 등을 유발하고, 죄책감 및 미래에 대한 부정 및 절망감을 갖도록 하여 청소년의 정신건강에 심각한 위협을 초래한다.

(3) 증상

청소년은 우울 증상을 다양한 방법으로 표출한다. 예를 들어, 게임에의 과몰입, 신경질적이거나 공격적인 행동 등은 내면적으로는 우울하지만 외현적인 행동으로는 반항적인 행동으로 이해될 수 있다. 청소년에게서 나타나는 우울의 증상을 보다 구체적으로 살펴보면, 학교 출·결석 변화, 성적 저하, 늦은 기상, 등교 거부, 지나친 수면, 친구관계의 변화, 담배나 술의 시작, 신경질적 반응, 화내기, 혼자 있기, 혼자 식사하기, 자주 울기 등을 볼 수 있다. 이에 비해, 대학생(청년)의 우울증은 보다 명확하게 나타나는데, 불면, 식욕부진, 일상생활에의 무관심, 무기력, 편협적인 사고 등 일반 성인에게서 볼 수 있는 우울 증상을 관찰할 수 있다. 자살시도자의 80% 이상이 우울과 연관이 있다는 점에서 우울 증상을 보이는 청소년 및 대학생에 대해서는 우울증 진단과 함께 자살사고 및 계획에 대한 면밀한 평가가 요구된다. 청소년의 우울 증상을 정서·감정적인 면, 인지·사고적인 면, 행동적인 면, 신체적인 면으로 구분하면 다음의 〈표 2-3〉과 같다.

표 2-3	청소년기에 나타나는 우울증 증상

청소년기에 나타나는 우울증 증상

- **신체적인 측면**
  극도의 피로감, 쉽게 지치는 경우, 망각이 잦아지는 경우, 식욕이 없어지거나 지나친 과식을 자주 하는 경우, 불면증으로 고생하거나 또는 지나치게 잠을 많이 자는 경우, 성욕이 감퇴하거나 지나치게 관심을 쏟는 경우, 두통, 복통, 또는 뚜렷한 증상 없이 자주 고통을 호소하는 경우가 있다.

- **정서 · 감정적인 측면**
  슬픔, 비애감, 의기소침, 좌절감, 낙담감 등에 빠져 있는 경우, 자주 화를 내는 경우, 신경질적이거나 즐거운 일이 없는 상황에서 이유 없이 행복해하는 경우와 칭찬을 하여도 반응이 없는 경우가 지속되는 경우가 있다.

- **인지 · 사고적인 측면**
  자아 개념(self-concept)이 낮은 경우, 자기비하, 자기 비판적인 태도, 극도의 죄책감과 수치감으로 휩싸인 경우, 자신이 가치가 없다는 생각하는 경우, 불길한 예감, 희망이 없으며 장래에 대한 계획 부재, 삶의 가치가 없다 생각하는 경우와 자살이나 죽음에 대한 생각으로 휩싸여 있는 경우가 있다.

- **행동적인 측면**
  무기력감, 일을 시작하지 못하거나 하려 하지 않는 경우, 일에 집중하는 능력이나 무슨 활동에 참여하려는 의욕이 떨어진 경우, 사회 활동에서 자신을 소외시키거나 일의 생산성이 저하된 경우, 일상생활에 관심 잃고 흥미로운 활동(파티나 모임, 스포츠)에 관심을 잃으며 자주 우는 경우가 있다.

(4) 발병 및 예후

청소년의 우울은 대체로 경증(mild)에서 중증(severe)으로 나타나는데, 후기 청소년기(15~18세)에 더욱 심각하게 나타난다. 이 시기의 정신건강은 장래까지도 심각한 타격을 입히며, 모든 정신질환의 상당 부분이 청소년기에서 시작한다고 볼 수 있다. 우울증의 경우 성인의 평생 유병률은 10%로 심각한 우울증 증세를 경험하는데, 여자가 남자보다 약 2~3배 많이 경험한다(American Psychiatric Association, 2013). 반면, 청소년의 약 25.2%는 최근 12개월 동안 2주 내내 일상생활을 중단할 정도로 슬프거나 절망감을 느꼈다고 응답하였다(질병관리청, 2020). 따라서 이러한 우울을 일반 청소년의 스트레스로 인한 기분의 변화와 명확하게 구분할 필요가 있다.

(5) 진단 기준

DSM-5의 우울장애는 파괴적 기분조절곤란장애, 주요우울장애, 지속성우울장애, 월경전 불쾌장애, 물질/약물유도성정신장애, 다른 신체 상태에서 비롯된 우울장애, 기타 특정우울장애, 특정되지 않은 우울장애의 진단이 포함되었다(지속성우울장애의 진단을 위해서는 과민하고 우울한 기분이 1년 이상 지속되어야 한다). 다음의 〈표 2-4〉는 주요우울장애의 진단 기준을 정리한 것이다.

표 2-4   주요 우울장애(major depressive disorder) 진단 기준

A. 다음 증상 가운데 5가지 이상이 2주 동안 지속; 이전 기능의 변화를 나타냄: 적어도 하나의 증상이, ① 우울 기분이거나, ② 흥미나 즐거움의 상실과 같은 증상임
　　　　주: 다른 의학적 상태에서 분명히 기인하는 증상들은 포함하지 않음

1. 주관적 보고(예시: 슬픔, 공허감, 절망적으로 느낌) 또는 다른 사람들로부터의 관찰(예시: 우는 것같이 보임)에 나타나듯이, 하루의 대부분, 거의 매일 지속되는 우울한 기분(주: 아동 · 청소년의 경우 화난 기분일 수 있음)

2. 하루의 대부분 또는 거의 매일, 모든 또는 거의 모든 활동에 대한 흥미나 즐거움의 뚜렷한 저하

3. 다이어트를 하고 있지 않은 상태에서 상당한 체중 감소 또는 증가(예시: 1개월 동안 체중 5% 이상의 변화), 또는 거의 매일 계속되는 식욕 감퇴 또는 증가
　　주: 아동에게는 예상되는 체중 증가를 이루는 데 실패할 것으로 고려

4. 거의 매일 나타나는 불면이나 과다 수면

5. 거의 매일 나타나는 정신운동성 불안이나 지체(타인에 의해 관찰 가능함, 단순히 주관적으로 가만히 있지 못하는 느낌이나 지체하는 것이 아님)

6. 거의 매일의 피로나 활력 상실

7. 거의 매일 나타나는 무가치감 또는 (망상적일 수 있는) 과도하거나 부적절한 죄책감(단순히 자책 또는 아픈 것에 대한 죄책감이 아님)

8. 거의 매일 나타나는 집중력 감퇴 또는 우유부단함(주관적 설명 또는 타인에 의한 관찰에 의해)

9. 반복되는 죽음에 대한 생각(단지 죽음에 대한 두려움이 아님), 구체적 계획이 없는 자살 상상의 반복, 자살 기도나 구체적 자살 계획

B. 증상이 임상적으로 중요한 고통을 주거나 사회적 · 직업적 영역 또는 기타 중요한 영역의 기능에서 손상을 야기함

3) 양극성 장애

(1) 개념

양극성 장애는 들뜬 상태와 자신에 대한 과도한 평가인 조증과 낮은 자존감, 무기력감 및 죄책감과 같은 우울이 반복되는 장애이다. 따라서 이 장애는 기분이 고조된 조증과 기분이 저하된 우울의 극과 극을 반복하여 경험하는 장애이다.

양극성 장애는 1회 이상의 조증삽화를 나타내고 주요우울삽화 또는 경조증삽화를 경험한 경우 양극성 장애 I형으로 진단한다. 반면, 조증삽화 없이 경조증삽화와 주요우울삽화를 경험한 경우는 양극성 장애 II로 구분하고 있다. 이에 비해 순환성 장애는 적어도 2년 동안 (아동, 청소년은 1년 이상) 지속되는 경조증 기간과 우울증 기간이 모두 있어야 하며, 조증이나 경조증, 주요우울삽화의 기준을 충족시키지 못하는 경우에 해당한다(American Psychiatric Association, 2013).

(2) 증상

청소년기의 양극성 장애는 조현병(정신분열증)에 비해 쉽게 나타나지 않고 대체로 30대 이후에 나타나는 것이 특징이다. 그러나 청소년기의 급격한 심리정서적 변화로 인해 상담자는 정확한 증상 파악을 통해 양극성 장애를 진단할 수 있다. 양극성 장애는 신체적 증상, 정서적 증상, 인지적 증상 그리고 행동적 증상으로 구분할 수 있다. 우선, 신체적 증상에는 과도한 활동 의욕으로 수면이 감소한다. 정서적 증상은 지나친 자신감과 고양된 기분, 흥분 상태를 동반하며, 인지적 증상은 비합리적 사고 과정과 주의력 저하로 인한 집중력 감소를 들 수 있다. 마지막으로, 행동적 증상은 특정 일에 집착하거나 과도한 성행동, 과소비 행동 등으로 나타난다. 이를 나타내면 [그림 2-5]와 같다.

신체적 증상	정서적 증상	인지적 증상	행동적 증상
• 과도한 의욕을 보임 • 수면 감소(조증) 혹은 지나친 수면(우울)	• 지나친 자신감 • 고양된 기분 • 흥분 상태 동반 • 병적 행복감	• 비합리적 사고 • 주의력 저하 • 집중력 감소 • 사고의 비약 • 과대망상에 가까운 생각	• 특정한 일에 집착 • 과도한 행동 패턴 • 과소비 • 무분별한 성행동

그 림 2-5 양극성 장애의 증상

(3) 발병 및 예후

양극성 장애의 초기 조증, 경조증, 주요우울삽화가 발생하는 평균 연령은 약 18세로 청소년기에 해당한다. 이 장애는 전 연령에서 발생 가능하지만 아동기의 진단은 특별한 주의를 요한다. 특히 조증 상태인 경우 과소비 및 무분별한 성행동 등으로 인해 재산 낭비 및 위험 행동이 발생할 수 있으므로 입원이 필요한 경우가 많다. 반면, 우울한 상태에서는 자살 사고 및 시도가 나타날 수 있는데, 약물 치료가 효과적인 것으로 알려져 있다. 특히 지속적인 약물 치료 및 이에 대한 환자의 협조는 재발 방지에 많은 도움이 된다.

(4) 진단 기준

American Psychiatric Association(2013)에서 제시한 양극성 장애의 진단 기준을 정리하면 다음의 〈표 2-5〉와 같다.

표 2-5 양극성 장애(Bipolar Disorder)의 진단 기준

제1형의 양극성 장애를 진단하려면 조증삽화에 대한 다음의 진단 기준을 모두 충족해야 한다. 조증삽화는 경조증이나 주요우울삽화에 선행하거나 뒤따를 수 있다.

■ 조증삽화
A. 비정상적으로 들뜨거나, 의기양양하거나, 과민한 기분 그리고 목표 지향적 활동과 에너지의 증가가 적어도 일주일간 거의 매일, 하루 중 대부분 지속되는 분명한 기간이 있다.

B. 기분장애 및 증가된 에너지와 활동을 보이는 기간 중 다음 증상 가운데 세 가지(또는 그 이상)를 보이며(기분이 단지 과민하기만 하다면 네 가지) 평소 모습에 비해 변화가 뚜렷하고 심각한 정도로 나타난다.
  1. 자존감이 증가 또는 과대감
  2. 수면 욕구 감소(단 3시간의 수면으로도 충분하다고 느낌)
  3. 평소보다 말이 많아지거나 끊기 어려울 정도로 계속 말을 함
  4. 사고의 비약 또는 사고가 질주하듯 빠른 속도로 꼬리를 무는 듯한 주관적인 경험
  5. 주관적으로 보고하거나 객관적으로 관찰되는 주의산만
  6. 목표 지향적 활동의 증가(직장이나 학교에서의 사회적 활동 또는 성적 활동) 또는 정신운동 초조(예: 목적이나 목표 없이 부산하게 움직임)
  7. 고통스러운 결과를 초래할 가능성이 높은 활동에의 지나친 몰두(예: 과도한 쇼핑 등 과소비, 무분별한 성행위, 어리석은 사업 투자 등)

C. 기분 장애가 사회적, 직업적 기능의 현저한 손상을 초래할 정도로 충분히 심각하거나 자해나 타해를 예방하기 위해 입원이 필요 또는 정신병적 양상이 동반된다.
D. 삽화가 물질(예, 남용약물, 치료약물, 기타 치료)의 생리적 효과나 다른 의학적 상태로 인한 것이 아니다.

■ 경조증삽화
A. 비정상적으로 들뜨거나, 의기양양하거나, 과민한 기분 그리고 활동과 에너지의 증가가 적어도 4일 연속으로 거의 매일, 하루 중 대부분 지속되는 분명한 기간이 있다.
B. 앞의 조증삽화의 증상
C. 삽화는 증상이 없을 때의 개인의 특성과는 명백히 다른 기능의 변화를 동반한다.
D. 기분의 장애와 기능의 변화가 객관적으로 관찰될 수 있다.
E. 삽화가 사회적, 직업적 기능의 현저한 손상을 일으키거나 입원이 필요할 정도로 심각하지는 않다. 만약 정신병적 양상이 있다면, 이는 정의상 조증삽화다.
F. 삽화가 물질(예: 남용약물, 치료약물, 기타 치료)의 생리적 효과나 다른 의학적 상태로 인한 것이 아니다.

■ 주요우울삽화
앞의 주요우울장애의 진단 기준과 동일함

출처: American Psychiatric Association (2013).

4) 조현병(정신분열증) 및 관련 장애

(1) 개념 및 관련 장애

조현병은 이전에는 정신분열증이라는 말로 표현되었는데, 최근에는 조현병으로 통용되고 있다. 이 장애는 4개의 양성 증상인, ① 망상, ② 환각, ③ 와해된 사고(지리멸렬한 사고) 그리고 ④ 심하게 와해된 또는 비정상적인 운동 행동(긴장증 포함)과 함께 음성 증상인 현저히 저하된 일상생활 및 사회적 기능, 정서표현의 감소, 무논리증 및 무의욕증을 포함하고 있다. 이러한 양성 및 음성 증상이 최소 6개월 이상 지속될 때 조현병이 진단될 수 있다.

조현병 스펙트럼, 즉 조현병과 관련된 정신장애로는 조현 양상(schizophreniform disorder), 조현정동장애(schizo-affective disorder), 조현형 성격장애(schizotypal personality disorder), 조현성 성격장애(schizoid personality disorder), 망상장애(delusional disorder), 단기 정신병적 장애, 긴장증(catatonia)이 있다. 이들에 대한 자세한 내용은

독자가 찾아 탐구해 보길 바란다.

(2) 원인

조현병의 원인은 생물학적 원인, 심리적 원인, 가족적 요인, 사회문화적 요인 등으로 설명된다. 생물학적 원인은 선조체도파민 과다 현상으로 환각이나 망상 등의 증상과 관련이 있고, 조현병 환자의 부모 및 형제자매에 대한 연구 조사에서 일반인의 10배 발병 가능성이 있는 것으로 보고되고 있다. 이에 비해 심리적 요인은 정신역동적 갈등과 함께 대인관계의 장애 특히 초기 주보호 양육자와의 비정상적 관계에서 비롯된 문제로 설명한다. 가족적 요인으로는 부모의 양육 태도, 특히 이중구속적인 메시지가 메시지 수용자인 자녀에게 혼란을 일으켜 정신분열을 일으킨다는 간주한다. 사회문화적 특성으로는 산업화 및 도시화, 경제적 변화로 인해 조현병 소인을 가진 사람에게 발병을 재촉하는 결과를 가져온다고 설명한다.

(3) 증상

조현병은 4개의 양성 증상과 음성 증상으로 구성된다. 망상(delusion)이란 모순된 증거를 고려하고도 쉽게 변경되지 않는 고정된 믿음이다. 우선, 망상은 구체적으로 피해망상, 관계망상, 과대망상, 색정망상 등을 포함하고 있으며, 근래에는 허무망상(대참사가 일어날 것이라는 신념)과 신체망상(건강과 장기기능에 대한 집착)도 제시되고 있다. 환각이란 외부자극 없이 일어나는 유사 지각 경험으로 실제로 존재하지 않는 감각 상태가 자신에게 일어나고 있다고 믿는 것이다. 환각은 환청, 환시, 환후, 환촉, 환미 등으로 나타난다. 그리고 와해된 사고란 한 화제에서 다른 화제로 전환하는 과정에서 사고의 이완연상이 발견되고, 질문에 대한 답이 모호하거나 관련 없는 혹은 완전히 무관한(이탈) 경우를 의미한다. 와해된 사고는 환자가 진술하는 내용이 일관성이 없고, 전후 맥락과 상당히 불일치해서 사고의 과정과 내용을 파악하기 힘들다. 이와 더불어 음성 증상으로 대인관계의 어려움, 제한된 정서 표현, 언어적 표현의 감소, 긍정 자극에 대한 즐거움 경험 능력의 감소 등 전반적인 개인적, 사회적 기능의 저하를 수반한다.

(4) 발병 및 예후

조현병은 전 세계적으로 평생 유병률이 약 1%로 우리나라는 약 50만여 명이 영향을 받는 것으로 조사되고 있다. 2018년 국내 치료 인구는 약 12만 명 정도로 추산되고 있다. 대체로 청소년기부터 발병되어 약 30%는 양호한 상태로 회복하지만, 50%는 부분적 회복을, 나머지 20%는 만성화된 증상을 갖는 것으로 알려져 있다.

(5) 진단 기준

조현병 스펙트럼의 대표적인 증상인 조현병의 진단 기준을 정리하면 〈표 2-6〉과 같다.

표 **2-6** **조현병 진단 기준**

A. 다음 증상 중 둘(혹은 그 이상)이 1개월의 기간 동안 상당부분 존재하고 이들 중 최소한 하나는 (1) 내지 (2) 혹은 (3)이어야 한다.
(1) 망상
(2) 환각
(3) 와해된 언어(예: 빈번한 이탈 혹은 지리멸렬)
(4) 극도로 와해된 또는 긴장성 행동
(5) 음성증상(예: 감퇴된 감정 표현 혹은 무의욕증)

B. 장애의 발병 이래 상당 부분의 시간 동안, 일과 대인관계 혹은 자기관리 같은 주요 영역의 한 가지 이상에서의 기능 수준이 발병 전 성취된 수준 이하로 현저하게 저하된다(혹은 아동기 또는 청소년기에 발병하는 경우 기대 수준의 대인관계적, 학문적, 직업적 기능을 성취하지 못한다).

C. 장애의 지속적 징후가 최소 6개월 동안 계속된다. 이러한 6개월의 기간은 진단 기준 A에 해당하는 증상(예: 활성기 증상)이 있는 최소 1개월(성공적으로 치료되면 그 이하)을 포함해야 하고 전구 증상이나 잔류 증상의 기간을 포함할 수 있다.

D. 조현정동장애와 정신병적 양상을 동반한 우울 또는 양극성 장애는 배제된다.

E. 장애가 물질(예: 남용 약물 치료 약물)의 생리적 효과나 다른 의학적 상태로 인한 것이 아니어야 한다.

F. 자폐 스펙트럼 장애나 아동기 발병 의사소통 장애의 병력이 있는 경우, 조현병의 추가 진단은 조현병의 다른 필요 증상에 더하여 뚜렷한 망상이나 환각이 최소 1개월 동안 있을 때에만 이 진단이 내려진다.

출처: American Psychiatric Association (2013).

5) 청소년 및 대학생(청년)의 정신건강 장애 및 자살충동/자살행동 증후를 발견하고 적절하게 대처하기

청소년 및 대학생의 정신건강 문제의 증상을 알고 있으면 이러한 증상을 보다 민감하게 조기 발견할 수 있게 된다. 하지만 이러한 정신건강 문제를 파악할 때 이러한 어려움으로 인해 고통받고 있는 대상자를 적절한 상담 및 치료로 연계하는 것은 또 다른 차원의 접근을 필요로 한다. 이는 정신건강 문제에 대한 개인의 관점과 대상자의 정신건강 문제의 치료에 대한 태도 및 관점, 가족의 태도 및 지원, 주변 환경의 상황에 따라 매우 다를 수 있다. 따라서 여기서는 아래의 질문에 따라 나의 정신건강 문제에 대한 관점, 특히 자살충동과 자살행동에 대한 나의 관점을 이해하고, 이에 따른 적절한 반응을 알아보고자 한다. 나아가 당사자의 가장 가까운 주변 환경인 가족(부모님)에 대한 반응 방법을 스스로 파악해 보고 학교 내외의 자원을 파악하고자 한다. 이를 통해 정신건강 문제(특히 자살충동 및 자살사고 문제)를 경험하고 있는 대상자를 도울 수 있는 개인적 민감성을 향상시키고자 한다.

(1) 청소년의 정신건강 장애(자살충동/자살행동 증후)를 발견했을 때 적절하게 행동하기

나 스스로 정신건강 장애(자살충동/자살행동 증후)에 대해 어떻게 생각하는가?

1. _____

2. _____

3. _____

자살충동 및 자살행동을 보이는 해당 청소년 및 대학생(청년)에게 어떻게 반응해야 하는가?

1. _____

2. _____

3. _____

해당 청소년 및 대학생(청년)의 부모님에게 어떻게 반응해야 하는가? [특히 청소년 및 대학생(청년)의 비밀을 어디까지 보호하고, 어느 선까지 부모에게 노출할 것인가?]

1. _____

2. _____

3. _____

(2) 학교 내 공조 체계 확인하기

학부모 간의 공조 체계가 마련되어 있는가? 각각의 역할은 무엇인가? 정신건강 문제에 대한 비밀보장 및 윤리적 판단 등을 어떻게 분담할 것인가? 학교 내에서 활용 가능한 전문 인력과 자원(Wee클래스, Wee센터, 상담교사, 학교사회복지사 혹은 교육복지센터 등)은 어떤 것이 있는가? 대학교의 경우 학생상담센터 및 인권센터에서 제공하는 서비스는 어떤 것이 있는가?

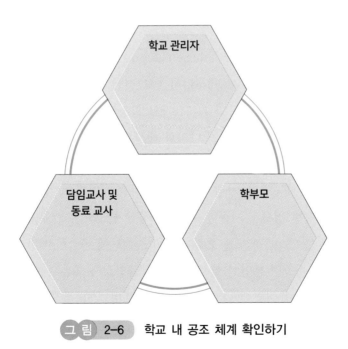

그림 2-6   학교 내 공조 체계 확인하기

(3) 학교 밖 자원 활용하기

• 청소년 및 대학생(청년)의 정신건강 장애(자살충동/자살행동 증후) 치료를 위해 관할 시도 교육청, 정신건강 관련 기관 등 학교와 연계 가능한 자원은 무엇인가? 이들에 대한 목록과 담당자, 주요 연락처 등을 기록해 두고 수시로 최신 정보로 갱신해 둔다.

1. _____

2. _____

3. _____

4. 청소년기의 정신건강 측정 도구(척도)

1) 청소년 자기행동 평가척도

청소년 자기행동 평가척도(Youth Self Report: YSR)는 아켄바흐(Thomas M. Achenbach)와 에델브록(Craig Edelbrock)이 1987년에 만 12~16세 청소년을 대상으로 기초 자료를 마련하고 대상을 만 11~18세로 확장하여 1991년에 출시되었다. 현재는 영유아기부터 노인에 이르기까지 다양한 대상으로 확대되어 척도가 개발되어 있다(www.aseba.org). 일반 청소년기에는 자아성찰 능력의 성장으로 본인의 문제를 스스로 평가하는 것이 가능하며, 가정 외에서 활동하는 시간도 증가하기 때문에 자기보고식 평가법이 유용한 정보를 제공할 수 있다. 한국청소년 자기행동 평가척도(Korea-Youth Self Report: K-YSR)는 YSR을 오경자 등이 1997년에 한국어로 번안하여 표준화한 것이다. 이 척도는 청소년 본인이 실시하는 것과 담임교사 혹은 부모가 작성하는 아동 행동평가척도(Child Behavior Checklist: CBCL)가 있으며, YSR 혹은 CBCL에 따라 119문항 혹은 113문항으로 구성되어 있다. 총 3점의 리커트 척도로 구성되며, T점수를 활용하여 표준화되어 있기 때문에 임상군으로 분류가 가능하다. 이 척도는 내재화(불안/우울, 위축/우울, 신체증상) 문제와 외현화(규칙 위반, 공격 행동) 문제 그리고 사회적 미성숙, 사고 문제, 주의집중 문제를 포함하는 사회성 영역 등의 세 가지 영역을 포함한다.

2) 아동용 우울증 검사

아동용 우울증 검사(Child Depression Inventory: CDI)는 코박스와 벡(Kovacs & Beck, 1977)이 아동기 우울증의 인지적·정서적·행동적 증상을 평가하기 위해 개발한 자기 보고서이다. CDI는 7~17세의 아동과 청소년들에게 실시할 수 있으며, 총 27문항으로 구성되어 있다. 각 문항에 대해 지난 2주 동안의 자신을 가장 잘 기술해 주는 정도를 0~2점으로 평정하도록 되어 있으며, 각 문항에 대한 개인의 평정치를 합산한 총점이 우울 정도를 나타낸다. 총점의 범위는 0~54점으로 점수가 높을수록 우울 정도가 심한 우울 증상을 보인다. 총 20~30분 정도의 시간이 소요되는 이 척도는 자기보고식으로 작성이 가능하며, 다섯 가지 하위 영역(우울 정서, 행동장애, 흥미 상실, 자기비하, 생리적 증상)을 검사한다.

아동용 우울증 검사

1. 나는 가끔 슬프다.
   나는 자주 슬프다.
   나는 항상 슬프다.
2. 나에게는 제대로 되어 가는 일이란 없다.
   나는 일이 제대로 되어 갈지 확신할 수 없다.
   나에게는 모든 일이 제대로 되어 갈 것이다.
3. 나는 대체로 무슨 일이든 웬만큼 한다.
   나는 잘 못하는 일이 많다.
   나는 모든 일을 잘 못한다.
4. 나에게는 재미있는 일이 많다.
   나에게는 재미있는 일이 어느 정도 있다.
   나에게는 재미있는 일이 전혀 없다.
5. 나는 항상 나쁜 행동을 한다.
   나는 자주 나쁜 행동을 한다.
   나는 가끔 나쁜 행동을 한다.
6. 나는 가끔씩 나에게 나쁜 일이 생길지도 모른다는 생각이 든다.
   나에게 나쁜 일이 생길까 봐 걱정이 된다.
   나에게 꼭 나쁜 일이 생길 것만 같다.
7. 나는 나 자신을 미워한다.

나는 나 자신을 좋아하지 않는다.

나는 나 자신을 좋아한다.

8. 나에게 일어난 모든 나쁜 일은 다 내 잘못이다.

나에게 일어난 나쁜 일 등의 대부분은 내 잘못이다.

나에게 일어난 나쁜 일은 보통 내 잘못 때문이 아니다.

9. 나는 나를 해치고 싶다는 생각은 하지 않는다.

나는 나를 해치고 싶다고 생각하기도 하지만 그렇지 않을 것이다.

나는 나를 해치고 싶다.

10. 나는 매일 울고 싶은 기분이다.

나는 매일은 아니지만 자주 울고 싶은 기분이 든다.

나는 가끔 울고 싶은 기분이 든다.

11. 여러 가지 일이 항상 나를 귀찮게 한다.

여러 가지 일이 자주 나를 귀찮게 한다.

여러 가지 일이 가끔 나를 귀찮게 한다.

12. 나는 사람들과 함께 있는 것이 좋다.

나는 사람들과 함께 있고 싶지 않을 때가 많다.

나는 사람들과 함께 있는 것이 싫다.

13. 나는 어떤 일에 대한 결정을 쉽게 내릴 수가 없다.

나는 어떤 일에 대한 결정을 내리기가 어렵다.

나는 쉽게 결정을 내린다.

14. 내 외모는 괜찮은 편이다.

내 외모 중에는 못생긴 부분이 약간 있다.

나는 못생겼다.

15. 나는 학교 공부를 하는 것이 늘 힘들다.

나는 학교 공부를 하는 것이 대체로 힘들다.

나는 학교 공부를 하는 것이 그리 힘들지 않다.

16. 나는 매일 밤 잠들기가 어렵다.

나는 잠들기 어려운 밤이 많다.

나는 잠을 잘 잔다.

17. 나는 가끔 피곤하다.

나는 자주 피곤하다.

나는 늘 피곤하다.

18. 나는 밥맛이 없을 때가 대부분이다.

나는 밥맛이 없을 때가 많다.

나는 밥맛이 좋다.

19. 나는 몸이 아플까 봐 걱정하지는 않는다.

나는 몸이 아플까 봐 걱정할 때가 많다.

나는 몸이 아플까 봐 항상 걱정한다.
20. 나는 외롭다고 느끼지는 않는다.
    나는 자주 외롭다고 느낀다.
    나는 항상 외롭다고 느낀다.
21. 나는 학교생활이 재미있었던 적이 없다.
    나는 학교생활이 가끔씩 재미있다.
    나는 학교생활이 늘 재미있다.
22. 나에게는 친구들이 많다.
    나는 친구들이 조금이지만, 더 많이 있었으면 좋겠다.
    나에게는 친구가 전혀 없다.
23. 나의 학교 성적은 괜찮다.
    나의 학교 성적은 예전처럼 좋지는 않다.
    내가 전에는 잘했던 학과목 성적이 떨어졌다.
24. 나는 절대로 다른 아이들처럼 착하지 않다.
    나는 마음만 먹으면 다른 아이들처럼 착할 수가 있다.
    나는 다른 아이들처럼 착하다.
25. 나를 진심으로 좋아하는 사람은 아무도 없다.
    나를 진심으로 좋아하는 사람이 있을지 확실하지 않다.
    분명히 나를 진심으로 좋아하는 사람이 있다.
26. 나는 나에게 시킨 일은 대체로 한다.
    나는 나에게 시킨 일은 대체로 하지 않는다.
    나는 나에게 시킨 일은 절대로 하지 않는다.
27. 나는 사람들과 사이좋게 잘 지낸다.
    나는 사람들과 자주 싸운다.
    나는 사람들과 항상 싸운다.

* 22~25점: 약간 우울 상태, 26~28점: 상당한 우울 상태, 29점 이상: 매우 심한 우울 상태

3) 슬픈 사람 척도

패터슨 등(Patterson et al., 1983)이 개발한 슬픈 사람 척도(SAD PERSONS Scale)는 10개의 예-아니요 질문으로 구성되어 있으며, 주로 자살 생각을 하는 사람을 대상으로 자살의 심각성을 파악하는 데 사용한다.

슬픈 사람 척도

S: Male sex (남자이면 1점)

A: Age (〈19 or 〉45 years) (19세 미만 혹은 45세보다 많은 경우 1점)

D: Depression (우울증이 있으면 1점)

P: Previous attempt (이전의 시도 경험)

E: Excess alcohol or substance use (음주 혹은 약물 사용)

R: Rational thinking loss (합리적 사고의 결여)

S: Social supports lacking (사회적 지지체계의 결핍)

O: Organized plan (자살 계획)

N: No spouse (배우자가 없음)

S: Sickness (질병이 있음)

* 자살의 위험을 사정하는 척도로서 0~2점은 그 위험이 낮으며, 향후 지속적인 후속 조치(follow-up)를 전제로 한다. 3~4점은 좀 더 자세한 후속 조치를 해야 하며, 필요한 경우 입원시키는 것도 고려해야 한다. 5~6점은 입원을 강력히 고려해야 하며, 아주 구체적인 후속 조치 없이는 집으로 돌려보내서는 안 된다. 마지막으로, 7~10점은 자살 위험이 매우 높음을 의미하여 입원을 시켜야 한다.

4) 벡 불안척도

벡(Aaron T. Beck)이 인지행동모델에 기반하여 개발한 벡 불안척도(Beck Anxiety Inventory: BAI)는 청소년 및 성인을 대상으로 활용 가능하며, 오랜 연구를 바탕으로 널리 활용되고 있는 척도이다.

■ 다음의 항목은 불안의 일반적인 증상을 열거한 것이다. 먼저, 각 항목을 주의 깊게 읽으시오. 오늘을 포함해서 지난 한 주 동안 귀하가 경험한 증상의 정도를 다음과 같이 그 정도에 따라 적당한 곳에 ○표 하시오.

0: 전혀 느끼지 않는다.   1: 조금 느꼈다. 그러나 별 문제가 되지 않는다.
2: 상당히 느꼈다. 힘들었으나 견딜 수 있었다.   3: 심하게 느꼈다. 견디기가 힘들었다.

번호	문항	전혀 안 느낌	조금 느낌	상당히 느낌	심하게 느낌
1	나는 가끔씩 몸이 저리고 쑤시며 감각이 마비된 느낌을 받는다.				
2	나는 흥분된 느낌을 받는다.				
3	나는 가끔씩 다리가 떨리곤 한다.				

4	나는 편안하게 쉴 수가 없다.				
5	매우 나쁜 일이 일어날 것 같은 두려움을 느낀다.				
6	나는 어지러움(현기증)을 느낀다.				
7	나는 가끔씩 심장이 두근거리고 빨리 뛴다.				
8	나는 침착하지 못하다.				
9	나는 자주 겁을 먹고 무서움을 느낀다.				
10	나는 신경이 과민해 있다.				
11	나는 가끔씩 숨이 막히고 질식할 것 같다.				
12	나는 자주 손이 떨린다.				
13	나는 안절부절못해 한다.				
14	나는 미칠 것 같은 두려움을 느낀다.				
15	나는 가끔씩 숨쉬기가 곤란할 때가 있다.				
16	나는 죽을 것 같은 두려움을 느낀다.				
17	나는 불안한 상태에 있다.				
18	나는 자주 소화가 잘 안 되고 뱃속이 불편하다.				
19	나는 가끔씩 기절할 것 같다.				
20	나는 자주 얼굴이 붉어지곤 한다.				
21	나는 땀을 많이 흘린다(더위로 인한 경우는 제외).				

출처: Beck et al. (1998).

※ BAI의 채점 방법

▶ 벡 불안척도(Beck et al., 1988)	
척도 내용	• 정신과 집단에서 호소하는 불안의 정도를 측정하기 위한 도구 • 불안의 인지적 · 정서적 · 신체적 영역을 포함하는 21문항으로 구성 • 특히 우울로부터 불안을 구별해 내기 위한 목적으로 개발됨
실시 방법	자기보고식: 지난 한 주 동안 불안을 경험한 정도를 4점 척도상에 표시
채점 방법	• 각 문항의 점수를 합산하여 총점을 구함 　- 전혀 느끼지 않았다=0점 　- 조금 느꼈다=1점 　- 상당히 느꼈다=2점 　- 심하게 느꼈다=3점
해석 지침	• 총점의 범위: 0~63점 　- 22~26점: 불안 상태(관찰과 개입을 요함) 　- 27~31점: 심한 불안 상태 　- 32점 이상: 극심한 불안 상태

이 장의 요약

이 장에서는 청소년과 청년(대학생 포함)의 정신건강에 영향을 줄 수 있는 개인적·환경적 요인에 대해 살펴보고, 이 시기에 발생할 수 있는 다양한 스트레스를 인지하고 이를 적절히 관리할 수 있는 방법에 대해 알아보았다. 그리고 청소년과 청년 시기에 흔히 발생할 수 있는 정신건강 문제의 주요 증상에 대해서도 살펴보았다. 청소년기와 청년기의 정신건강 문제는 아동기의 문제가 지속적으로 이어진 경우도 있지만, 이 시기에 새롭게 발생하는 정신건강 문제는 향후 개인 및 가족, 사회의 삶 전반에 복합적인 영향을 준다. 따라서 이러한 정신건강 문제를 조기에 발견, 개입하여 이에 따른 적절한 대책을 마련하는 것이 중요하다.

1. 청소년과 대학생(청년기)의 정신건강을 잘 관리하기 위한 긍정적인 방법에는 무엇이 있는지 살펴봅시다.

2. 어렸을 때의 부정적 경험(아동학대, 가정폭력, 학교폭력 등)은 청소년과 대학생(청년기)에게 어떠한 영향을 미치는지 문헌을 통해 살펴봅시다.

3. 청소년기와 청년기에 나타날 수 있는 정신건강의 문제를 조기에 발견하고, 선제적 조치를 취할 수 있는 것에는 어떤 것이 있는지 알아봅시다.

----

4. 우리 사회의 청소년 및 청년 중 각별히 관심을 요하는 소외 청소년 및 청년 집단은 누구인지를 파악해 보고 이들의 현황, 어려움, 사회적 과제 등에 대해 살펴봅시다.

참고문헌

권광현, 박영훈(2017). 디지털 노마드: 직장 없이 자유롭게 돈 버는 사람들. 서울: Raon Book.

권중돈, 김동배(2005). 인간행동과 사회환경. 서울: 학지사.

원경림, 이희종(2019). 청소년기 학업스트레스가 자살생각에 끼치는 영향에서 학교유대감, 우울 및 불안의 매개효과: 교사유대감을 중심으로. 청소년학연구, 26(9), 79-104.

오호영(2017). 캥거루족 실태분석과 과제. KLI 패널 워킹페이퍼, 7(7), 1-26.

질병관리청(2020). 제16차(2020년) 청소년건강행태조사 통계. 충북: 질병관리청.

최송식, 최말옥, 김경미, 이미경, 박은주, 최윤정(2014). 정신건강론. 서울: 학지사.

홍강의 외 편(2014). DSM-5에 준하여 새롭게 쓴 소아정신의학. 서울: 학지사.

American Psychiatric Association (2015). DSM-5 정신질환의 진단 및 통계 편람(제5판) [*Diagnostic and statistical manual of mental disorders* (5th ed.)]. (권준수, 김재진, 남궁기, 박원명, 신민섭, 유범희, 윤진상, 이상익, 이승환, 이영식, 이헌정, 임효덕 공역). 서울: 학지사. (원저는 2013년에 출판).

Bandura, A. (1977). Self-efficacy: Toward a unifying theory of behavioral change. *Psychological Bulletin, 80*(4), 286-303.

Beck, A. T., Epstein, N., Brown, G., & Steer, R. A. (1988). An inventory for measuring clinical anxiety: Psychometric properties. *Journal of Consulting and Clinical Psychology, 56*(6), 893-897.

Erikson, E. (1968). *Identity, youth and crisis.* New York, NY: W. W. Norton and Company.

Kovacs, M., & Beck, A. T. (1977). An empirical-clinical approach toward a definition of childhood depression. In J. G. Schulterbrandt & A. Raskin (Eds.), *Depression in childhood: Diagnosis, treatment, and conceptual models* (pp. 1-25). New York, NY: Raven Press.

Patterson, W. M., Dohn, H. H., Bird, J., & Patterson, G. A. (1983). Evaluation of suicidal patients: The SAD PERSONS scale. *Psychosomatics, 24*(4), 343-349. https://doi.org/10.1016/S0033-3182(83)73213-5.

제2부

자살에 대해 알기

제3장

생명의 존엄성

신성현(동국대학교 불교학부 교수)

이 장의 목적

1. 생명의 존엄성과 가치에 대한 올바른 이해를 돕는다.
2. 생명의 정의와 기원, 특성에 대해 살펴봄으로써 그 신비롭고 소중함에 대한 인식을 증대시킨다.
   • 종교적 관점의 생명관을 이해함으로써 생명의 존엄성을 알게 한다.
   • 현대 사회의 생명 경시 현상을 고찰하여 생명존중의 중요성을 깨닫도록 돕는다.
   • 자비 사상에 입각한 생명존중의 실천에 대한 근거를 알게 한다.

현대의 생명 경시 현상은 전 세계적으로 일어나고 있는 테러나 전쟁, 자신의 원한이나 쾌락 또는 물질을 탐하는 마음에서 비롯된 살인 등등 그 어느 시대보다도 만연해 있다. 이와 같은 생명 경시 현상은 자살로까지 이어지고 있다. 이는 근본적으로 생명의 가치와 존엄성에 대한 깊은 성찰이나 이해가 없기 때문에 생긴 일이라 해도 지나치지 않을 것이다. 이 장에서는 종교적 관점에서의 생명관을 포함하여 생명의 정의, 특성 그리고 기원에 대해 알아보고, 현대의 생명 경시 현상에 대해 함께 살펴본다. 이러한 고찰과 함께 명상과 간단한 토론 활동을 함께함으로써 생명의 가치와 존엄성에 대한 인식을 높인다.

1. 생명이란 무엇인가

● 활동 1: '생명' 하면 떠오르는 이미지가 무엇인지 잠시 눈을 감고 생각해 봅시다.

----

1) 생명의 정의

	사전적 정의
생명(生命, life)	• 사람을 포함한 모든 생물이 살아 있다는 공통적 속성을 추상적으로 나타낸 것으로서 삶(生), 목숨 등과 동의어(인터넷 다음 백과사전) • 생물로서의 특성을 보여 주는 일반적인 개념(브리태니커 사전, 1999) • 목숨, 살아 움직이고 있는 힘, 가장 기본적이며 본질적인 것(인터넷 야후 국어사전)

생리학적 정의	물질대사적 정의
• 섭식, 물질대사, 배설, 호흡, 이동, 성장, 생식, 외부 자극에 대한 반응을 수행하는 계(系)로 정의(그러나 이 중 일부는 기계도 소유할 수 있는 속성이며, 일부 생물은 호흡하지 않는 경우도 있으므로 그 경계가 모호함)	• 자신의 물질을 끊임없이 외부와 교환하지만 일반적인 특성을 잃지 않고 체제의 확실한 경계를 가지고 있는 물체

유전적 정의	열역학적 정의
• 생화학적 또는 분자생물학적 측면에서 보면 생명체는 핵산 분자에 생식 가능한 유전 정보를 암호화하여 가지고 있고, 단백질성 촉매인 효소를 사용하여 물질대사의 화학 반응 속도를 조절하는 계(系)	• 개방된 계(系)로 볼 수 있으며, 열, 빛, 물질 등 우주의 무질서를 통해 자신의 질서를 증가시키는 어떠한 국소 부위

- 지구에 존재하는 가장 단순한 세포에서 복잡한 인간에 이르기까지 여러 생명체가 존재하는데, 이들은 자신들이 가지는 유기물질, 행동 양식, 구조 등을 복제하는 존재임

※ 각 정의의 모든 경우에는 예외가 존재하므로 생명에 대한 확실한 정의란 불가능하며, 주로 생명체가 가지는 특성을 통해 생명을 이해할 수 있다(브리태니커 사전, 1999).

● 활동 2: '생명'이란 무엇인지 두 사람이 짝이 되어 각자의 생각을 나누어 봅시다.

- -

- -

2) 생명의 특성(브리태니커, 1999)

- 무질서한 세계는 더욱 혼란한 상태로 되려는 경향이 있으나, 생명은 이러한 추세에 대항하여 정돈되고 조직화되려는 경향이 있음
- 항상 안정된 정상 상태를 유지하려는 성질인 항상성이 있으며, 물리적, 화학적으로 일정해지려는 경향이 있고, 생명은 민감성과 반응의 복잡한 체제를 통해 유지됨
- 환경에서 화학물질과 에너지를 얻어 자신의 성장과 유지에 이용함
- 복제에 의해 자신이 지닌 유전 암호를 다음 세대로 전달함
- 환경의 특성을 민감하게 감지하여 반응함
- 환경에 적응하여 이로운 방향으로 자신을 조절하여 적응함(예: 겨울이면 털이 더 많아지는 늑대/적자생존과 진화)

3) 생명의 기원에 대한 생물학의 가설(인터넷 다음 백과사전)

가설 1. 자연발생설	가설 2. 외계 유입설	가설 3. 화학진화설
생명체는 흙이나 물과 같은 무생물적 요소로부터 자연적으로 우연히 발생한 것으로, 생물은 어버이가 없이도 생길 수 있다고 주장	지구 형성 이전 먼 우주에 있던 생명체가 지구 형성 직후 지구로 낙하하여 지구에 생명체가 존재하게 되었다는 가설	일련의 화학작용에 의해 여러 유기화합물이 합성 및 농축되고, 이것들이 모체가 되어서 대사, 증식, 유전, 운동 등이 가능한 생명체가 됨

● 활동 3: 먼저 살아 있는 것의 특징을 적어 봅시다. 3~4명이 한 팀이 되어 각자 생각한 특징을 이야기하고, 각 팀의 대표가 나눈 이야기를 간단하게 다른 팀들에게 소개합시다.

----

2. 현대의 생명 경시 현상

1) 전쟁과 테러

전쟁과 테러는 많은 무고한 생명을 담보로 무차별적 살상을 한다. 국가나 종교 간의 갈등으로 벌어진 전쟁과 테러로 인해 소중한 생명이 허무하게 사라지고, 그들의 남은 가족이나 친구들은 평생 동안 가슴에 지울 수 없는 상처를 안고 살아가게 된다.

실제 사례로 파키스탄 북서부 도시 페샤와르에서 2013년 9월 29일(현지 시간)에 차량 폭탄 테러가 발생해 최소 33명이 숨지고 80여 명이 다쳤다. 현지 경찰은 탈레반 연계 세력의 소행으로 추정하고 있다. 페샤와르에서는 지난 일주일 사이 3번의 폭탄 테러가 발생해 약 130여 명이 사망했다(중앙일보, 2013. 9. 30.).

2) 살인

살인은 생명의 존엄성과 가치에 대한 생각이 없거나 부족하여 일어나는 잔혹한 일이다. 화성 연쇄 살인 사건이나 유영철 사건 등을 보면 자신의 소외감과 사회에 대한 분노를 타인의 생명을 앗아가는 방식으로 표출한 것이다. 특히 근래 들어 증가하고 있는 일정한 대상을 목적으로 하지 않고 무작위로, 무차별적으로 사람을 죽이는 소위 '묻지 마 살인 사건'은 현대 사회의 생명 경시 현상을 단적으로 보여 준다고 할 수 있다. 군대에서의 총기 난사 사건으로 인한 무고한 생명의 희생은 물론, 불특정 다수를 겨냥한 인명 살상은 점점 증가하며 심각한 사회 문제로 대두되고 있다(배상훈, 2015).

3) 자살

경제협력개발기구(OECD) 회원국 중 우리나라는 2002년 이래 2021년 기준 19년간 자살률 1위를 기록하고 있으며, 우리나라 통계청 발표에 의하면, 특히 10대에서 30대까지의 사망 원인 1위가 자살이라는 분석이 나왔다(지용호, 조해인, 2014). 자살은 심각한 심리적 고통의 결과로 자발적 또는 의도적으로 스스로 목숨을 끊는 행위이다. 이러한 자살은 소중한 생명의 손실이자, 자살 유가족에게는 자신들이 좀 더 큰 관심과 애정을 보였다면 자살을 막을 수도 있었다는 자책과 슬픔을 남긴다.

4) 낙태

낙태라고 함은 태아를 인공적으로 모체 외로 배출하거나 모체 내에서 태아를 살해하는 것을 말한다. 인간은 수태하는 순간부터 생명으로 여기고 있으나, 오늘날 문란한 성문화의 만연으로 인한 낙태가 자행되고 있으며, 정상적 부부 사이에서라도 원치 않는 임신일 경우에 태아도 생명이라는 인식 없이 낙태를 쉽게 여기고 있다. 낙태는 속된 표현으로 지운다고 하기도 하는데, 이는 태아를 지우개로 지우듯 아무렇지도 않게 지운다는 극도의 생명 경시 풍조를 반영한 것이라고 할 수 있다.

5) 동물 학대

의도적이거나 이유 없이 동물에게 고통을 주거나 죽이는 행위, 또는 고의나 악의로 동물을 방치하는 행위를 말한다. 이것은 인간중심주의에서 모든 생명 있는 것은 다 소중하다고 하는 마음 없이 인간을 위해서 존재한다고 생각하기 때문에 일어난다. 자연계에는 인간도 동물의 한 종일 뿐이며, 단지 다른 동물들보다 좀 더 고등동물일 뿐인데 자연을 지배하려고 하는 오만에서 문제가 발생한다.

6) 생태계의 파괴, 자극적인 미디어와 인터넷 게임

인간의 삶의 질을 향상시키고자 하는 생명공학의 발전은 유전자 조작 및 배아복제 등 인류사에 큰 전기를 마련함에 틀림없으나, 한편으로는 인류뿐만 아니라 자연의 생태계를 파괴하는 일을 자초하고 있다. 이로 인해 자연의 '자연 회복성'을 잃을 위험에 처하고, 자칫 공생, 협력하고 있는 지구상의 생명 전체의 질서를 파괴하고 전혀 예상치 못한 끔찍한 결과를 낳을 수도 있다. 자극적인 미디어와 인터넷 게임은 생명을 경시하고 일종의 놀이로 만든 경향이 있다. 그러한 미디어와 인터넷 게임 등은 당사자의 영혼을 황폐화시킬 뿐만 아니라 그것들의 영향으로 살인, 폭력, 강간 등을 모방한 심각한 사회 문제를 일으키고 있다.

●활동 4: 3~4명이 팀을 이루어 앞서 소개한 생명 경시 현상으로 인해 벌어진 비극의 결과로서 우리의 마음에 일어난 상처에 대해 이야기를 나누어 봅시다.

----

3. 생명의 존엄성

생명존중의 대상은 자기 자신뿐만 아니라 타인, 더 나아가서는 모든 살아 있는 생명체가 포함된다. 생명존중의 실천에 있어서 타인의 행복을 위해 자신의 행복을 희생하는 것을 요구하는 것은 아니며, 어느 한쪽이 아닌 자신과 타자 그리고 모든 생명체의 행복 실현을 목표로 한다.

● 활동 5: 나의 몸 느껴 보기

잠시 눈을 감고 편안한 마음으로 천천히 숨을 내쉬고 들이쉬면서 심장 박동, 호흡, 온기가 있는 나의 몸에 집중해 봅시다. 나의 몸에서 일어나고 있는 것을 느껴 봅시다.

(2~3분가량 시간을 준 뒤)

이제 나의 몸을 만져 봅시다. 팔, 손, 손가락, 다리, 어깨, 머리, 얼굴 등을 천천히 쓰다듬 듯이 느껴 봅시다.

천천히 눈을 뜹니다.

나의 몸에서 발견한 살아 있다는 증거가 무엇이 있는지 생각나는 대로 적어 봅시다.

- -
- -
- -
- -
- -

이 장의 요약

　이상으로 생명에 대하여 그 정의와 특성 그리고 기원을 살펴보았으며, 불교와 그리스도교의 예시를 들어 생명이 왜 소중하고 존엄한가에 대해 생각해 보았다. 현대 사회의 생명 경시 현상은 전쟁과 테러, 살인, 자살, 낙태, 동물 학대 그리고 생태계의 파괴, 자극적인 미디어와 인터넷 게임에 이르기까지 너무나도 흔하게 일어나고 있다. 이러한 시점에서 우리는 생명의 가치와 존엄성에 대한 인식을 높임으로써 자신과 타인의 생명을 포함하여 우주 만물의 살아 있는 생명에 대한 존중의 마음을 키울 수 있을 것이다.

생각해 볼 거리

1. 생명이 소중하고 귀한 이유에 대해 생각해 봅시다.

2. 나의 삶에서 쉽게 생명존중을 실천하는 방법에는 무엇이 있을지 생각해 봅시다.

참고문헌

배상훈(2015. 10. 7.). [범인과의 대화] "나 혼자 죽는 건 너무 억울해". 시사저널.
중앙일보(2013. 9. 30.). 파키스탄 연이은 폭탄 테러…… 1주일 새 130여 명 사망.
지용호, 조해인(2014). 한국인의 지난 10년간 자살률 분석, 2003-2012. 보건정보통계학회지,
       39(1), 132-142.

다음 백과사전. https://100.daum.net
브리태니커 백과사전(1999). britannica.co.kr/index_.asp
야후 국어사전. http://ko.wikipedia.org/wiki/야후/_코리아

제4장

자살에 대한 이해

유영권(연세대학교 상담코칭학과 교수)

> **이 장의 목적**

1. 참여자가 자살에 대하여 총체적인 이해를 가지도록 돕는다.
2. 자살에 대한 이해를 바탕으로 자신의 생명에 대한 소중함을 깨닫도록 돕는다.
3. 심리내적인 공격성을 표출하도록 돕는다.
4. 왜곡된 인지구조를 수정하도록 돕는다.
5. 해소하지 못한 애도 과정을 돕는다.

　자살에 대한 이해를 돕기 위해 청소년 및 대학생들이 어떤 심리와 환경적인 요인을 가지고 있는지 파악하는 것은 중요하다. 또한 자살에 대한 이해를 바탕으로 청소년 및 대학생들의 자살 동기와 심리를 파악하도록 하는 과정이 필요하다. 심리내적인 구조에서 표출되지 못한 내재화된 공격성이 자리 잡고 있을 때 적절하게 표출하지 못한 부정적 감정의 에너지가 축적되어 자살의 충동으로 이어진다. 또한 왜곡된 신념이 자살이라는 행동을 하게끔 하고, 해소되지 못한 슬픔이 있을 때 이러한 슬픔이 우울한 기분으로 연결되어 자살로 이어진다는 이해를 바탕으로 이 장을 진행한다. 자살에 대한 단순한 이해를 심어 주는 것이 아니라 자살 이해를 바탕으로 자살의 위험요인을 제거하는 활동을 실시한다.

1. 내재화된 공격성

1) 내재화된 공격성 이해하기

심층심리학 이론에서는 한 사람의 무의식 속에 자리 잡고 있는 분노와 공격성이 제대로 표출되지 못할 때 타자에 대한 공격적 본능을 자신에게로 전향(deflect)하여 그 공격성을 표출하는 행위로 자살을 이해한다. 청소년 및 대학생들이 학교생활에서 겪는 왕따의 경험이나 성적으로 인한 좌절, 대인관계로 인한 좌절, 가족관계에서 오는 좌절을 적절히 다루지 못하고 자신 안에 심리내적인(intra psychic) 에너지를 축적하는 경향을 보일 때가 있다. 마치 욕조에 물을 반 정도 받아 놓고 바람을 가득 채운 풍선을 물속으로 집어넣으려고 하면 할수록 위로 솟아오르는 힘이 작용하는 것처럼, 한 개인의 좌절된 경험이 축적되면 반동작용으로 튕겨나오려는 힘이 더 거세진다. 이러한 현상을 그림으로 표현하면 [그림 4-1]과 같다.

그림 4-1　목욕탕에 반쯤 잠긴 물 위에 바람 든 풍선을 집어넣으려는 모습

이렇게 좌절과 분노가 축적되지 않도록 자신 안에 담겨 있는 좌절과 분노를 밝히고 표출하는 다음의 작업이 필요하다.

2) 내재화된 공격성 표출하기

(1) 내 안에 있는 좌절의 경험 찾아내기

좌절 리스트를 기록하시오.

1. --
2. --
3. --

좌절에 대한 나의 대처 방식을 기록하시오.

1. --
2. --
3. --

(2) 내재화된 공격성 표출하기

그 림 4-2 내재화된 공격성을 표출하는 찰흙 형상 만들기

찰흙으로 내 마음 표현하기 자신 안에 있는 응어리진 마음을 찰흙이라는 도구를 이용해 표현해 본다. 이 활동을 통해 자신 안에 내재한 분노와 좌절의 감정을 표출할 수 있고, 친구끼리 서로 표출하는 대상이 되어 주는 역할을 하도록 돕는다. 이 방법

은 꼭 찰흙이 아니어도 그림으로 표현하거나 시로 표현할 수 있도록 매체를 바꿀 수
도 있다.

찰흙을 앞에 놓고 나를 괴롭힌 경험, 나를 힘들게 한 경험,
자신의 인생에서 지워 버리고 싶은 기억 등을 회상한다.

회상한 기억과 경험을 형상화하여 찰흙으로 그 형상을 만든다.
그 형상을 만들면서 느끼게 되는 감정을 메모로 적어 놓거나 기억한다.

찰흙 형상을 왜 만들었는지 그리고 그 형상에 대한 설명을
둘이 짝지어서(혹은 3명이나 4명도 가능함) 이야기한다.

2. 잘못된 인지구조

1) 왜곡된 인지구조 이해하기

자살충동을 가진 청소년 및 대학생들을 상담하다 보면 그들 안에 잘못 형성된 신념
을 찾아볼 수 있다. 자신을 무가치하고, 무능력하고, 사랑받지 못할 자로 생각하며, 바
깥 세계가 가혹하다, 나를 무시한다, 나의 미래는 암담하고 통제할 수 없다는 생각을
표현할 때가 있다. 한 개인이 가지고 있는 잘못된 핵심 신념이 우울한 감정을 가져오
고 또한 충동적인 행동으로 이끌 수 있다.

개인의 왜곡된 신념은 다음과 같다. 역기능적인 사고로는 '나는 완전해야지 인정받
을 수 있다'는 흑백논리를 들 수 있다. 임의적 추론으로 몇 가지 정보를 가지고 자신은
패배한 자라고 결론을 내린다. 선택적 추론으로 부정적인 것에만 집중하여 자신 안에
있는 자원을 보지 못한다. 과일반화로 한 사건을 너무 크게 확대 해석하는 모습을 보
인다. 개인화 사고로는 세상의 모든 불행한 일이나 일상의 일에 대해서 자신의 책임으

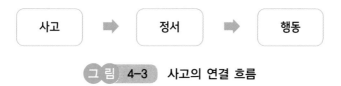

그림 4-3　사고의 연결 흐름

로 귀결하여 과도한 죄책감을 가지게 된다. 이러한 역기능적인 사고를 가지게 되는 원인 중에 가장 중요한 것은 발달 과정에서 가족에게 들은 소리가 가장 크다. 자신의 부모에게서 들어온 소리, 예를 들어 '너는 태어나지 말았어야 했어.' '너 때문에 내 인생 망쳤다.' '할 수 있는 것은 아무것도 없는 실패자.' '멍청한 녀석이 뚱뚱하기까지 하네.' '네가 할 수 있는 게 무엇이냐?' 등을 들 수 있다.

다음의 활동을 통해 자신의 그릇된 신념의 원천이 어디에서 왔는지 명료화하는 시간을 갖는다.

부모님이나 주변 사람들이 나에게 가장 많이 해 준 말은 무엇인가?

1. _____
2. _____
3. _____

그들의 말이 나의 가치관이나 미래에 미치는 영향을 적어 보시오.

1. _____
2. _____
3. _____

2) 왜곡된 인지구조 조정하기

〈표 4-1〉에 제시한 대로 청소년 및 대학생에게 자신이 가지고 있는 부정적 정서를 수정할 수 있는 활동을 실시한다. 우선, 청소년 및 대학생에게 가장 힘들었던 사건을

기입하게 하고, 그 사건에 들어 있는 자신의 정서를 기입하도록 한다. 그다음 그 사건 속에 스며들어 있는 비합리적 사고를 추리도록 하고, 그 사고를 지지하는 증거를 찾아서 적도록 한다. 그다음 비합리적 사고를 지지하지 않는 증거를 될 수 있는 대로 많이 찾도록 도와주고 그 증거를 기입하도록 돕는다. 이를 바탕으로 새로운 합리적 사고를 찾도록 하고, 새로운 사고를 함으로써 생기는 새로운 정서를 찾도록 돕는다. 이 과정에 대한 예를 〈표 4-1〉에 제시하였다. 〈표 4-1〉의 예처럼 청소년 및 대학생으로 하여금 자신의 비합리적 사고와 정서를 밝히고 새로운 합리적 사고와 정서를 찾도록 돕는다.

표 4-1   왜곡된 인지구조 조정하기

• 나의 왜곡된 인지구조 조정하기

사건	정서	비합리적 사고	지지하는 증거	지지하지 않는 증거	합리적 사고	정서

출처: Beck (1997), p. 148.

• 나의 왜곡된 인지구조 조정하기의 예

사건	정서	비합리적 사고	지지하는 증거	지지하지 않는 증거	합리적 사고	정서
• 남자에게 차였다.	• 우울, 허무, 무망감	• 남자에게 차였으니 나는 이 세상에 쓸모없는 존재이다. • 그도 싫어했는데, 모든 사람이 나를 싫어할 것이다.	• 아, 옛날에 다른 남자도 나를 버렸지.	• 내가 할 수 있는 일이 많다(공부, 그림, 편집 등). • 생각해 보니 나를 짝사랑하는 과 친구, 식구, 중학교 동창이 있다.	• 그 남자에게 내가 안 맞는 것이지, 내가 할 수 있는 다른 일이 많다. • 그녀석만 남자냐, 다른 더 좋은 남자들이 많다.	• 자신감, 새로운 친구를 만날 수 있는 희망감

3. 해소되지 않은 슬픔

1) 해소되지 않은 슬픔(Unresolved Grief) 이해하기

개인이 예상치 못한 충격이나 상실이 있는 경우에 그 사건과 관련된 생각이나 느낌, 장소를 회피하는 반응을 보일 수 있고, 그 사건과 관련된 침습적 반응(예상치 못하게 그 사건과 관련된 기억과 경험이 기억나고 재경험되어 공포를 느끼는 심리적 반응)을 불러일으킬 수 있다. 충분히 슬퍼해야 할 때 슬퍼하지 못한 경험이 쌓이게 되면 우울한 기분으로 정착되고, 이러한 우울한 기질은 자살 사고와 자살충동에 이르게 할 수 있다. 이러한 심리적 경로를 차단하기 위해 충분히 슬퍼할 수 있는 기회를 제공해 주는 것은 중요하다.

활동 1 다음 그림을 보고 내 삶 속에 이런 순간이 언제 있었는지 그 순간을 회상해 보시오. 그리고 그 이야기를 짝을 지어 나누어 보시오.

그림 4-4   에드바르트 뭉크의 〈절규〉

출처: https://namu.wiki/w/절규

2) 해소되지 않은 슬픔 작업하기

해소되지 않은 슬픔이 무엇인지 규명하고 탐색하는 과정을 통해 어느 정도 자신의 슬픔에 대해서 작업할 수 있는 분위기가 형성되면 교육자는 슬픔을 감추고 묻어 두는 것보다는 표출하고 해소하는 것이 정서에 긍정적인 영향을 준다는 것을 강조할 필요가 있다. 이러한 강조 작업 뒤에 다음과 같은 활동을 통해 감추어 두었던 슬픔을 충분히 드러내어 해소할 수 있도록 돕는다. 다음의 〈병실에서의 죽음〉은 1895년경에 그려졌는데, 뭉크를 자상하게 돌보아 주던 누이의 죽음에 대해 그린 그림이다. 이 그림을 통해 연상되는 자신의 슬픔에 대해서 이야기하고, 그 이야기를 친구와 나눌 수 있는 기회를 제공해 주는 것을 목적으로 한다.

활동 2 다음 그림을 보고 그림 속에서 일어나고 있는 일에 대해 상상해서 이야기를 만들어 보시오. 그리고 짝을 지어 이야기를 나누어 보시오.

그림 4-5 에드바르트 뭉크의 〈병실에서의 죽음〉

출처: https//m.blog.naver.com/PostView.naver?isHttpsRedirect=true&blogd=vrhkdtn&logNo=10101201220

이 장의 요약

- **자살은 내재화된 공격성의 발현이다.**
  - 내재화된 공격성이 있을 때 부정적 감정이 축적되면 자살충동으로 이어진다.
  - 나의 대처 방식을 점검하고 찰흙 형상 만들기 활동을 통해 공격성을 표출할 수 있다.

- **자살은 잘못된 인지구조에서 기인한다.**
  - 잘못된 핵심 신념이 우울한 감정을 가져오고 충동적인 행동으로 이끌 수 있다.
  - 가족으로부터 들었던 비합리적 신념의 원천을 명료화하고, 왜곡된 인지구조를 조정하기 위한 활동을 통해 새로운 합리적 사고와 정서를 찾을 수 있다.

- **자살은 충분히 슬퍼하지 못함으로 인해 발생할 수 있다.**
  - 충분히 슬퍼하지 못하면 우울한 기분으로 정착되어 자살충동에 이르게 할 수 있다.
  - 슬픔을 표출하고 해소할 수 있는 활동을 통해 정서의 균형을 찾도록 도울 수 있다.

생각해 볼 거리

1. 내재화된 공격성이 자살충동으로 이어진다는 것에 대해 생각해 봅시다.

2. 왜곡된 인지구조는 어떻게 생기며, 이를 수정하기 위한 전략에는 무엇이 있는지 생각해
   봅시다.

3. 슬픔을 표출하고 해소하는 것이 긍정적인 영향을 준다는 것에 대해 생각해 봅시다.

참고문헌

Beck. J. S. (1997). 인지치료: 이론과 실제 (*Cognitive therapy*). (최영희, 이정흠 공역). 서울: 하나
　　의학사. (원저는 1995년에 출판).

제5장

청소년과 대학생 자살의 특징

임승희(신한대학교 사회복지학과 교수)

이 장의 목적

1. 청소년 및 대학생의 심리사회적 발달 단계에 따른 자살 현상의 특징을 이해하도록 돕는다.
2. 자신과 자신의 동료들이 가지고 있을지 모를 자살 사고와 자살시도에 대하여 인식한다.
3. 자살의 특성에 대해 이해하고, 자신의 경험과 생각을 점검해 보도록 돕는다.
4. 사례를 통해 자살의 특성에 대한 이해를 심화할 수 있도록 돕는다.

  자살은 수용받고 사랑받지 못한 대상으로서 자신을 없애고자 하는 무의식적인 시도로, 자살충동을 느끼는 청소년 및 대학생은 삶과 죽음에 대한 극단적인 양가감정을 경험하며, 사고, 감정 및 행동이 위축되어 끊임없이 자살에 대해 생각하므로 문제를 해결할 다른 방법을 인식하기가 어렵다. 이 장은 청소년 및 대학생 자살의 특징을 이해할 수 있도록 구성되어 있다. 더불어 각 특징에 대해 자신의 생각을 점검해 보는 활동을 실시한다.

1. 청소년 자살의 특징

청소년기는 자아의식의 발달과 더불어 부모로부터 독립, 억제된 환경으로부터 이탈하고자 하는 심리적인 특성을 갖는다. 이러한 특성은 흔히 청소년들에게 심리적 갈등을 야기하며, 다양한 수준의 환경적 스트레스에 노출될 경우 강한 충동성과 문제행동을 일으키기도 한다. 따라서 청소년들은 주변 요인들의 영향을 받기 쉬우며, 일탈행동이나 사회심리적 부적응 상태 및 심지어 자살행동의 가능성이 큰 시기이다. 청소년의 문제행동 중 다른 문제행동은 그것이 발생하고 난 이후에 그것에 대한 처치 노력을 통해 어느 정도의 개선의 기회가 있지만, 자살의 경우 개선의 기회마저 상실하게 된다.

청소년들의 자살은 다음과 같은 특징이 있다.

하나

청소년은 상황적 스트레스가 클 때 충동적으로 자살을 시도하는 경우가 많다. 성인 자살과 마찬가지로 우울증을 겪는 사례도 있지만, 청소년은 인지적으로 미성숙하고 충동성이 높아 한순간의 우울한 기분이나 급성 스트레스로 인해 자살시도로 이어질 수 있다. 청소년기는 심리적인 어려움을 화, 분노, 짜증 등으로 표현하는 가변적인 우울인 경우가 많아서 청소년 자살의 50%는 위기감 모면을 위한 충동적인 욕구에 의한 시도로 본다. 청소년의 자살이 실제로 촉발되는 시점은 대수롭지 않은 일인 경우가 많은데, 평소에 가정이나 학교에서 '출구' 없이 꽉 막힌 상태에 있다가 아주 사소한 일로도 팡 터지기도 한다.

둘

청소년의 흔한 자살 심리는 입시 부담, 학내 폭력, 부모 처벌 공포 등의 어려운 상황을 피하기 위한 회피 심리와 부모, 선생님, 이성 친구에 대한 강한 분노 감정으로 인한 보복 심리로 볼 수 있다. 또래관계에서도 한 번 낙인 찍히면 관계를 회복할 기회를 찾기 어렵기 때문에 상대방을 조정하려거나 보복하려는 의도에서 자살이라는 극단적인 방법을 선택하기도 한다.

청소년들이 남에게 괴로움과 고민을 요청하지 못하고 행동으로 옮기는 행동화 경향성을 보이는데, 이는 단지 다른 사람의 관심을 끌기 위해 또는 죽고자 하는 의지를 나타내기보다는 심리적 고통을 극단적으로 표출하여 도움을 요청하는 울부짖음이라고 할 수 있다. 그러므로 학업이나 또래관계 등에서의 어려움을 타개할 수 있는 조그만 희망이라도 생긴다면 극단적인 방법을 막을 수 있다.

셋

많은 청소년은 자살 계획을 직접적으로 혹은 간접적으로 알리는데, 예를 들어 '나 다음 주 월요일이면 이미 죽어 있을 거야' '나 죽을 거야' 라고 말하기도 한다. 또한 간접적인 위협의 경우에는 '이 세상은 내가 없어지면 더 좋아질 거야' '때로 나는 다 끝났으면 좋겠다라는 생각을 해' 등으로 표현한다.

넷

갑자기 사람이 늘 하던 대로 행동하지 않으면 그것은 뭔가 잘못되고 있다는 징후이며, 이러한 상황에서는 주의를 기울여 살펴야 한다.

- **음식**: 잘 먹는 사람이 안 먹거나 안 먹던 사람이 폭식을 하는 경우, 급작스러운 체중 변화
- **수면**: 잠이 너무 늘어서 하루 종일 잠을 자려고 하거나 혹은 잠을 못 자고 서성이며 아무 이유 없이 잠자리에 들지 않는 경우
- **학업**: 학교에 잘 다니던 아이가 결석을 하거나 낙제를 하는 경우. 학교에 가지 않으려고 하는 경우
- **외모**: 자기 외모에 전혀 관심을 기울이지 않고 지저분하게 다니며, 그것도 자각을 못하는 경우
- **활동**: 좋아하던 일에 대해서도 흥미를 잃은 경우
- **고립**: 또래들과 거리를 두고 자기 방에 혼자 있으려는 경우

다섯

부모나 형제, 친한 친구를 잃은 경우 청소년들은 죽고 싶을 정도의 마음의 상처를 입는다. 죽음의 경우뿐 아니라 이별, 부모의 이혼이나 별거로 이러한 자살에 중요한 촉발요인이 된다. 따라서 상실과 이별을 경험한 청소년들을 잘 지켜보아야 한다.

여섯

자살 원인을 살펴보면, 한마디로 '미래에 성공할 희망이 없기 때문'이라고 생각된다. 급변하는 사회는 보다 많은 이력 및 스펙을 요구하고 있으나 자신은 그에 부응하지 못하고 도태될 거라는 불안감에 휩싸이면서 극단적인 방법을 선택하는 것이다. 자살에는 구조적인 원인과 개인적인 원인이 있겠지만 '희망 결핍'이 근본 원인일 수 있다. 현실의 고민에서 벗어나서 자살로 사후세계에서 해결하려는 의존성을 갖는 잘못된 사생관으로부터 비롯될 수 있다. 겪고 있는 문제에 대해 외부의 압력이 강한 경우에 생과 사의 세계를 혼돈하게 되면 도피와 같은 심리적 기제를 적용한다.

일곱

학교의 입시 위주 교육에서는 입시의 실패가 곧 삶의 낙오자라는 공식이 만연해 있기 때문에 자신의 가치를 학업 이외의 방법으로는 인정받을 기회가 적다는 점이 원인이라고 본다. 학교에서도 입시 위주의 교육이 강조되다보니 인성교육의 비중이 줄어들고, 방과 후에도 학원으로만 전전하다 보니 자아를 성장시킬 기회가 부족하다. 다양한 상황에서의 문제 해결력을 기르거나 사회적 관계를 맺기가 어려운 것이다.

여덟

맞벌이가 증가하는 등 부모와 일상적인 생활을 공유할 수 있는 시간이 줄어들면서 가족 간의 유대감과 친밀감이 느슨해지고 있다. 그러다 보니 부모의 지시가 애정보다는 통제로 느껴지게 된다. 이러한 여건 속에서 가족 간에 갈등이 심해지고, 학교에서의 압박감은 높아지며, 또래관계도 원만하지 않다면 결국 자신이 현재 겪는 고통이 해소되지 않을 거라는 부정적인 예측을 하며 극단적인 선택을 하게 되는 것이다.

가정, 학교, 또래집단으로부터 소외된 청소년의 경우 동반자살이나 모방자살이 일어날 수 있다. 같은 처지에 있는 청소년 사이에서 동반자살이 일어날 수 있고, 친구, 연예인이나 매스컴의 영향으로 모방자살이 나타날 수 있다. 과거 『젊은 베르테르의 슬픔』이라는 괴테의 소설 작품 속 주인공을 모방한 권총 자살이 한때 유행했던 것처럼 모방자살이 나타날 수 있다. 내면에는 자살을 미화하는 청소년 특유의 경향이 내재되어 있다.

아홉

또래에 의한 관계 고립(왕따)이 되기도 하지만, 스스로 또래로 부터 고립을 자처하기도 한다. 왜냐하면 자살하려는 사람은 자살의 직접적인 시도 이전에 자해를 하게 되는데, 이를 은폐하기 위해 고립을 자처하는 것이다.

열

대처기술과 문제 해결력이 부족한 청소년들은 어른보다 흑백논리에 빠질 가능성이 크고 인지적으로 미성숙하고 불안정하므로 회피적인 욕구로 자살행동을 하는 경우가 있다. 청소년의 자살행동은 문제 해결을 위한 문제 핵심에 도달하지 못하고 갈

등을 경험하는 접근–회피형의 대처 방식을 사용하고, 내재화된 행동 또는 과잉 통제된 우울, 불안, 신체적 불편감 등으로 인해 사회적인 접촉을 철회한다고 본다. 또한 강박적이고 완벽주의적 성향이 있는 청소년들은 자신의 기대에 충족시키지 못할 때 유일한 해결책으로 자살을 선택할 수 있다.

열하나

청소년들은 치사도가 높은 자살 수단을 사용한다. 미국의 경우에는 총기, 목 매달기, 약물 과다 복용, 일산화탄소 중독, 달리는 차에 뛰어들기가 흔하나 우리나라의 경우에는 고층아파트에서 뛰어내리는 등 청소년 자신도 죽을 의도가 심각하게 없음에도 불구하고 자살 방법이 치명적이어서 희생되는 경우가 많다.

● 나의 경험과 생각은 어떠합니까?

- -

- -

- -

- -

📰 청소년 자살 사례

사례 1   성적, 외모 비관 여중생 자살

나쁜 성적과 뚱뚱한 외모를 비관해 한 여중생이 스스로 목숨을 끊었다. 지난 24일 저녁 7시 20분쯤 서울 서대문구 현저동 ㄱ아파트 앞 화단에서 이 아파트 20층에 사는 장 아무개(13세, ㄷ여중 1년) 양이 숨져 있는 것을 경비원 김 아무개(58) 씨가 발견해 경찰에 신고했다. 경찰은 키 144cm, 몸무게 54kg의 장 양이 평소 학업성적이 안 좋은데다, 작은 키에 뚱뚱한 외모를 비관해 왔다는 부모의 진술과 "즐거웠던 시절을 기억해 줘, 아름다운 세상에서 다시 만나요."라는 유서를 남긴 점 등으로 미뤄 자신의 처지를 비관해 투신자살한 것으로 보고 있다. 숨진 장 양의 담임교사는 공부는 그리 잘하지 못했지만 친구들과도 원만하게 지냈다며, 성적과 외모가 어린 학생들에게 자살을 결심할 정도로 상처가 됐다니 가슴이 아프다고 말했다. (2002. 10. 25. 한겨레 신문)

● 앞의 사례를 볼 때 내가 생각하는 청소년 자살의 특징은 무엇입니까?

사례 2   여중생 집단 자살 충격

여중생 4명이 고층아파트에서 함께 투신자살하였다. 이들은 같은 학교에 다니는 친구 사이로 모두 가정 형편이 어려운 것으로 알려졌다. "가난이 싫다." "우리 집은 돈이 없어 문제이다." "아버지가 돈을 못 벌어 살기 싫다."라는 내용의 유서로 보아 일단 어려운 가정 형편을 비관한 집단 자살로 보인다. 지난 1월에도 서울의 한 아파트에서 중학생과 고교생 등 3명이 집단 자살한 바 있다. (1998. 3. 26. 한겨레 신문)

● 나의 경험과 생각은 어떠합니까?

----

2. 대학생 자살의 특징

대학생은 청소년 후기로 자아정체성 확립기라고 할 수 있으며, 형성된 성향에 따라 행동이 나타난다(심용출, 나동석, 2012). 대학생들은 청소년기에서 성인 초기로 발달하는 과정 속에서 주어진 과업들을 성취해 나가며 혼란을 느끼고, 필연적인 스트레스를 경험한다. 스트레스는 학업과 미래에 대한 압박, 진로에 대한 고민, 독립과 의존과의 균형, 이성관계, 친구관계 등 복잡한 심리 및 환경적 과제에 직면하게 된다. 대학생이 사회생활을 하기 위해 거쳐야 할 다양한 과제가 심리적 부담감으로 나타날 경우에 최악의 상황으로 자살을 고려하거나 시도할 가능성이 있다. 10~30대에서 사망 원인 1위는 자살(고의적 자해)인 것으로 나타났다(중앙자살예방센터, 2020). 2019년 우리나라의 연령별 5대 사망 원인 사망률 및 구성비에 따르면, 10~29세의 사망 원인 1위가 자살이었으며, 20대(9.6%)가 10대(2.7%), 60대(2.5%)에 비해 자살률이 가장 많이 증가하였다. 2019년 한 해 동안 자살이라는 극단적 선택으로 세상을 등진 청소년(9~24세)은 876명으로 전년 대비 49명(5.9%) 늘어난 10만 명당 9.9명으로 집계되었다(중앙자살예방센터, 2020).

대학생들의 연령층이 18~19세 이상, 20대가 대부분이므로 20대의 자살률의 수치는 대학생의 자살률과 상당한 연관이 있다고 하겠다. 전국 대학생 정신건강 실태조사(2017)에 따르면 응답자의 75.4%가 불안을 경험하고 있으며, 14.3%가 자살 위험이 있음을 보고하였는데, 이는 우리나라 대학생들의 정신건강 실태가 심각한 수준임을 알 수 있다(정은주, 2021).

대학생들의 자살은 다음과 같은 특징이 있다.

하나

최근 전국 대학생 자살에 대한 조사연구에 따르면, 대학생의 자살은 여학생이 남학생에 비해 자살 생각, 자살 계획, 자살행동이 모두 높은 것으로 나타났다(권현용, 2017).

둘

2017년 응급실 내원 자살시도자의 보고에 따르면, 20대가 5,942명(21%)으로 가장 많은 내원 비율을 나타냈고, 응급실 기반 자살시도 사후관리 사업을 시작한 2013년 이후부터는 매년 20대의 환자가 증가하고 있는 추세로 보아 자살 생각과 후기 청소년기의 청년들과의 연관성은 매우 크다고 볼 수 있다(중앙자살예방센터, 2020).

셋

대학생의 자살은 외부 환경적 요인보다는 내부 심리적인 요인이 자살 생각에 더 많은 영향을 미친다. 김경미(2011)의 연구 결과에 따르면, 성별, 학년, 재수 여부, 대학 및 학과에 대한 만족도 등 인구사회학적 특성에 따라 자살 생각의 차이가 없었으며, 이는 외부적인 요인보다는 내부 심리적인 요인이 자살 생각에 영향을 미친다고 보았다.

넷

대학생은 사회불안을 가장 많이 경험하는 시기에 놓인 만큼 사회적 평가 상황을 위협적으로 인지하고, 이에 잘 대처하지 못하는 자신에 대해 부정적으로 지각하기도 한다. 사회불안을 느끼는 사람은 정서적이고 인지적인 열등감 때문에 지나치게 자기 자신에게 몰입되어 사람을 대하기가 어려워진다. 이런 사람의 특징은 다른 사람들의 관심이 모아지는 사회적 상황이 발생하면 불안이나 신경증과 같은 강한 정서적 반응을 보인다. 그리고 다른 사람에 의해서 평가받는 것에 대해 지나치게 염려하는 인지적 특징을 가진다.

대학 생활을 통해 새로운 사람과의 대인관계 및 다양한 사회적 활동을 하여야 하며, 그 시기에 당면하게 되는 과제를 스스로 해결해 나가는 시기이기도 하다. 하지만 사회적 관계에서 좌절될 것 같은 불안을 당면하게 된다면 세상과 홀로 떨어져 매우 외롭고 쓸쓸한 상태, 즉 상호의존적 관계에서 자신의 깊은 내면세계를 타인과 정서적으로 공유하고 수용되는 경험이 부재한 고독의 상태가 될 수 있다. 이는 정서적으로 불안정한 시기로 사회 적응력이 부족하여 문제 처리를 잘하지 못한 결과, 자살은 충동적으로 일어나는 것이라고 유추할 수 있다.

다섯

대학생들이 경험하는 스트레스는 다양한 부적응적 결과를 초래할 수 있으며, 자살과도 강한 정적 연관성을 보인다. 대학생의 일상생활 스트레스가 높을수록 자살 사고와 자살시도가 높은 것으로 나타났고, 갑작스러운 스트레스나 어려움을 피하려는 욕구, 자신에게 부당하게 대했다고 생각하는 사람들에 대해 보복의 수단으로 문제에 대해 깊이 고민해 보지 않고 문제 해결의 도피처로 극단적인 자살을 선택하기도 한다.

여섯

상당수의 대학생은 진로 및 취업에 대한 불안으로 인한 무력감을 느낀다고 한다. 그로 인해 자존감 하락, 우울, 불안 등의 부정적 감정이 발생하며, 심한 경우에는 신경정신 질환 발생과 같은 문제에 부딪힌다고 한다. 대학생들은 정서적·심리사회적·환경적 측면에서 새로운 변화를 맞이하여 적응과 성장을 하게 되지만, 혼란과 갈등의 위기를 겪기도 하며, 우울, 불안 등 정신건강 수준이 낮을 수 있다. 이 과정에서 불안을 동반하는 불안정한 정서, 충동성 등으로 인한 스트레스와 이를 벗어나고자 하는 방법으로 대학생들은 자살을 생각하는 특성을 지니고 있다고 볼 수 있다(정은주, 2021).

● 나의 경험과 생각은 어떠합니까?

- -

- -

- -

- -

📑 대학생 자살 사례

사례 1   20대 여자 대학생 학우들과의 대인관계 문제로 인한 자살시도

2년 전에 불안장애 및 공황장애 진단을 받고 2주 전부터 특별한 일 없이 우울감이 지속되었으며, 1주일 전 학생회의 선배와의 의견 충돌로 인해서 갈등이 있었다. 여자 대학생이 폭언을 한 점에 대해 사과를 하였으나, 오히려 선배는 "네가 더 잘난 것도 아닌데, 그런 말을 들으니 역겹다." 등의 부정적인 피드백을 받아 우울감이 악화되고 불면증과 무기력감이 발생하였다. 이후 대부분의 시간을 집에서 보내면서 평소 즐겨하던 컴퓨터 게임과 SNS에 대해서도 흥미가 저하되었고, 친하다고 생각하여 의지했던 다른 선배로부터 "네가 불쌍해 보여 배려해 줬던 거다." 등의 말을 들은 후 자살 사고가 생기게 되었다. 이후 자취방에서 소주 3~4잔을 마시고 처방받은 정신과 약을 음독하여 자살시도한 이후 친구에게 카톡으로 상황을 알려서 119를 통해 응급실로 내원하였다. (C 병원 응급실 내원 사례)

● 앞의 사례를 볼 때 내가 생각하는 대학생 자살의 특징은 무엇입니까?

- -

- -

- -

- -

- -

- -

- -

- -

- -

- -

- -

- -

사례 2　20대 남자 대학원생 학업 스트레스 및 이성과의 갈등으로 인한 자살시도

최근 졸업 학기로 논문 작성을 포함한 학업적 스트레스가 매우 컸으며, 그로 인해 우울감, 무기력감, 불안감이 지속적으로 발생하였다. 공부에 집중이 잘되지 않아서 더욱 불안감이 지속되자 한 달 전 정신과에 방문하여 정신과 약물을 복용하였다. 잠을 자려고 해도 불안하고, 머리가 아프며, 심장이 빠르게 뛰어서 잠을 못 잤으나 약물 복용 후 호전되었다. 여자 친구와 다툰 이후 버스로 귀가하던 중 한강이 보이자 뛰어들어 죽는 게 낫겠다는 생각이 들었다고 한다. 여자 친구와 싸운 이후 화가 나서 자리를 피하려고 하였으나, 여자 친구가 나가지 못하게 막자 벽에 수차례 머리를 부딪혀서 출혈이 발생하여 119를 통해 응급실로 내원하였다. (D 병원 응급실 내원 사례)

● 나의 경험과 생각은 어떠합니까?

- -

- -

- -

- -

- -

- -

- -

- -

- -

- -

- -

- -

- -

- -

- -

이 장의 요약

- **청소년 자살의 특징(11가지)**
  - 상황적 스트레스가 크다.
  - 상대방을 조종하거나 보복하려는 의도가 있을 수 있다.
  - 자살 계획을 직접적 혹은 간접적으로라도 알린다.
  - 평소에 하지 않던 행동을 보인다.
  - 부모, 형제, 친한 친구를 잃었을 때 충동을 느낀다.
  - 미래에 성공할 희망이 없다고 생각한다.
  - 입시의 실패를 곧 삶의 낙오자로 여긴다.
  - 가족 간의 유대감과 친밀감이 느슨하다.
  - 스스로 또래로부터 고립을 자처한다.
  - 어려운 상황을 회피하고 분노에 의한 보복 심리가 있다.
  - 충동성이 강하게 작용하는 청소년기에 빈번하게 일어난다.

- **대학생 자살의 특징(6가지)**
  - 대학생의 자살은 여학생이 남학생에 비해 자살 생각, 자살 계획, 자살행동이 모두 높은 것으로 나타났다.
  - 20대 응급실 내원 자살시도자의 비율이 높고, 매년 20대 응급실 내원 자살시도자의 수가 증가하는 추세를 보이고 있다.
  - 대학생의 자살은 외부 환경적 요인보다는 내부 심리적인 요인이 자살 생각에 더 많은 영향을 미친다.
  - 대학생은 사회불안을 가장 많이 경험하는 시기에 놓인 만큼 사회적 평가 상황을 위협적으로 인지하고, 이에 잘 대처하지 못하는 자신에 대해 부정적으로 지각할 때 자살이 충동적으로 일어날 수 있다.
  - 대학생들이 경험하는 스트레스는 다양한 부적응적 결과를 초래할 수 있으며, 자살과도 강한 연관성을 보인다.
  - 대학생들은 진로 및 취업에 대한 불안으로 인한 무력감을 느끼게 되고, 불안을 동반하는 불안정한 정서, 충동성 등으로 인한 스트레스와 이를 벗어나고자 하는 방법으로 자살을 생각하는 특성을 지니고 있다.

생각해 볼 거리

1. 여러 가지 스트레스를 받더라도 자살의 충동을 느끼는 사람과 그렇지 않은 사람은 어떤 차이가 있을지 생각해 봅시다.

\- \-

\- \-

\- \-

\- \-

\- \-

\- \-

\- \-

2. 다른 연령대와 구별되게 청소년 및 대학생들이 갖는 자살의 특징적인 요소는 무엇인지 생각해 봅시다.

\- \-

\- \-

\- \-

\- \-

\- \-

\- \-

\- \-

참고문헌

권현용(2017). 전국 대학생 정신건강 실태조사. 전국대학교학생생활상담센터협의회 2017년 동계학술
　　대회, 3-38.
김경미(2011). 대학생의 부모와의 의사소통방식과 자아탄력성이 자살 생각에 미치는 영향. 국민
　　대학교 교육대학원 석사학위논문.
심용출, 나동석(2012). 대학생의 생활스트레스가 자살 생각에 미치는 영향: 귀인성향의 매개효과
　　와 대학생활적응의 조절효과. 청소년학연구, 19(6), 203-226.
정은주(2021). 대학생의 스마트폰 중독이 자살 생각에 미치는 영향: 불안의 매개효과와 회복탄력
　　성의 조절효과 검증. 위덕대학교 대학원 박사학위논문.
중앙자살예방센터(2020). 2020 자살통계자료집. 서울: 중앙자살예방센터.
한겨레신문(1998. 3. 26.). 여중생 4명 동반 투신 자살.
한겨레신문(2002. 10. 25.). 성적 · 외모 비관 여중생 자살.

제6장

중독과 자살

신성만(한동대학교 상담심리사회복지학부 교수)

이 장의 목적

1. 통계 수치를 통해 약물, 인터넷, 도박 등 다양한 중독과 자살이 함께 나타나는 문제임을 확인한다.
2. 중독과 자살행동을 설명하는 이론을 통해 중독과 자살 문제가 연관되는 방식을 이해한다.
3. 중독과 자살에 대한 단기 및 중기 개입 방법의 이해를 통해 자살 생각을 가지고 있는 친구를 도울 수 있는 방법을 터득한다.

알코올·약물·인터넷·도박 중독과 자살은 상당히 높은 상관이 있다. 이 장에서는 이러한 행동 중독이 청소년 및 대학생의 자살과 정신건강에 어떠한 영향을 미치는지 알아본다. 더불어 임상 및 상담 현장에서 청소년 및 대학생의 자살을 예방하고 정신건강을 증진하기 위해 기존에 사용하던 개입 방법에 대해서도 알아본다. 청소년 및 대학생들이 쉽게 노출될 수 있는 약물·인터넷·도박 중독을 미연에 방지할 수 있는 프로그램은 자살의 위험성을 낮추는 기능을 한다. 따라서 다음의 프로그램에서 제시한 활동을 실시해 본다. 더불어 자살시도자에 대한 동기강화상담을 통해 참여자들의 생명에 대한 동기를 고취시키는 활동을 실시한다.

1. 중독과 자살의 관계

1) 알코올과 자살

(1) 알코올과 자살의 위험성

• 알코올, 마약류 등 물질 사용집단은 10~14배의 자살시도 가능성이 높음(Wilcox, Conner, & Caine, 2004)
• 미국 질병통제예방센터(Centers for Disease Control and Prevention, 2013)의 통계에 따르면, 물질중독 치료를 찾는 환자 중 40% 정도는 자살시도 경험이 있었음
• 18,000명을 대상으로 26년간 진행된 덴마크의 연구에서 알코올사용장애를 진단 받은 사람들이 8배 더 높은 자살 사망률을 보였음(Flensborg-Madsen et al., 2009)
• 알코올사용장애가 자살에 미치는 영향은 남성보다는 여성에게서 더욱 강력한 것으로 관찰됨(Yoshimasu, Kiyohara, & Miyashita, 2008)
• 2007~2013년까지의 자살 사례를 분석한 아일랜드의 연구에 따르면, 분석에 사용된 전체 자살 사례 307건 중 44%에 해당하는 136건에서 자살시도 중에 알코올을 섭취한 것으로 나타남(Larkin et al., 2017)

(2) 급성알코올중독(acute alcohol intoxication)과 자살행동

• 급성알코올중독은 단시간 내에 과다한 양의 알코올이 체내에 흡수될 때 나타나는 신체적 · 심리적 이상반응을 의미함(김춘경, 2016).
• 미국의 국가폭력사망신고체계(National Violent Death Reporting System)의 주요 사망 원인에 대한 분석 결과에 따르면, 총기사용, 목을 맴, 음독 등 주요 사망 원인의 1/3이 알코올 사용과 연관됨(Conner et al., 2014).

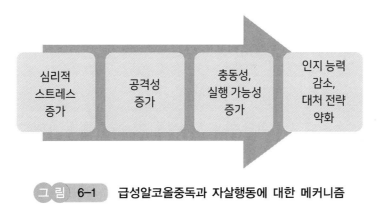

그 림 6-1 급성알코올중독과 자살행동에 대한 메커니즘

출처: Hufford (2001).

2) 약물중독과 자살

(1) 약물중독과 자살의 위험성(Roy, 2010)

• 코카인 의존집단에서 치료 중인 환자의 43.5%가 자살시도를 경험함
• 아편제 마약의 남용으로 치료를 받고 있는 환자의 39%가 자살을 시도한 적이 있다고 보고함
• 헤로인, 코카인 사용자가 남성에 비해 여성이, 직업이 있는 사람이 더 많이 시도함

(2) 두 가지 이상 약물 사용의 위험성

• 두 가지 이상의 약물을 사용하는 환자들의 58%가 자살시도를 경험한 적이 있음 (Landheim et al., 2006)
• 두 가지 이상의 약물을 사용했던 환자들은 일반 환자들에 비해 17배 높은 사망률을 보임(Wilcox et al., 2004)

3) 인터넷 중독과 자살

(1) 인터넷 중독의 심각성

• 우리나라 만 3세 이상 인구의 91.9%가 인터넷을 이용하고 있고, 주 평균 이용 시간은 20.1시간에 이름(한국지능정보사회진흥원, 2020)
• 청소년의 경우, 인터넷이나 스마트폰 중 하나 이상에서 과의존 위험군에 해당하

는 인구가 2020년 기준 전체의 17.1%인 22만 8,120명으로, 2019년의 20만 6,102명에 비해 10.7%가량이 증가함(여성가족부, 2020)

(2) 인터넷 중독의 영향(김희영, 조미경, 2015)

- 인터넷 중독은 내성 및 금단 현상, 일탈행동, 현실구분장애, 가상적 대인관계 집착 등 심리정서적 문제를 유발함
- 학업 지장, 대인 회피, 수면 부족, 시력 저하와 같은 문제에도 영향을 미침

(3) 인터넷 중독과 자살 위험성

- 인터넷 중독군과 위험군은 일반군에 비해 더 높은 우울과 자살행동을 보고함(Kim et al., 2006)
- 인터넷 중독은 우울, 자살 생각과 강한 상관관계를 보임(민다경 외, 2014)
- 알코올 중독이 인터넷 중독을 매개로 자살 위험을 증가시킴(Kurt, 2015)

4) 도박중독과 자살

(1) 도박중독의 심각성

- 한국의 도박중독 유병률은 5.4~7.2%로 나타남
- DSM-5의 병적 도박 준거로 평가할 경우, 한국 사회의 병적 도박 유병률은 평균 2.3%로 서양이나 주변 동양 국가(미국 0.4%, 홍콩 1.8%)에 비해 높음(김교헌 외, 2015).
- 도박 사업으로 인한 조세 및 기부금 납부 총액은 5조 5,244억 원인데 반해, 도박 중독으로 인한 개인적·사회적 지출 비용은 25조 4,532억 원임

(2) 도박중독의 영향

- 도박중독으로 인한 사회적·개인적 문제가 심각함
- 도박 중독군은 일반군에 비해 자살 위험이 높은 것으로 나타남(권영실 외, 2014)
- 도박자의 도박행동이 심각할수록 자살 생각이 증가함
- 특히 '도박에 빠져든 것과 늦은 후회' '재정 악화 및 관계 악화'가 주요 원인으로 나타남(강준혁 외, 2014)

(3) 도박중독의 실태

- 2014~2018년간 도박중독을 진료받은 환자 총 5,113명 중 20~30대 진료 환자는 3,465명으로 전체의 67.8%에 해당함(건강보험심사평가원, 2019)
- 100여 차례 이상 상습적으로 도박을 하다가 자금 마련을 위해 사기를 친 10대들의 사례가 존재함
- 청소년의 도박행동이 성인기까지 유지될 경우, 자살과 같은 심각한 문제가 발생할 위험성이 있음

5) 중독과 자살을 설명하는 이론

(1) 자기도피이론

**로이 바우마이스터
(Ray F. Baumeister)**

- 자살이란
  - 자기로부터의 도피
  - 자기와 관련된 고통스러운 감정과 생각으로부터 도피하기 위한 수단

- 자살에 이르기까지의 6단계를 제시
  - 다양한 요소가 일련의 과정 속에 작용하여 자기파괴적으로 만듦

- 자기도피이론(Baumeister, 1990)은 초기에는 주로 자살에만 적용된 반면, 이후 폭식증, 완벽주의, 회피적 대처, 우울, 인터넷 중독 등 다양한 자기파괴적 행동을 설명하는 데도 사용되어 왔음
- 자살 이외의 자기파괴적인 행동에 관하여 알코올과 관련된 선행연구에서는 알코올 사용이 자기인식의 저하와 탈억제를 초래함(Hull et al., 1983; Steele & Southwick, 1985).
- 여성의 폭식증에 자기도피이론이 적용되어 완벽주의가 부정적 자기 인식, 인지 왜곡 등을 거쳐 폭식증에 이른다는 결과(Blackburn et al., 2006)와 중학생의 인터넷 중독에 대한 자기도피이론의 타당성 검증(Kwon, Chung, & Lee, 2009) 등이 이루어짐
- 물질중독과 인터넷 중독이 다양한 경로에서 영향을 미칠 수 있다. 결과적인 자기

그림 6-2 도피이론의 6단계

출처: Baumeister (1990).

파괴적 행동 자체로서, 그리고 자살 사고나 자살시도, 자살의 완료 등 자살행동에 이르는 경로에서 중독은 자살의 예방을 위해서 중요하게 고려되어야 할 요소임

(2) 스트레스 감소 행동 모델

존 브리에르
(John N. Briere)

- 스트레스 감소 행동 모델(Distress Reduction Behaviors model: DRB; Briere, 2019)이란
  - 고통스러운 감정으로부터 주의를 돌리고, 원치 않는 기억을 차단하기 위해 하는 행동
  - 일반적으로 생애 초기의 부정적인 사건이나 기간을 연상시키는 현재 환경(예: 거부 또는 위험 인식)에 의해 유발됨

- 자살이란
  - DRB의 한 형태로서 압도적인 감정 상태에서 회피하기 위해 발생하는 충동적 성격의 행동이다.

(3) DRB의 순환 단계

- 어린 시절의 트라우마나 애착의 어려움을 떠오르게 하는 대인관계 자극에 직면할 때, 과거의 침습적이고 고통스러운 기억이 유발됨
- 개인이 이러한 상태를 견딜 수 없을 때, 고통을 줄이기 위한 방법으로 DRB를 하게 됨
- DRB의 효과는 일시적이며, 수치심을 포함한 개인의 고통스러운 감정이나 생각을 영구적으로 없애 주지 않고, 환경에서 촉발요인의 존재를 변화시키지도 않음
- DRB는 행위 그 자체로 추가적인 불쾌감, 수치심, 죄책감을 발생시킬 수 있음
- DRB와 같은 회피 반응은 억압 효과를 유발할 수도 있다. 이 경우, 생각, 감정, 기억을 피하려는 시도는 표면적으로 성공적인 것처럼 보일지라도 이후에 억압된 생

각, 감정, 기억의 훨씬 더 강렬한 침습을 초래할 수 있음(Briere, 2019).

• 결과적으로 DRB는 재발하고, 이러한 순환적 양상은 시간이 지남에 따라 가속화되는 경향이 있음

③ 스트레스 감소 행동 모델(Distress Reduction Behaviors model)과 중독 및 자살 행동 5요인

• DRB 모델은 중독, 자살과 같은 정신건강에 통합적으로 연결되는 요소임. 어린 시절 외상 경험 및 낮은 정서조절 능력, 스트레스에 압도됨, 도피처가 필요하게 됨, 수치심과 죄책감, 억압 효과의 다섯 가지 요인은 DRB 행동으로 나타나는 중독 및 자살 행동의 5요인과 맞닿아 있음([그림 6-3] 참조).

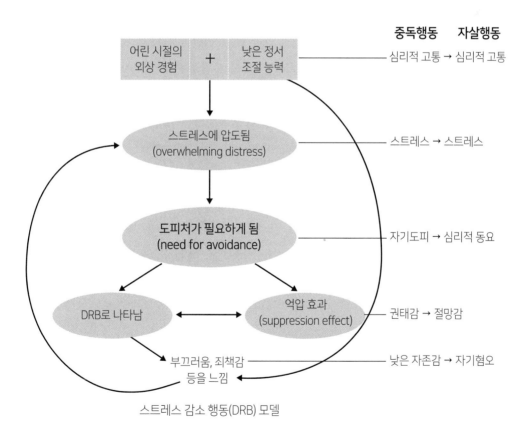

스트레스 감소 행동(DRB) 모델

그림 6-3　DRB 모델과 중독 및 자살 행동 5요인

출처: Briere (2019).

④ 중독 5요인

- 심리적 고통(psychological pain)은 마음속 깊고 참기 힘든 고통, 정서를 경험하는 것으로(Murray, 1938), 이러한 심리적 고통은 중요한 심리적 욕구(애정 어린 돌봄, 이해받는 것)가 좌절될 때 발생하여 낮은 정서조절 능력으로 이어짐(Briere et al., 2010; Levy et al., 2015)

- 스트레스(press)는 자기조절 기능을 약화시켜 개인으로 하여금 더 감정적으로 반응하거나 더 자주 짜증을 내게 하고, 담배, 과식, 알코올 및 약물 남용 등의 중독행동을 일으킬 가능성을 높임(Baumeister & Heatherton, 1996)

- 자기도피(self-avoidance)는 자기와 관련된 고통스러운 감정과 생각으로부터 도피하는 것으로 정신적 도피 과정과 인지적 몰락을 수반함. 이때 스트레스 상황이 해결되지 않는 것을 참지 못하는 충동성이 강화되는데, DRB 모델에서도 심리적 고통을 느끼고 스트레스에 압도되었을 때 반응적 회피를 하게 된다고 설명함

- 낮은 자아존중감(low self-esteem)을 가진 사람들은 부정적인 인지도식으로 인해 자신을 평가 절하하며 자신을 무가치한 존재로 인식하는 경향이 있음(Beck, 1967). 자아존중감의 저하는 인터넷 중독, 문제음주 등에 영향을 미침(김민경, 2014; 이숙현, 한창근, 2019; 정숙희, 신성만, 2008). DRB 모델 또한 자기파괴적 행동의 일종인 중독행동에 대한 죄책감, 수치심이 또 다른 스트레스로 이어져 다시 중독행동을 하게 되는 악순환이 발생한다고 설명함(Briere & Gil, 1998; Nixon et al., 2002). 권태감은 공허함, 무관심, 불쾌, 싫증, 넌더리 등을 특징으로 하는 심리적 상태이며 환경적 상황으로 단조롭고, 반복되고 특정 혹은 다양한 종류의 자극이 결여된 상태를 의미함(Sundberg & Bisno, 1983)

- 권태감은 알코올, 약물, 인터넷, 도박중독 등 상회에 만연한 중독행동의 주요 원인으로 보고됨(Pascale & Sylvester, 1998; Young & Rogers, 1998).

⑤ 자살행동의 5요인

- 중독행동의 5요인이 펜타곤의 각 영역을 넓혀 가며 심각해질 때 자살행동으로 이어질 수 있음([그림 6-4] 참조)

- 슈나이드먼(Shneidman, 1993)은 심리적 고통, 스트레스 그리고 당장 어떤 행동을 취해야만 할 것 같은 느낌인 심리적 동요(pertubation)를 포함한 세 가지 축이 극한

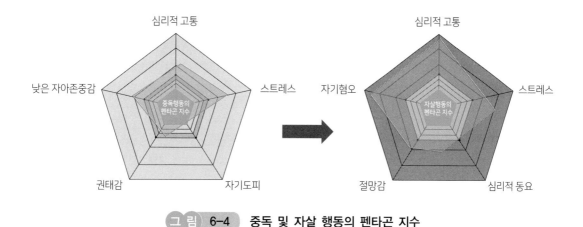

그림 6-4   중독 및 자살 행동의 펜타곤 지수

수준의 꼭짓점으로 수렴할 때 자살이 일어난다고 봄

- 바우마이스터(Baumeister)는 자신을 싫어하는 느낌, 낮은 자존감 등 자신에 대한 혐오감(self-hate)을 견딜 수 없다는 자기지각이 자살로 이어진다고 했음(Jobes, 2006)
- 아론 벡(Aaron Beck)의 절망감(hopelessness)은 부정적인 상황을 변화시키려는 어떤 노력도 상황을 나아지게 하지 못할 것이라는 예측으로 자살과 높은 상관을 나타냄

6) 중독 및 자살 행동에 대한 개입 모델

(1) 중독 및 자살 행동에 대한 단기 개입

① 5요인 질문지

- 중독 및 자살 개입을 위한 상담현장의 실천에서 동기강화상담의 변화대화를 이끌어 내는 방법은 중독 및 자살 행동의 5요인을 감소시키고 개선하는 데 적용할 수 있음
- 상담자는 내담자와 함께 중독 및 자살 행동 5요인 질문지([그림 6-5] [그림 6-6] 참조) 결과를 바탕으로 우선적으로 다루어야 할 개입 주제를 선정하여 상담의 목표를 설정할 수 있음

중독행동 5요인 질문지

현재 당신이 어떻게 느끼는지에 따라 각 항목을 평가하고 기입하십시오. 그런 다음 각 항목의 순위를 중요도 순으로 1~5위까지 표시하십시오. (1=가장 중요함, 5=가장 중요하지 않음)

(순위)

2	1) 심리적 고통(상처, 비통, 정신적 고통, 스트레스와 신체적 고통은 해당되지 않음)을 평가하십시오. 낮은 고통 1 2 3 4 5 높은 고통 내가 가장 고통스러운 것은 _____
3	2) 스트레스(전반적으로 느끼는 압박감과 압도된 기분)을 평가하십시오. 낮은 스트레스 1 2 3 4 5 높은 스트레스 나를 가장 스트레스 받게 하는 것은 _____
1	3) 자기도피(현실에서 도망치고 싶은 기분)을 평가하십시오. 낮은 자기도피 1 2 3 4 5 높은 자기도피 나에게 요구되는 것들로부터 가장 벗어나고 싶은 순간은 _____
4	4) 권태감(공허함, 무관심, 싫증; 일상의 단조로움을 벗어나고 싶은 기분)을 평가하십시오. 낮은 권태감 1 2 3 4 5 높은 권태감 내가 가장 권태롭다고 느끼는 순간은 _____
5	5) 낮은 자존감(자신이 가치 없다고 느끼는 기분)을 평가하십시오. 높은 자존감 1 2 3 4 5 낮은 자존감 내가 가치가 없다고 느끼는 가장 큰 이유는 _____
N/A	6) 종합적인 중독 위험도를 평가하십시오. 매우 낮은 위험 1 2 3 4 5 매우 높은 위험

그림 6-5 중독행동 5요인 질문지

출처: Jobes (2016).

자살행동 5요인 질문지

현재 당신이 어떻게 느끼는지에 따라 각 항목을 평가하고 기입하십시오. 그런 다음 각 항목의 순위를 중요도 순으로 1~5위까지 표시하십시오. (1=가장 중요함, 5=가장 중요하지 않음)

(순위)

1	1) 심리적 고통(상처, 비통, 정신적 고통, 스트레스와 신체적 고통은 해당되지 않음)을 평가하십시오. 낮은 고통 1 2 3 4 5 높은 고통 내가 가장 고통스러운 것은 _____

4	2) 스트레스(전반적으로 느끼는 압박감과 압도된 기분)을 평가하십시오. 　　　　　　　　　　　　　　　낮은 스트레스　1 2 3 4 5　높은 스트레스 나를 가장 스트레스 받는 것은 _____
2	3) 동요(감정적 긴박함, 무슨 행동이라도 해야 할 것 같은 기분; 흥분과 짜증은 해당 안 됨)을 평가하십시오. 　　　　　　　　　　　　　　　　　낮은 동요　1 2 3 4 5　높은 동요 내가 무슨 행동이라도 해야 할 것 같은 순간은 _____
3	4) 절망(아무리 노력해 봐도 좋아지지 않을 거라는 기대)를 평가하십시오. 　　　　　　　　　　　　　　　　　낮은 절망　1 2 3 4 5　높은 절망 내가 가장 절망스럽게 느끼는 순간은 _____
5	5) 자기혐오(전반적으로 느끼는 자기에 대한 혐오; 자아존중감의 결여; 자기 존중의 결여)을 평가하십시오. 　　　　　　　　　　　　　　　낮은 자기혐오　1 2 3 4 5　높은 자기혐오 나에 대해 가장 혐오하는 것은 _____
N/A	6) 종합적인 자살 위험을 평가하십시오. 　　매우 낮은 위험(자살하지 않음)　1 2 3 4 5　매우 높은 위험(자살할 예정인)

그림 6-6 자살행동 5요인 질문지

출처: Jobes (2016).

② 양가성 탐색하기
• 5요인 질문지 작성 이후 내담자의 양가적 주제를 탐색할 필요가 있는데, 중독행동을 하는 사람들은 중독행동을 하고 싶은 이유와 중독행동을 중단하고 싶은 이유 그리고 자살행동을 하는 사람들은 죽어야 하는 이유와 살아온 이유의 경쟁 속에서 갈등하고 있기 때문임(〈표 6-1〉 참조)
• 인간 행동에 대한 양가감정으로 중독 혹은 자살행동으로 얻을 수 있는 이익과 이러한 행동이 변화했을 때의 이익을 함께 작성해 봄으로써 두 가지 선택지의 무게를 비교할 수 있음
• 이때 중독 혹은 자살행동을 유지해야 하는 이유는 높은 순위부터 그리고 변화해야 하는 이유는 낮은 순위부터 다루어 대화의 주제를 변화동기의 방향으로 유지해야 함. 동시에 상담자는 유지 동기의 주제에는 공감적 반영을 중심으로 반응하고 변화동기 주제에 초점을 맞추어 내담자의 변화대화를 이끌어 내야 함

표 6-1   중독 및 자살 행동에 대한 양가성 탐색 질문지

순위	유지해야 하는 이유(유지동기) ✓ 중독행동을 하고 싶은 이유 ✓ 죽어야 하는 이유	순위	변화해야 하는 이유(변화동기) ✓ 중독행동을 중단하고 싶은 이유 ✓ 살아온 이유
3	지금껏 잃은 돈을 만회해야 해서	1	내가 원하던 삶이 아니어서
1	더 이상 나빠질 게 없어서	3	더 이상 망가지기 싫어서
5	이번에는 될 가능성이 높아서	2	가족과 친구들 때문이라도
2	아무도 나를 사랑하지 않아서	4	하고 싶은 일들이 많아서
4	수많은 일들 때문에	5	삶은 그래도 의미가 있어서

출처: Jobes (2016).

- 내담자들은 반복되는 중독 및 자살 행동으로 인해 그와 관련한 인지과정이 촉발될 때 인지의 경직성과 극단성으로 중독 및 자살과 관련된 단서로부터 주의를 다른 데로 돌리지 못하는 경향이 있음
- 이러한 행동 관련 단서에 대한 인지적 주의의 고착화는 결국 다시 중독 및 자살 행동으로 이어질 수 있기 때문에 유지동기에서 변화동기로 선택적 주의를 돌려야 하는 것임

③ 한 가지 질문/한 가지 반응(One Thing Response)
- 상담자는 "내가 중독행동(혹은 자살행동)을 하지 않도록 도와줄 수 있는 단 한 가지는 ~이다."와 같은 '한 가지 질문/한 가지 반응'을 통해 내담자가 중독 및 자살 행동을 하지 않도록 할 수 있는 가장 중요한 이유를 살펴보아 선택적 주의를 중독행동이나 자살로부터 다른 긍정적인 곳으로 돌릴 수 있음
- 중독 및 자살 행동의 예방 측면에서 '한 가지 질문/한 가지 반응'에 대한 내담자 답변의 효용성은 '관계'보다 '자기'일 때, '비현실적'보다 '현실적'일 때, 임상적으로 '불용성'보다 '유용성'일 때 높음([그림 6-7] 참조)
- 상담자가 내담자에게 "중독행동(혹은 자살행동)을 하지 않도록 도와줄 수 있는 단 한 가지는 무엇일까요?"와 같은 One Thing Response 질문에 대한 답변을 작성하도록 함
- 내담자의 답변한 주제를 기반으로 양가성을 탐색할 수 있음. 예를 들어, 내담자의

관계(relational)
"가족들이 다시 나를 믿어 준다면"

자기(self)
"죄책감이 줄어든다면"

비현실적(unrealistic)
"딱 한 번만 로또로 큰 돈을 딸 수 있다면"

현실적(realistic)
"보람을 느낄 수 있는 직업을 가질 수 있다면"

임상적 불용성(not clinically useful)
"내일 아침 모든 문제가 해결된다면"

임상적 유용성(clinically useful)
"아내와 제대로 대화할 수 있다면"

그림 6-7 한 가지 질문/한 가지 반응(One Thing Response) 효용성 판단의 세 가지 축
출처: Jobes (2016).

주제가 죄책감이라면 죄책감을 많이 느끼게 되는 유지동기의 측면에서는 공감적 반영을 통해 이야기를 들어주고, 죄책감이 줄어드는 부분에 있어서는 그 상황에 대한 질문을 통해 구체적으로 이야기 할 수 있게 하는 등 선택적 주의를 변화동기의 방향으로 돌리도록 도움
- 나아가 그러한 죄책감을 적게 느끼게 하는 활동이나 상황을 어떻게 하면 만들 수 있는지 핵심질문(key question)을 통해 변화대화 실천의 다음 단계로 이어 갈 수 있음
- 이러한 상담은 기본적으로 내담자의 피드백을 적극 활용하고 동기강화적 측면들을 사용하는 것이기에 동기증진치료(Motivational Enhancement Therapy: MET)와 같은 역할을 하는 것이며 동기강화 인지행동치료(MI+CBT)의 특성을 활용하는 것임

7) 중독 및 자살 행동에 대한 중기 개입: 동기강화상담

- 내담자의 선택적 주의를 삶의 동기 주제로 옮겼다면 이후에는 삶의 동기 유발행동들에 대한 변화대화를 이끌어 내는 것이 중요함. 이때, 동기강화상담은 내담자의 변화대화를 유발하는 효과적인 도구로 사용됨

2. 자살시도자에 대한 동기강화상담

1) 동기강화상담에 있어서 일반 원리

(1) 공감 표현하기

자살시도자의 입장에서 그가 경험하고 있는 것을 상담자가 경험해 보는 것을 의미한다. 자살시도자의 표현에 관심을 기울이고, 이에 대한 질문을 만들어 간다.

(2) 불일치감 만들기

가치관이 일치하는지 질문하는 것을 의미한다. 자살시도자의 현재 행동과 자살시도자보다 넓은 목적과 가치관 사이에 불일치감을 만들어 이를 증폭시킨다.

(3) 논쟁 피하기

자살시도자가 살아야겠다는 의지가 약한 상황에서는 공격적이거나 적대감을 표현한다. 때로는 논쟁의 장으로 상담자를 유도하기도 한다. 이러한 상황에서 상담자가 반대 의견을 제시하게 되면 상호 간에 갈등과 힘겨루기의 양상이 되어 사후관리라는 목표를 상실할 가능성이 크다.

(4) 저항과 함께 구르기

저항에 대해 두려워하거나 저항의 중심에 서기보다는 저항 속에 감추어진 의미를 파악하는 데 노력을 계속해야 한다. 자살시도자를 자신의 저항에 직면시키지 않으면서 자기 자신의 이야기에 몰입할 수 있도록 경청과 공감 그리고 지지를 제공해야 한다. 이러한 과정을 통해 저항의 의미를 파악하고 해결해 나가야 한다.

2) 동기강화상담의 OARS

OARS는 내담자들의 양가감정을 탐색하고 변하고자 하는 동기를 유발시키는 것을 도와주는 내담자 중심의 상담 기법이다. OARS는 Open questions, Affirming, Reflecting, Summarizing의 약자로 개방형 질문, 긍정해 주기, 반영적 경청, 요약하기라 칭한다. 이 기법들은 상담 첫 회기에서뿐만 아니라 동기강화상담의 전반에 걸쳐 유용하게 사용할 수 있다.

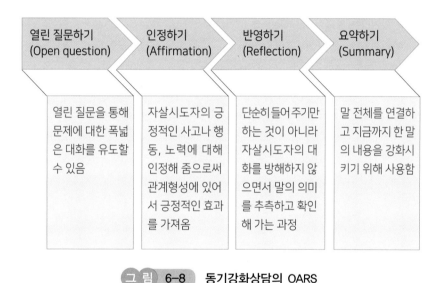

열린 질문하기 (Open question)	인정하기 (Affirmation)	반영하기 (Reflection)	요약하기 (Summary)
열린 질문을 통해 문제에 대한 폭넓은 대화를 유도할 수 있음	자살시도자의 긍정적인 사고나 행동, 노력에 대해 인정해 줌으로써 관계형성에 있어서 긍정적인 효과를 가져옴	단순히 들어 주기만 하는 것이 아니라 자살시도자의 대화를 방해하지 않으면서 말의 의미를 추측하고 확인해 가는 과정	말 전체를 연결하고 지금까지 한 말의 내용을 강화시키기 위해 사용함

그 림　6-8　동기강화상담의 OARS

출처: Miller & Rollnick (2015).

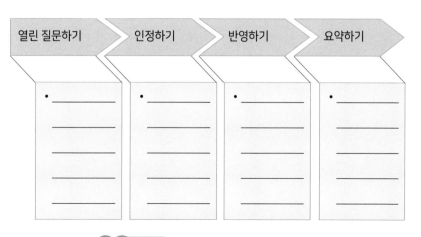

그 림　6-9　동기강화상담의 OARS 실습

이 장의 요약

- 약물, 인터넷, 도박 등 다양한 중독 문제는 자살행동과 높은 공존성을 보임
- 자기도피이론과 DRB 모델에 따르면, 중독과 자살은 고통스러운 생각 및 감정과 스트레스로부터 도피하기 위한 행동기제이며 중독 경향이 높을수록 자살행동의 위험성도 높은 것으로 나타남
- 특히 DRB 모델과 중독 및 자살 행동의 5요인 모델의 연관성을 확인할 때, 중독 및 자살 행동의 예방을 위해서는 각각의 5요인을 낮추는 것이 중요하다는 것을 알 수 있음
- 중독 및 자살 행동을 하지 않도록 돕는 것이 목표인 단기 개입에서는 양가성 탐색하기와 '한 가지 질문/한 가지 반응(One Thing Response)'을 통해 5요인 중 가장 심각한 요인을 찾고 해당 문제로부터 주의를 돌리는 것이 중요함
- 단기 개입을 통해 중독 및 자살 행동을 막았다면 중기 개입에서는 동기강화상담을 통해 더 나아가 긍정적인 방향으로의 변화 대화를 할 수 있도록 돕는 것이 중요함

1. 당신 혹은 당신의 친구가 하고 있는 중독행동이 있는가? 있다면 무엇입니까?

----

2. 당신 혹은 친구의 중독행동을 유발하는 부정적인 생각 및 감정, 스트레스 유발 요인으로
는 무엇이 있습니까?

----

3. 당신 혹은 친구의 중독이나 자살행동을 유발하는 가장 중요한 원인은 무엇입니까? 그 원인은 5요인 중 어느 요인에 해당합니까?

_____

_____

_____

_____

_____

_____

_____

4. 자살과 관련된 어려움을 겪고 있는 친구에게 동기강화상담의 접근을 어떻게 적용할 수 있습니까?

_____

_____

_____

_____

_____

_____

_____

참고문헌

강준혁, 이근무, 이혁구(2014). 카지노 이용자들의 자살에 대한 심리적 부검 연구. 보건사회연구, 34(4), 554-589.

건강보험심사평가원(2019). 최근 5년간(2014~2018년) 도박중독 진료환자 현황. 강원: 건강보험심사 평가원.

권영실, 김현정, 김소라, 현명호(2014). 경험논문: 도박심각도와 자살 생각의 관계—도박 빚 압박감의 매개효과와 가족의 정서적 지지의 중재효과를 중심으로—. 한국심리학회지: 건강, 19(2), 603-622.

김교현, 임숙희, 김세진, 권선중(2015). 경험논문: 한국판 도박중독 임상면접 도구 (K-SCI-GA) 타당화 연구. 한국심리학회지: 건강, 20(2), 485-497.

김민경(2014). 대학생의 음주성행동에 미치는 영향요인. 청소년시설환경, 12(1), 43-52.

김춘경 (2016). 상담학사전. 서울: 학지사.

김희영, 조미경(2015). 청소년 인터넷중독 집단치료프로그램 효과에 대한 메타분석. 정신보건과 사회사업, 43(2), 89-118.

남문희, 김정미(2014). 대학생의 인터넷 중독이 건강행동, 성행동, 정신건강에 미치는 요인. 디지털융복합연구, 12(4), 367-378.

민다경, 이한나, 송인한(2014). 인터넷 게임 과몰입이 청소년의 자살 생각에 미치는 영향: 우울감의 매개효과 분석. 디지털융복합연구, 12(9), 445-454.

여성가족부(2020). 2020년 청소년 인터넷·스마트폰 이용습관 진단조사. 서울: 여성가족부.

이숙현, 한창근(2019). 자아존중감의 문제음주에 대해 미치는 영향: 성별 및 연령집단간 다집단 분석. 보건사회연구원, 39(1), 293-333.

정숙희, 신성만(2008). 기독대학생의 영적안녕, 자아존중감과 인터넷중독의 관계. 교회와 사회복지, 6, 121-148.

최해경, 유채영, 신원우, 박수애(2009). 도박중독 예방프로그램 개발—청소년 대상—. 경기: 사행산업통합감독위원회.

한국지능정보사회진흥원(2020). 2020 인터넷이용실태조사. 대구: 한국지능정보사회진흥원.

Baumeister, R. F. (1990). Suicide as escape from self. *Psychological Review*, 97(1), 90.

Baumeister, R. F., & Heatherton, T, F. (1996). Self-regulation failure: An overview. *Psychological Inquiry*, 7(1), 1-15.

Blackburn, S., Johnston, L., Blampied, N., Popp, D., & Kallen, R. (2006). An application of escape theory to binge eating. *European Eating Disorders Review*, 14(1), 23-31.

Briere, J. (2019). *Treating risky and compulsive behavior in trauma survivors*. New York:

Guilford Publications.

Briere, J., & Gil, E. (1998). Self-mutilation in clinical and general population samples: Prevalence, correlates, and functions. *American Journal of Orthopsychiatry*, *68*(4), 609-620.

Center for Disease Control and Prevention. (2013). https://www.cdc.gov/datastatistics/index.html

Conner, K. R., Beautrais, A. L., & Conwell, Y. (2003). Risk factors for suicide and medically serious suicide attempts among alcoholics: Analyses of canterbury suicide project data. *Journal of Studies on Alcohol*, *64*(4), 551-554.

Conner, K. R., Huguet, N., Caetano, R., Giesbrecht, N., McFarland, B. H., Nolte, K. B., & Kaplan, M. S. (2014). Acute use of alcohol and methods of suicide in a US national sample. *American Journal of Public Health*, *104*(1), 171-178.

Cox, W. M. (1985). Personality correlates of substance abuse. In M. Galizio & S. A. Maisto (Eds.), *Determinants of substance abuse* (pp 209-246). New York: Plenum Press.

Davidson, J. R., Hughes, D. C., George, L. K., & Blazer, D. G. (1996). The association of sexual assault and attempted suicide within the community. *Archives of General Psychiatry*, *53*(6), 550-555.

Flensborg-Madsen, T., Knop, J., Mortensen, E. L., Becker, U., Sher, L., & Grønbæk, M. (2009). Alcohol use disorders increase the risk of completed suicide-irrespective of other psychiatric disorders. A longitudinal cohort study. *Psychiatry Research*, *167*(1-2), 123-130.

Flensborg-Madsen, T., Mortensen, E. L., Knop, J., Becker, U., Sher, L., & Grønbæk, M. (2009). Comorbidity and temporal ordering of alcohol use disorders and other psychiatric disorders: Rresults from a Danish register-based study. *Comprehensive Psychiatry*, *50*(4), 307-314.

Heather, N., Rollnick, S., Bell, A., & Richmond, R. (1996). Effects of brief counselling among male heavy drinkers identified on general hospital wards. *Drug and Alcohol Review*, *15*(1), 29-38.

Hickey, D. T. (1997). Motivation and contemporary socio-constructivist instructional perspectives. *Educational Psychologist*, *32*(3), 175-193.

Hufford, M. R. (2001). Alcohol and suicidal behavior. *Clinical Psychology Review*, *21*(5), 797-811.

Hull, J. G., & Young, R. D. (1983). Self-consciousness, self-esteem, and success-failure as determinants of alcohol consumption in male social drinkers. *Journal of Personality and Social Psychology*, *44*(6), 1097.

Jobes, J. (2016). *Managing suicidal risk: a collaborative approach*. Guilford Press.

Kim, K. H., Ryu, E. J., Chon, M. Y., Yeun, E. J., Choi, S. Y., Seo, J. S., & Nam, B. W. (2006). Internet addiction in Korean adolescents and its relation to depression and suicidal ideation: A questionnaire survey. *International Journal of Nursing studies*, *43*(2), 185-192.

Ksir, C., Hart, C. L., & Ray, O. (2008). *Drugs, society, and human behavior* (12th ed.). New York: McGraw-Hill.

Kurt, D. G. (2015). Suicide risk in college students: The effects of internet addiction and drug use. *Educational Sciences: Theory & Practice*, *15*(4), 841-848.

Kwon, J. H., Chung, C. S., & Lee, J. (2011). The effects of escape from self and interpersonal relationship on the pathological use of Internet games. *Community Mental Health Journal*, *47*(1), 113-121.

Landheim, A. S., Bakken, K., & Vaglum, P. (2006). What characterizes substance abusers who commit suicide attempts? Factors related to Axis I disorders and patterns of substance use disorders. *European Addiction Research*, *12*(2), 102-108.

Larkin, C., Griffin, E., Corcoran, P., McAuliffe, C., Perry, I. J., & Arensman, E. (2017). Alcohol involvement in suicide and self-harm: Findings from two innovative surveillance systems. *Crisis: The Journal of Crisis Intervention and Suicide Prevention*, *38*(6), 413-422.

Miller, W. R., & Rollnick, S. (2015). 동기강화상담: 변화 함께하기(제3판) [*Motivational interviewing: Helping people change* (3rd ed.)]. (신성만, 권정옥, 이상훈 공역). 서울: 시그마프레스. (원저는 2012년에 출판).

Prochaska, J. O., & DiClemente, C. C. (1982). Transtheoretical therapy: Toward a more integrative model of change. *Psychotherpy: Theory, Research & Practice*, *19*(3), 276-288.

Roy, A. (2009). Characteristics of cocaine dependent patients who attempt suicide. *Archives of Suicide Research*, *13*(1), 46-51.

Roy, A. (2010). Risk factors for attempting suicide in heroin addicts. *Suicide and Life-threatening Behavior*, *40*(4), 416-420.

Shneidman, E. S. (1993). *Suicide as psychache: A clinical approach to self-destructive behavior*. Lanham, MD: Jason Aronson.

Steele, C. M., & Southwick, L. (1985). Alcohol and social behavior: I. The psychology of drunken excess. *Journal of Personality and Social Psychology*, *48*(1), 18.

Sussman, S. (2017). *Substance and behavioral addictions: Concepts, causes, and cures*. New York: Cambridge University Press.

Wilcox, H. C., Conner, K. R., & Caine, E. D. (2004). Association of alcohol and drug use disorders and completed suicide: An empirical review of cohort studies. *Drug and*

Alcohol Dependence, 76(Suppl 7), S11-S19.

Yoshimasu, K., Kiyohara, C., & Miyashita, K. (2008). Stress Research Group of the Japanese Society for Hygiene. Suicidal risk factors and completed suicide: Meta-analyses based on psychological autopsy studies. *Environ Health Prev Med*, 13(5), 243-256.

Yoshimasu, K., Kiyohara, C., Miyashita, K., & Stress Research Group of the Japanese Society for Hygiene. (2008). Suicidal risk factors and completed suicide: Meta-analyses based on psychological autopsy studies. *Environmental Health and Preventive Medicine*, 13(5), 243-256.

Young, K. S., & Rogers, R. C. (1998). The relationship between depression and internet addiction. *Cyberpsychology & Behavior*, 1(1), 25-28.

제7장

자살 예방의 법적 이해와 상담윤리

최승원(이화여자대학교 명예교수) · 최윤영(서울시립대학교 행정학과 감사) · 하상훈(한국생명의전화 원장)

이 장의 목적

1. 인간의 존엄성과 생명의 소중함 및 행복추구권에 대한 헌법 규정을 확인한다.
2. 자살 예방과 위기 대응 사후관리에 도움이 되는 법 지식을 습득한다.
3. 자살을 돕거나 자살을 알 수 있었음에도 필요한 조치를 하지 않은 경우에 법적 책임을 질 수
   도 있음을 유념한다.
4. 자살 위험 내담자를 상담할 때 비밀보장의 문제를 어떻게 다루어야 할 것인지 인식한다.
5. 자살 위험 평가 방법과 자살 위험 내담자의 보호를 위한 행동적 · 윤리적 기준을 알아본다.

1. 자살 예방의 법적 이해

「대한민국헌법」에서는 인간의 존엄성과 생명의 소중함 및 행복추구권을 규정하고 있다. 또한 생명존중 및 자살예방 관하여 다양한 법률에서 규정하고 있다. 이 장에서는 우리나라 법에서는 자살을 어떻게 다루고 있는지 살펴보고, 자살 예방과 위기 대응 사후관리에 도움이 될 수 있는 법 지식을 제공한다. 자살에 대한 민형사상의 책임을 이해하는 것은 자살에 대한 잘못된 인식을 수정하는 데 도움을 줄 수 있다. 자살을 돕거나 자살을 사전에 인지할 수 있었음에도 불구하고 필요한 조치를 하지 않은 것에 대한 위험성을 경고함으로써 경각심을 불러일으키고, 생명존중문화에 기여할 수 있도록 법적 이해를 넓히고자 한다.

1) 법적 이해와 법 교육의 중요성

우리 사회의 모든 생활 영역에는 헌법과 여러 법률이 적용되므로 생명존중 및 자살 방지에 관한 법 규정 내용을 알고 이해하면 자살 예방이나 위기 대응 및 사후관리에도 도움이 될 것이다. 특히 자살로 인하여 주변 사람들이 민형사상 책임을 지는 경우도 있어 학교 선생님이나 청소년 및 대학생들을 위한 법 지식과 법 교육은 매우 중요하다고 할 수 있다.

2) 헌법과 법률

「대한민국헌법」 제10조에는 "모든 국민은 인간으로서의 존엄과 가치를 가지며, 행복을 추구할 권리를 가진다. 국가는 개인이 가지는 불가침의 기본적 인권을 확인하고 이를 보장할 의무를 진다."라고 규정하고 있다. 여기에는 당연히 생명권도 포함되며, 모든 국민은 인권과 생명을 보호받고 행복을 추구하며 살아갈 권리가 있음을 강조할 필요가 있다. 「자살예방 및 생명존중문화 조성을 위한 법률」에서도 국민은 자살 위험에 노출되거나 스스로 노출되었다고 판단될 경우 국가 및 지방자치단체에 도움을 요청할 권리가 있음을 명시하고 있다.

생명존중 및 자살 예방 관련 법률은 다양하며, 「청소년기본법」 「청소년보호법」 「자살예방 및 생명존중문화 조성을 위한 법률」 「학교폭력예방 및 대책에 관한 법률」 「아동복지법」 「아동의 빈곤예방 및 지원 등에 관한 법률」 「아동학대범죄의 처벌 등에 관한 특례법」 「개인정보 보호법」 「정보통신망 이용촉진 및 정보보호 등에 관한 법률」 「위치정보의 보호 및 이용 등에 관한 법률」 「긴급복지지원법」 「경찰관 직무집행법」 「형법」 「화학물질관리법」 등 다수의 법률이 있다.

3) 주요 내용

(1) 유해 환경으로부터 청소년 보호

청소년 보호를 목적으로 「청소년보호법」이 제정되었는데, 이 법에는 유해 환경으로부터 청소년을 보호하기 위한 국가와 지방자치단체의 책무가 규정되어 있다. 국가와 지방자치단체는 청소년 유해 환경으로부터 청소년을 보호하기 위하여 필요한 노력을 하여야 하며, 전자통신기술 및 의약품 등의 발달에 따라 등장하는 새로운 형태의 매체물과 약물 등으로부터 청소년의 정신적 · 신체적 건강을 보호하기 위하여 필요한 노력을 하여야 한다. 청소년 관련 단체 등 민간의 자율적인 유해 환경 감시 · 고발 활동을 장려 및 지원할 수 있도록 하였다(「청소년보호법」 제5조).

① 불법 정보 유통 금지
• 「정보통신망 이용촉진 및 정보보호 등에 관한 법률」(약칭: 「정보통신망법」에 따르면, 누구든지 정보통신망을 통하여 「청소년보호법」에 따른 청소년유해매체물로서 상대방의 연령 확인, 표시의무 등 법령에 따른 의무를 이행하지 아니하고 영리를 목적으로 제공하는 내용의 정보, 그 밖에 범죄를 목적으로 하거나 교사 또는 방조하는 내용의 정보를 유통하여서는 아니 된다(「정보통신망법」 제44조의 7).

② 자살 보도의 자제
자살 따라 하기를 막기 위하여 마련된 자살 보도 권고 기준 3.0의 5가지 원칙은 다음과 같다.

• 기사 제목에 '자살'이나 자살을 의미하는 표현 대신 '사망' '숨지다' 등의 표현을 사용한다.
• 구체적인 자살 방법, 도구, 장소, 동기 등을 보도하지 않는다.
• 자살과 관련된 사진이나 동영상은 모방자살을 부추길 수 있으므로 유의해서 사용한다.
• 자살을 미화하거나 합리화하지 말고, 자살로 발생하는 부정적인 결과와 자살예방 정보를 제공한다.
• 자살 사건을 보도할 때에는 고인의 인격과 유가족의 사생활을 존중한다.
• 「방송법」에 따르면, 방송은 인간의 존엄과 가치 및 민주적 기본질서를 존중하여야 하며, 건전한 가정생활과 아동 및 청소년의 선도에 나쁜 영향을 끼치는 음란 · 퇴폐 또는 폭력을 조장하여서는 아니 된다는 방송의 공적 책임을 규정하고 있다(「방송법」 제5조).

- 「신문 등의 진흥에 관한 법률」(약칭: 「신문법」)에 따르면, 인터넷 신문 사업자와 인터넷 뉴스 서비스 사업자는 인터넷 신문과 인터넷 뉴스 서비스의 음란·폭력 정보 등 청소년에게 해로운 정보로부터 청소년을 보호하기 위하여 청소년보호책임자를 지정하여 해당 인터넷 신문 또는 인터넷 뉴스 서비스의 청소년 유해 정보를 차단·관리하는 등 청소년보호 업무를 부여하고 있다(「신문법」 제9조의2).
- 방송통신위원회에서는 '같이 가실 분 구합니다' '같이 자살하실 분' 등의 제목으로 메일 주소, 카톡 주소, 전화번호 등을 게시하거나, 해당 카페 또는 사이트 등이 제공하는 쪽지 기능을 활용하는 등 상호 의사 교환 가능성이 있는 정보나, 추락사, 교수형, 동맥 절단 등 다양한 자살 방법에 대해 소요 시간, 예상 경비, 부작용, 실패의 예 등 직접적이고 구체적으로 자살 방법을 게시하는 등 자살을 권유하거나 자살충동을 일으킬 우려가 있는 정보와 같은 인터넷 사이트의 자살 조장 정보를 모니터링하여 시정 요구를 하고 있다.

③ 청소년 유해 약물 등의 판매·대여 금지
- 누구든지 청소년을 대상으로 청소년유해약물 등을 판매·대여·배포(자동기계장치·무인판매장치·통신장치를 통하여 판매·대여·배포하는 경우를 포함한다)하거나 무상으로 제공하여서는 아니 된다. 다만, 교육·실험 또는 치료를 위한 경우로서 대통령령으로 정하는 경우는 예외로 한다(「청소년보호법」 제28조).

④ 학교폭력으로부터 피해 학생 보호
- 학교폭력이란 학교 내외에서 학생을 대상으로 발생한 상해, 폭행, 감금, 협박, 약취·유인, 명예훼손·모욕, 공갈, 강요·강제적인 심부름 및 성폭력, 따돌림, 사이버 따돌림, 정보통신망을 이용한 음란·폭력 정보 등에 의하여 신체·정신 또는 재산상의 피해를 수반하는 행위를 말한다(「학교폭력예방 및 대책에 관한 법률」 제2조).
- 「학교폭력예방 및 대책에 관한 법률」(약칭: 「학교폭력예방법」)에 따르면, 심의위원회는 피해학생의 보호를 위하여 필요하다고 인정하는 때에는 피해학생의 보호를 위하여 필요한 경우 학교의 장으로 하여금 심리상담 및 조언, 일시보호, 치료 및 치료를 위한 요양, 학급교체, 그 밖에 피해학생의 보호를 위하여 필요한 조치를 취하도록 하고 있다(「학교폭력예방법」 제16조).

(2) 자살 예방 및 대응

① 자살 예방 및 생명존중문화 조성

자살에 대한 국가 차원의 책무와 예방 정책에 필요한 사항을 규정하여 국민의 생명을 보호하고 생명존중문화를 조성할 목적으로 「자살예방 및 생명존중문화 조성에 관한 법률」(약칭: 「자살예방법」)이 제정되었다. 이 법에는 자살실태조사, 심리부검, 자살통계 분석 및 정보관리체계 구축, 자살시도자의 사후관리, 자살예방센터의 설치, 자살위험자 지원 및 정신건강 증진 대책 등의 지원에 관한 내용이 규정되어 있다(「자살예방법」제11조~제14조). 나아가 생명존중문화 조성을 위하여 상담, 교육, 홍보에 대한 내용과 자살유발정보예방체계 구축, 자살보도 권고기준 준수 협조 요청, 긴급구조대상자 구조를 위한 정보제공 요청에 대해 규정하고 있다(「자살예방법」제15조~제19조의4).

② 긴급 구호 보호 조치

- 「경범죄 처벌법」에 따르면, 자기가 관리하고 있는 곳에 자살시도 등으로 도움을 받아야 할 사람이 있는 것을 알면서 이를 관계 공무원에게 지체 없이 신고하지 아니하거나 자살 현장에 있으면서도 정당한 이유 없이 관계 공무원이 도움을 요청하여도 도움을 주지 아니한 경우 경범죄로 처벌받을 수도 있다(「경범죄 처벌법」제3조).

- 「경찰관 직무집행법」에 따르면, 경찰관은 자살을 시도하는 사람을 발견하였을 때에는 보건의료기관이나 공공구호기관에 긴급구호를 요청하거나 경찰관서에 보호하는 등 적절한 조치를 할 수 있다(「경찰관 직무집행법」제4조).

③ 긴급구조를 위한 개인 위치 정보의 이용

- 「위치정보의 보호 및 이용 등에 관한 법률」(약칭: 「위치정보법」)에 따르면, 「재난 및 안전관리 기본법」제3조제7호에 따른 긴급구조기관은 급박한 위험으로부터 생명·신체를 보호하기 위하여 개인위치정보주체, 개인위치정보주체의 배우자, 개인위치정보주체의 2촌 이내의 친족 또는 「민법」제928조에 따른 미성년후견인의 긴급구조 요청이 있는 경우 긴급구조 상황 여부를 판단하여 위치정보사업자에게 개인위치정보의 제공을 요청할 수 있다(「위치정보법」제29조 제1항).

- 긴급구조기관, 경찰관서 및 위치정보사업자는 제1항 및 제2항에 따라 개인위치정

보를 요청하거나 제공하는 경우 그 사실을 해당 개인위치정보주체에게 즉시 통보하여야 한다(「위치정보법」 제29조 제6항).

④ 긴급 복지 지원

- 「아동복지법」에 따르면, 국가와 지방자치단체는 아동의 성장 및 복지 여건이 취약한 가정을 선정하여 그 가정의 지원대상 아동과 가족을 대상으로 보건, 복지, 보호, 교육, 치료 등을 종합적으로 지원하는 통합서비스를 실시하도록 규정하고 있다(제37조).
- 「긴급복지지원법」에서는 생계곤란 등의 위기 상황에 처하여 도움이 필요한 사람에 대하여 생계 · 의료 · 주거 · 교육 · 사회복지시설 이용 등에 관한 금전 또는 현물이나 상담 · 정보 제공, 그 밖의 지원을 받을 수 있도록 규정하고 있다(「긴급복지지원법」 제9조).

4) 자살에 따른 민형사 책임

(1) 자살방조죄

- 「형법」 제252조 제2항에 따라 자살방조죄는 자살하려는 사람의 자살 행위를 도와주어 용이하게 실행하도록 함으로써 성립되는 것으로서, 그 방법에는 자살 도구인 총, 칼 등을 빌려 주거나, 독약을 만들어 주거나, 조언 또는 격려를 한다거나, 기타 적극적 · 소극적 · 물질적 · 정신적 방법이 모두 포함된다.
- 자살방조죄가 성립하기 위해서는 그 방조 상대방의 구체적인 자살의 실행을 원조하여 이를 용이하게 하는 행위의 존재와 그 점에 대한 행위자의 인식이 요구된다.
- 판례는 피해자가 피고인과 말다툼을 하다가 '죽고 싶다' 또는 '같이 죽자'고 하며 피고인에게 기름을 사 오라고 하자 피고인이 휘발유 1병을 사다 주었는데, 피해자가 몸에 휘발유를 뿌리고 불을 붙여 자살하여 자살방조죄를 인정하였다.
- 영업 사원으로 실적이 부진하고 사기를 당하는 등 경제적 어려움에 처한 A가 인터넷 자살 사이트에 함께 죽을 사람을 구한다는 내용의 글을 게재하자 게재된 A의 글을 보고 찾아온 2인의 피해자와 함께 자살하기로 결의해 놓고 A 자신은 마지막 순간에 마음을 고쳐먹어 청산가리를 탄 음료수를 한 모금만 마시고 자살을

포기했으면서도 나머지 2인의 자살을 막지 못한 것은 자살방조죄에 해당한다.

- '인터넷 자살 카페'의 개설자가 가입 초대장을 발송하는 등의 방법으로 약 30명을 카페 회원으로 가입시킨 후 회원들이 서로 자살의 당위성 및 자살 방법 등에 관한 정보를 교류하도록 하고, 카페의 회원들이 자살할 의사로 수면제, 화덕 및 연탄, 청테이프 등을 구입해서 함께 자살을 시도하였는데 다른 회원들은 일산화탄소 중독증으로 사망한 반면, 카페 개설자는 자살 미수에 그친 사안에서 카페 개설자인 피고인에게 자살방조 및 자살방조미수의 죄를 인정하였다.

(2) 자살유발정보 유통에 대한 처벌

- 「자살예방 및 생명존중문화 조성을 위한 법률」(약칭: 「자살예방법」)은 자살을 적극적으로 부추기거나 자살행위를 돕는 데 활용되는 자살동반자 모집 정보, 자살에 대한 구체적인 방법을 제시하는 정보, 자살을 실행하거나 유도하는 내용을 담은 문서, 사진 또는 동영상 등의 정보, 자살위해 물건의 판매 또는 활용에 관한 정보 등 명백히 자살 유발을 목적으로 하는 자살유발 정보를 정보통신망을 통하여 유통한 사람은 2년 이하의 징역 또는 2천만 원 이하의 벌금에 처한다고 규정하고 있다(「자살예방법」 25조).

(3) 보호 · 감독 의무 위반에 대한 책임

- 대법원 판례에 의하면, 집단 따돌림으로 인하여 피해 학생이 자살한 경우, 자살의 결과에 대하여 학교의 교장이나 교사의 보호 · 감독 의무 위반의 책임을 묻기 위해 피해 학생이 자살에 이른 상황을 객관적으로 보아 교사 등이 예견하였거나 예견할 수 있었음이 인정되어야 한다.
- 사회 통념상 허용될 수 없는 악질, 중대한 집단 따돌림이 계속되고, 그 결과 피해 학생이 육체적 또는 정신적으로 궁지에 몰린 상황에 있음을 예견하였거나 예견할 수 있었던 경우에는 피해 학생이 자살에 이른 상황에 대한 예견 가능성도 있는 것으로 볼 수 있다.
- 집단 따돌림으로 피해 학생이 궁지에 몰린 상황에 있음을 예견한 수 있는 정도에 이르지 않은 경우에는 교사 등이 집단 따돌림을 예견하였거나 예견할 수 있었다고 하더라도 이것만으로 피해 학생의 자살에 대한 예견이 가능하였던 것으로 볼

수는 없으므로 교사 등이 집단 따돌림 자체에 대한 보호·감독 의무 위반의 책임을 부담하는 것은 별론으로 하고, 자살의 결과에 대한 보호·감독 의무 위반의 책임을 부담한다고 할 수는 없다.

2. 자살 예방과 상담윤리

상담자들이 가장 큰 스트레스를 받는 문제 중 하나가 자살 위험 내담자와 상담할 때이다. 내담자가 상담 중에 자살하거나 자살시도를 하게 되면 상담자는 큰 충격과 후유증을 겪는다. 상담자들은 슬픔과 죄책감, 부적절감, 자기비난, 우울을 경험하고, 그 죽음에 대해 책임을 져야 할지도 모른다는 불안감에 빠질 수 있다. 상담자들은 자살 위험 내담자를 상담할 때 내담자의 자유 의지가 우선인지, 혹은 상담자가 내담자의 안전을 위해 신고나 입원 등 어떤 결정을 하는 것이 우선인지를 결정해야 한다. 따라서 이 장에서는 먼저 상담자가 자살 위험 내담자를 상담할 때 비밀보장 문제를 어떻게 다룰 것인지 살펴보고자 한다. 그리고 상담자가 어떤 결정을 내리기 위해서 자살 위험의 정도에 대한 평가 방법을 언급하고, 내담자를 보호하기 위한 행동적·윤리적 기준과 자살 위험 상담 시 오류에 대해 다루고자 한다.

1) 자살과 비밀보장의 한계

상담에서 사생활 보호와 비밀보장 문제는 중요한 윤리적·법적 문제를 안고 있다. 정신건강 분야의 전문가들에게 비밀보장은 내담자와의 관계에서 내담자가 솔직하게 자신을 드러낼 수 있는 전제가 되고 촉진적 관계 형성에 필수적이다. 그렇기에 상담자는 내담자의 비밀보장에 대한 의무와 책임을 갖는다. 「대한민국헌법」에서는 "모든 국민은 사생활의 비밀과 자유를 침해받지 아니한다."(제17조)라고 규정하고 있다. 또한 한국상담심리학회 윤리규정에서도 "상담심리사는 사생활과 비밀유지에 대한 내담자의 권리를 최대한 존중해야 할 의무가 있다."라고 하고 있다. 그러나 "내담자의 생명이나 타인 및 사회의 안전을 위협하는 경우에 한하여 내담자의 동의 없이도 내담자에 대한 정보를 관련 전문인이나 사회에 알릴 수 있다."라고 하고 있다. 상담자가 비밀보장을 해야 하지만 내담자나 타인에게 분명하고 절박한 위기가 있을 경우에는 비밀을 지키지 않을 수 있다는 것이다.

2) 자살 위험의 평가

상담자에게는 자살 위험 내담자를 보호하고 어떠한 파괴적 행동도 막아야 하는 윤리적 책임이 있다. 그러므로 상담자는 내담자의 자살 위험이 얼마나 심각한지를 우선적으로 평가할 수 있어야 하고, 전문가로서 적절한 조치를 취할 수 있어야 한다. 그러므로 상담자는 내담자의 자살 위험을 평가한 후 자신이 직접 위기 개입을 할 것인지, 아니면 다른 정신건강 전문가에게 의뢰할 것인지를 결정할 필요가 있다.

상담자는 자살하려는 내담자의 도움을 외치는 절규(cry for help)를 알아차릴 수 있어야 한다. 이것은 실제적인 기술이 필요할 뿐 아니라 높은 수준의 윤리적 상황을 다룰 수 있어야 함을 의미한다. 상담자는 내담자와 자살 위험에 대해 솔직하게 토론하고, 그 위험이 얼마나 치명적인가를 평가하고, 위험의 정도에 따라 각각 개입의 수위를 결정해야 한다.

우볼딩(Wubbolding, 1988a)은 자살가능성을 평가하기 위하여 자살 위험에 대해 다음과 같이 직접 질문을 해야 한다고 제안했다.

- 자살할 생각이 있습니까?
- "이 상황을 더 이상 견딜 수 없어요." "모든 것을 끝내고 싶어요." "내가 없어지는 것이 나을 거예요."와 같이 내담자가 간접적으로 자살 의도를 비칠 때 상담자는 조용하게 이런 말이 자살하고 싶은 생각을 표현한 것인가를 물어본다.
- 과거에 자살을 시도해 본 적이 있습니까?
- 자살시도의 과거력을 가진 사람은 자살 위험이 더 치명적일 수 있다. 상담자는 과거의 자살시도에 대해 탐색하면서 내담자가 정신건강 전문가에게 어떤 도움을 받았는지에 대해 알아보아야 한다.
- 자살할 계획이 있습니까?
- 어떻게 자신을 죽이려고 하는지, 총기, 목을 맴, 투신, 극약 등 구체적인 계획이 있

을 때 치명적이다. 이럴 때 상담자는 외부에 도움을 청해야 한다.

• 자살할 방법이 있습니까?

– 내담자에게 자신이 어떻게 죽을 것인가를 분명히 알고 있고 그 방법이 가능한가
를 물어보아야 한다. 총기를 가지고 있거나 극약을 지니고 있다면 자살 위험은 치
명적이다.

• 우연히 혹은 고의로도 일정 기간 자살하지 않겠다는 약속을 할 수 있겠습니까?

– 이 질문은 평가 과정에서 매우 중요하다. 상담자를 위해서가 아니라 내담자를 위
해서 자신에게 죽지 않을 것이라는 약속을 하는 것이다. 2주간 아니면 24시간 동
안이라도 자살을 안 하겠다고 시간을 명기하는 것이 중요하다. 시간의 길이보다
도 상담자가 내담자로 하여금 자살하지 않겠다는 결정을 내리도록 노력하는 것이
초점이다.

• 자살하지 못하도록 막을 수 있는 가까운 사람이 있습니까? 자살하고 싶다고 느낄 때 말할
수 있는 사람이 있습니까?

– 자살충동을 느끼는 내담자들은 종종 소외되고 자신을 통제할 수 없다고 느낀다.
내담자가 자살을 막을 수 있는 사람들과 연결이 되도록 상세한 계획을 세우도록
돕는다. 그래야 다른 가능성이 내담자에게 분명해지고 효과적인 통제력을 얻을
수 있다.

우볼딩(Wubbolding, 1988b)은 자살 위험을 평가하기 위해 살펴보아야 할 징후를 제
시하였다.

• 소중한 물건들을 처분한다.
• 자살 방법 등 자살 계획을 세우고 이야기한다.
• 이전의 자살시도나 자살행동이 있었다.
• 희망의 상실, 무력감, 자신이나 세상에 대한 분노를 표출한다.
• 가족이나 친구들이 자신이 없어져도 섭섭해 하지 않을 것이라고 말한다.
• 중요한 사람이 최근에 자살로 사망하였다.
• 깊은 우울 다음에 갑작스러운 긍정적 방향으로 행동 변화가 있다.

상담자는 지금 당장 심각한 위험이 있다고 평가를 하면 자살을 막기 위해 적절하고 책임감 있는 조치를 취해야 한다. 상담의 조치는 미리 결정된, 사전에 동의가 이루어진 통일성 있는 정책(위기 개입 가이드라인)을 따르는 것이다. 만약 적절한 조치가 취해지지 않으면 상담자가 책임을 질 수 있다. 그래서 위기 개입 단계에서 자문을 받는 것은 매우 중요하다. 자문은 상담자와 내담자를 모두 보호하게 만든다.

3) 자살 위기 상담의 가능한 행동 목록

- 가능하다면 내담자가 위기에 처해 있을 때 상담자나 지역 구급 기관에 연락을 하겠다는 약속을 받아 둔다.
- 내담자가 자살에 사용할 무기를 소지하고 있다면 제3자에게 알린다는 사실을 분명히 한다.
- 상담 빈도의 증가를 고려한다.
- 상담 기간 중에도 지원을 위해(내담자의 동의나 사전 예고에 의해) 중요한 타인들을 내담자의 사회 활동 속에 참가시킨다.
- 내담자의 정서 상태를 관찰할 수 있도록 상담 시간 외에도 내담자가 당신에게 연락할 수 있는 방법을 강구해 둔다.
- 치료의 부수물로 정신건강 전문의의 도움을 받아 약물 사용을 고려해 본다.
- 사례의 심각성에 따라 입원을 고려한다. 내담자의 동의를 구하거나 필요하다면 내담자를 보호하는 방법으로 위임 절차가 필요하다.

4) 자살 위기 상담에 도움이 되는 제안

- 상담자의 능력으로 감당하기 힘든 사례라고 생각될 때는 동료나 지도감독자(supervisor)에게 자문하거나, 자문 회의에 부치거나, 다른 전문가에게 의뢰한다.
- 내담자와의 관계를 분명하고 확실히 하고, 위협 때문에 조작당하는 일이 없도록 한다.
- 상담자만이 내담자의 결정과 행위에 책임이 있다고 생각하지 않는다. 내담자는 자신의 마지막 결정에 대해 책임을 져야 한다. 중요한 타인을 사회적 지원 체계로

보낸다(내담자가 알고 동의한 상태에서).

- 상담자는 필요로 할 때 다른 전문가에게 자문하거나 어떤 조치를 취할지 의논한다는 사실을 내담자에게 말한다. 위기 상담의 경우에는 상담의 단계를 기록해 두는 것이 좋다. 기록은 당신이 전문가로서 건전한 판단을 했고, 법과 윤리의 테두리 안에서 행동했다는 사실을 증명하는 데 꼭 필요할 수 있다.
- 자살 방지나 위기 개입 방법에 대한 훈련을 받으라. 최신의 연구, 이론, 실습을 알고 있도록 한다.

5) 자살 위험 내담자들을 다루는 배려의 기준

- 자살행동은 조심스럽게 감시되고 평가되어야 한다. 이런 위험스런 행동에 대한 임상적 판단은 서면으로 기록되어야 한다.
- 자살 위험이 있는 내담자의 자해 행위에 대해 가족에게 사전 경고를 해야 한다. 외래 환자의 경우에는 입원을 권유하고, 약물 사용을 검토하며, 가족이나 가까운 친구에게 통보한다. 환자에 대한 경고는 적절한 감시와 환경적 보호를 요구한다.
- 상담자는 내담자를 자살 위험성이 높은 환자라고 구분해서는 안 된다. 상담자는 이러한 내담자를 상담하는 일이 정서적으로 힘든 일이라는 것을 자각해야 한다. 상담자가 자신의 책임감과 내담자에 대한 개인적 반응을 명료하게 하는 데 가장 효과적인 방법은 전문적인 조언이다.
- 만약 내담자가 자살하면 상담자는 남아 있는 가족에게 도움을 주어야 한다. 상담자의 관심과 공감은 남은 가족의 감정을 위로할 수 있다.

6) 자살 위기 상담 시 범하는 실수

(1) 피상적으로 안심시키기

상담자들은 일반적으로 남을 도우려는 이타적인 태도를 가지고 있기 때문에 내담자가 무망감에 빠져 있을 때 성급하게 안심시키는 노력을 하기 쉽다. 또는 상담자가 종교인인 경우에는 너무 쉽게 종교적인 의미를 부여하여 위기 극복에 방해가 되기도 한다.

- 그릇된 반응 태도: "자, 이제 괜찮을 겁니다. 모든 일이 잘될 거예요."
- 올바른 반응 태도: "일이 너무나 뜻대로 되지 않을 때는 당신에게 일어난 사건 속에서 의미를 발견할 수가 없지요."

(2) 강렬한 감정 회피

상담자들은 내담자가 심한 우울증이나 격분, 슬픔을 보일 때 단순히 안심시키려고 하거나 수동적인 반응 혹은 충고를 하는 방법을 택한다. 이러한 반응은 내담자가 절망을 느끼는 궁극적인 원인을 파헤치지 못하게 한다.

- 그릇된 반응 태도: "왜 당신은 아무도 당신을 도울 수 없다고 생각하죠?"
- 올바른 반응 태도: "지금 매우 소외되어 있다는 감정을 느끼고 있군요."

(3) 전문가적 태도

자살 위기 상황에서는 상담자도 자신을 보호하려는 태도를 취하게 된다. 이러한 태도 가운데 하나가 도움을 구하는 내담자와 적당한 거리를 유지하는 것이다. 상담자의 말투, 어법, 몸짓에서 은연중에 또는 노골적으로 표출된다.

- 그릇된 반응 태도: "저에게 말해 보세요. 이것이 저의 전문 분야입니다. 제가 도와줄 수 있을 겁니다."
- 올바른 반응 태도: "지금 생각하고 있는 것들 중에는 다른 사람들이 알면 충격을 받을 만큼 두려운 내용이 숨겨져 있군요."

(4) 자살 의도의 부정확한 평가

자살 위기에 있는 내담자에게 가장 치명적인 것은 상담자가 자신의 자살 의도를 잘못 평가하고 그것을 무시하는 것이다. 오류를 줄이려면 내담자가 불투명한 자살 관념을 보일 경우에 자살 의도에 대해 직접 물어보는 것이다.

- 그릇된 반응 태도: "지금 자살을 생각하고 있다고 했는데 무엇이 당신을 괴롭히고 있습니까?"

- 올바른 반응 태도: "자살을 하고 싶은 감정에 대해 좀 더 말해 주시겠습니까?"

(5) 위기 촉발 사건을 파악하지 못함

자살충동의 근거리 요소인 촉발 사건에 대한 정보를 얻는 것은 효과적인 개입 치료를 위해 중요하다. 이 촉발 사건에 대해 알지 못하면 구체적인 행동 계획을 세우기가 어렵다.

- 그릇된 반응 태도: "당신의 아내가 하늘나라에서 무엇을 원하고 있을지 생각해 보세요."
- 올바른 반응 태도: "당신의 아내가 죽은 후로 당신 주위에 있는 모든 것이 무너져 내린 것 같았군요."

(6) 수동성

자살 위기 내담자를 대할 때 상담자는 절대로 수동적이어서는 안 된다. 침묵을 유지하며 내담자의 반응을 기다리는 것은 자살 위기 상황에서는 치명적인 결과를 가져온다.

- 그릇된 반응 태도: "지금 말소리가 매우 피곤하게 들립니다. 지금은 잠을 자고 내일 아침에 다시 전화를 주세요."
- 올바른 반응 태도: "당신의 목소리가 졸린 듯한데 혹시 약물을 먹지는 않았나요."

(7) 불충분한 지시

상담자들은 지시적인 상담을 시작해야 하는 상황에서 매우 모호한 태도를 보일 수 있다. 상담자는 내담자가 자살 도구에서 가능하면 멀리 떨어져 있도록 지시해야 한다.

- 그릇된 반응 태도: "지금 매우 화가 나 있는 상태로군요."
- 올바른 반응 태도: "당장 총을 내려놓으세요. 그리고 이야기를 합시다."

(8) 충고하기

상담자는 내담자에게 무조건 충고함으로써 자살 생각을 없애려고 한다.

- 그릇된 반응 태도: "당신을 도울 수 있는 방법을 생각해 봅시다. 문제는 그렇게 심각하지 않습니다."
- 올바른 반응 태도: "당신 말에 의하면 한쪽에서는 모든 일이 잘되어 가는 것 같은데, 다른 쪽에서는 삶이 무가치하게 느껴지는군요."

(9) 상투적 반응

위기 개입과 같은 경우에 상담자는 빠른 시간 내에 문제를 해결하려고 내담자의 개별적인 특성보다는 일반적인 특성에 관심을 쏟는 경우가 많다. 상투적 반응에는 내담자의 성별, 나이, 인종, 지역 등과 같은 것이 작용한다.

- 그릇된 반응 태도: "울지 않으려는 이유가 당신이 남자이기 때문인가요?"
- 올바른 반응 태도: "당신이 느끼고 있는 상처 때문에 눈물을 참을 수가 없었군요."

(10) 방어적 태도

내담자가 상담자에게 화를 내거나 거부할 때 나타나는 상담자의 방어적 태도가 문제가 된다. 내담자가 상담자의 능력을 무시하고 의도를 불순하게 생각하는 경우에는 내담자의 감정에 공감적으로 반응해야 한다.

- 그릇된 반응 태도: "맞아요. 저 역시 자살을 생각해 본 적이 있어요. 그런데 저는 언제나 문제를 해결할 수 있는 방법을 찾아 나섰죠."
- 올바른 반응 태도: "제가 당신을 도울 수 있는지 여부를 의심하고 있는 것 같군요."

이 장의 요약

「대한민국헌법」에서는 "모든 국민은 사생활의 비밀과 자유를 침해받지 아니한다."라고 규정하고 있고, 한국상담심리학회 윤리규정에서도 "상담심리사는 사생활과 비밀유지에 대한 내담자의 권리를 최대한 존중해 주어야 할 의무가 있다."라고 하고 있다. 그러나 자살과 같이 내담자의 생명이나 타인 및 사회의 안전을 위협하는 경우에는 비밀보장의 한계를 넘어설 수 있다. 이렇게 결정하기 위해서 상담자는 자살의 가능성을 평가할 수 있는 전문적 능력이 있어야 하고, 자살 위험이 있다고 평가되면 위기 개입을 위해 준비된 가이드라인에 따라 적절하고 책임감 있는 조치를 취해야 한다. 또한 상담자가 자살 위기 상담 시 범하는 실수가 무엇인지 아는 것이 중요하다.

1. 모든 국민은 인권과 생명을 보호받고 행복을 추구하며 살아갈 권리가 있다.
2. 유해환경으로부터 청소년을 보호하기 위하여 불법정보 유통금지, 자살보도의 자제, 청소년유해 약물 판매 · 대여 금지, 학교폭력으로부터 피해학생 보호에 대해 내용을 다양한 법률에서 규정하고 있다.
3. 자살예방 및 대응을 위해 자살예방 및 생명존중문화 조성에 관한 법률에 제정 시행되었다. 이 법률에는 자살실태조사, 심리부검, 자살유발정보예방체계 구축 등 자살에 대한 국가적 차원의 책무와 예방정책에 관하여 필요한 사항을 규정되었다.
4. 긴급구호 보호조치에 대해서는 개별 법률에서 긴급구조를 위한 개인위치정보의 이용, 긴급복지 지원을 정하고 있다.
5. 자살에 따른 민 · 형사책임에 대해서도 알 필요가 있다, 형법상 자살방조죄, 자살유발정보 유통에 대한 처벌, 보호감독의무 위반에 대한 책임 등 자살 예방 및 방지하기 위해 다양한 내용이 법에서 규정되어 있다.

생각해 볼 거리

1. 각종 신문, 방송, 인터넷, SNS 같은 매스 미디어에 나타난 자살 보도나 생명 경시 풍조가 청소년들의 모방 자살과 자살 생각에 미치는 영향은 무엇입니까?

- -

- -

- -

- -

- -

2. 청소년들의 생명을 보호하고 지키기 위한 법에는 어떠한 것들이 있는지 알아봅시다.

- -

- -

- -

- -

- -

3. 상담자는 자살 위험 내담자를 상담할 때 내담자의 자유 의지가 우선인가 혹은 내담자의 안전을 위해 신고나 입원 등 어떤 결정을 하는 것이 우선인지 생각해 봅시다.

- -

- -

- -

- -

참고문헌

문성원(2018). 상담윤리와 관련 법규들과의 관계 그리고 앞으로의 과제. 한국심리학회지: 상담 및 심리치료, 30(4), 1009-1034.

박상칠, 조용범(1998). 자살 예방할 수 있다: 자살 위기 극복을 위한 안내서. 서울: 학지사.

최승원, 최윤영(2015). 청소년 생명존중교육 매뉴얼-법적으로 알아야 할 사항. 생명문화 & 서울시자살예방센터.

최원호(2008). 상담윤리의 이론과 실제. 서울: 학지사.

최윤영, 최승원(2014). 「자살예방 및 생명존중문화 조성을 위한 법률」의 법적 쟁점과 과제. 행정법연구, 40, 151-182.

최해림(2006). 자살 위험이 있는 내담자와 상담윤리문제. 한국정신치료학회지, 20(1), 23-29.

Corey, G. (1991). 심리상담과 치료의 이론과 실제. *Theory and practice of counseling and psychotherapy* (4th ed.). (조현춘, 조현재 공역). 서울: 시그마프레스. (원저는 1991년에 출판).

Fujimura, L. A., Weis, D. M., & Cochran, J. R. (1985). Suicide: Dynamics and implications for counseling. *Journal of Counseling and Development, 63*, 612-615.

Neimeyer, R. A., & Pfeiffer, A. M. (1994). The ten most common errors of suicide interventionists. In A. Leenaars, J. T. Maltsberger, & R. A. Neimeyer (Eds.), *Treatment of suicidal people* (pp. 207-233). Philadelphia: Taylor & Francis.

Wubbolding, R. E. (1988a). Intervention in suiciding behaviors. *Journal of Reality Therapy, 7*(2), 13-17.

Wubbolding, R. E. (1988b). Intervention in suiciding behaviors. *Journal of Reality Therapy, 8*(1), 18-21.

제3부

자살 위기 평가하기

제8장

자살 위험성과 신호

조영순(생명문화학회 이사)

이 장의 목적

1. 참여자가 자살의 위험성에 대한 경각심을 가질 수 있도록 돕는다.
2. 개인, 가정, 학교, 사회에서 자살 위험성의 예측 변인을 이해할 수 있도록 돕는다.
3. 자살하기 쉬운 고위험군에 각별한 주의를 기울일 수 있도록 돕는다.
4. 자살의 위험성을 알리는 신호와 직접적인 단서에 대해 이해할 수 있도록 돕는다.

1. 자살의 위험성을 알리는 신호

청소년 시기는 생애주기 중에서 가장 건강하고 활동적인 시기이다. 그동안 청소년의 건강 문제에 대한 정부의 정책적 개입이 미흡하였고, 최근 청소년의 건강 및 자살을 우려하는 관심이 커지면서 정책적 지원의 필요성을 인식하게 되었다. 청소년의 정신건강 문제 중에서 자살 문제는 이미 위험 수위를 넘어 섰다. 최근 보건복지부의『2021 자살예방백서』에 따르면, 2019년 자살 사망자 수가 13,799명으로 2018년 대비 129명 (0.9%) 증가하였고, 2011년 자살 사망자 수는 15,906명으로 역대 최대보다는 13.2% 감소하였다. OECD 31개 국가 대상의 10~24세 사이의 청소년 및 대학생의 자살 사망률을 분석한 결과에 의하면, 우리나라는 2000~2010년 사이에 자살 사망률의 증가율이 칠레 다음으로 높게 나타났다(보건복지부, 2013: 김기현 외, 2013 재인용). 이 장에서는 한국 청소년 및 대학생들의 자살의 위험성을 나타내는 예측 변인과 신호 및 단서에 대한 이해를 도모하고자 한다.

1) 자살 위험성

(1) 자살 위험성

한국 청소년 및 대학생에게 있어서 자살 위험성에 영향을 미치는 요인은 인간관계가 중요한 비중을 차지한다. 김희숙 등(2012)은 청소년의 자살 위험성에 영향을 미치는 것으로 부모와의 관계, 교사와의 관계, 친구와의 관계를 요인으로 분석하였다.

표 8-1　청소년 자살 위험성의 요인

부모와의 관계	교사와의 관계	친구와의 관계
• 부모와의 관계가 삶의 위기에서 청소년 및 대학생을 구하는 힘이 되기도 하지만 관계가 나빠지면 갈등과 절망의 이유가 되기도 함	• 교사로부터 정서적이고, 교육의 정보적 지원과 사회적 지원을 많이 받은 학생은 학업 성취도가 높고, 교사와 갈등관계일수록 스트레스가 많으며 문제행동이나 일탈행동에 개입하는 경향이 높음	• 친구로부터 정서적 지원을 많이 받을수록 도덕적으로 이탈되거나 폭력 피해를 당할 가능성이 낮으나, 왕따나 따돌림과 같은 친구관계에서 갈등을 겪고 있는 경우에는 친구로부터 지지를 받지 못하고 소외됨으로써 자신의 존재 가치에 대한 왜곡된 생각으로 자살 위험성이 높음

출처: 김희숙, 박완주, 박경란, 김미향(2012).

이상화와 이승희(2009)는 중·고등학교의 스포츠 현장에서 운동선수들의 자살 위험성에 영향을 미치는 요인을 조사했는데 구타와 체벌 등의 학대 경험의 영향력이 크게 나타났다. 배점순, 김춘경(2015)의 청소년의 생명존중의식과 자살 위험성 간의 상관관계를 분석한 결과에 의하면, 남녀 청소년 모두 생명존중의식이 높을수록 자살 위험성이 낮았고, 생명존중의식이 낮을수록 자살 위험성이 높았다. 생명존중의식이 자살 위험성에 영향을 주는 정도는 여학생의 경우가 남학생보다 더 높게 나타났다. 즉, 여학생의 경우에는 생명존중의식을 높이면 자살 위험성을 낮추는 데 효과적일 수 있으므로 상담과 교육, 예방 프로그램에서 생명존중의식의 요소를 포함시키는 것이 필요하다.

이종익과 오승근(2014)은 자살 예방 프로그램이 자살 위험성과 자살 태도에 미치는 효과에 대한 분석에서 자살 예방 프로그램을 실시하기 전과 후를 비교하였는데, 실험 집단의 자살 위험성이 감소하는 데 효과가 있다는 점을 확인하였다. 따라서 자살 예방 프로그램을 창의적 체험 활동과 같은 학교 교육과정에 포함시킴으로써 청소년 자살 예방에 기여할 것으로 본다. 고등학생의 자아존중감은 자살 위험성에 미치는 설명력 있는 변인이므로 청소년의 자살 위험성을 낮추기 위한 자살 예방 프로그램 개발 시, 특히 자아존중감을 향상시키는 내용을 중점적으로 포함해야 한다(김영아, 2006).

남미선(2011)은 청소년 자살예방교육 프로그램이 생명존중의식과 자살 태도, 자살 위험성에 미치는 효과에서 생명존중의식을 고양시키고 자살 위험성을 낮추는 데 기여할 것으로 보았다.

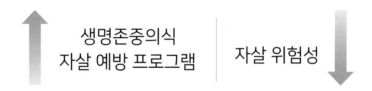

그림 8-1 생명존중의식 자살 예방 프로그램과 자살 위험성의 상관관계

출처: 한국정서행동장애아교육학회(2014).

(2) 자살 위험성 예측 변인

청소년 및 대학생의 자살 위험성에 관련한 예측 변인을 개인, 가정, 학교, 사회로 분류하여 보면 다음과 같다(한국자살예방협회, 2014).

① 개인
- 자신에 대한 부정적 평가와 낮은 자존감
- 비현실적으로 높은 기대치와 낮은 성취
- 과거에 자살시도 경험
- 충동적이고 공격적인 성향

- 술, 담배, 약물 남용
- 스트레스 대체 기제 미숙
- 인터넷 및 컴퓨터 게임중독
- 성(性)정체성 문제
- 우울함
- 최근 극심한 스트레스 사건

가족의 무관심과 방관적인 태도, 부모의 학대에 의해서 자신을 부정적으로 평가하여 낮은 자존감이 형성될 수 있다. 홍기혜(2020)는 남녀 청소년의 자살 생각 예측 분석에서 자살 생각 여부를 예측하는 요인으로 우울감, 자아존중 등의 주관적 인식이나 감정이 폭력, 학대 등의 부정적 경험보다 높았다.

부정적 경험에서는 부모에 의한 언어폭력이 주요 변인이다. 과거에 자살시도 경험이 있는 교육 대상자는 고위험군에 속하므로 지지체계 구축, 자살 방지 서약서 등의 안전 확보가 중요하다(보건복지부, 2021, p. 203).

② 가정
- 가족 결손 및 상실
- 가족 간 갈등 불화
- 가족 간 의사소통 및 지지 부족
- 가정폭력 및 학대
- 빈곤 문제
- 자살시도의 가족력
- 부모의 과잉 경쟁의식

가족 구성원의 결손 및 상실과 가족 간의 의사소통 및 지지 부족으로 인한 결속감 부족은 자살 위험성에 관련한 예측 변인이다. 가족 구성원 중에 자살자 유무와 자살시도의 가족력은 자살 위험성에 영향을 미친다.

제갈다나(2017)는 아동기 및 청소년기의 부모학대 경험, 방임, 어머니-자녀, 부모-자녀 간 갈등의 부정적 경험은 대학생 자살 생각을 증가시키는 위험요인으로 본다.

　고혜선(2016)은 청소년기의 학대, 방임 등의 트라우마는 자살 위험요인으로 본다. 트라우마 경험이 있는 청소년이 트라우마 무경험 청소년보다 자살 생각을 더 많이 하는 것으로 본다.

③ 학교
- 학교폭력, 집단 따돌림, 왕따 등 소외
- 친구 문제(동성, 이성)
- 성적 부담 및 학업 스트레스
- 입시 위주의 경쟁적 풍토
- 교사의 부정적 언행, 체벌, 편애 등
- 시험 부정 행위 등 낙인과 오해 문제
- 학교 부적응

　학교 사회에서 발생하는 폭력, 집단 따돌림, 왕따 등으로 소외될 때 자살 위험의 요인이 될 수 있다. 동성 간, 이성 간의 친구 문제, 입시 위주의 경쟁적 풍토에서 야기되기, 성적 부담 및 학업 스트레스, 교사의 부정적 언행과 부적절한 체벌과 편애는 청소년 및 대학생의 자살 위험성의 변인이 될 수 있다. 시험 부정 행위와 낙인과 오해 문제 등은 청소년이 학교생활에 부적응하는 요인이 된다. 2010년 중반부터 청소년의 '자해 놀이(죽음놀이)'가 급속히 확산되어 청소년 폭력의 사회 문제로 부각되었다(헤럴드경제 2018. 10. 8.).

④ 사회
- 자살의 치명적 수단의 접근 용이
- 매스컴을 통한 왜곡된 죽음의 정보
- 개인주의적 사회 풍토
- 경쟁 일변도의 사회
- 자살 사이트 등 유해 환경의 노출
- 매스컴의 상세한 자살 방법 보도
- 경찰과의 갈등과 법적 문제

- 10대의 의도치 않은 임신
- 낮은 사회적 지지

청소년기는 감수성이 예민한 시기이므로 매스컴의 자극적이고 구체적인 자살 방법을 그대로 모방하여 자살을 실행할 수 있다. 또한 자살을 목격했거나 자살자와 직간접적으로 관련이 있는 대상은 자살 전염성이 높은 고위험군에 포함하여 관심을 기울이고 관리를 해야 한다.

(3) 자살 고위험군

자살 고위험군에 해당하는 대상은 다음과 같다(대구광역시 서부교육지원청, 2014).

- 자살 사건을 목격 및 발견하거나 노출이 많이 된 사람
- 정서 행동 선별검사에서 주의군 또는 관심군으로 분류된 사람
- 학교 내에서 실시한 표준화 검사에서 정서적 불안정이 우려되는 사람
- 자살 사망자와 친한 친구 또는 이성의 친구
- 사망한 학생과 최근 다투었거나 갈등이 해소되지 않은 상태에 있는 사람
- 정신장애, 과거의 외상 노출, 과거의 자살 관련 행동, 약물남용, 가족 갈등의 병력이 있는 사람
- 자살 계획을 알고 있던 사람이나 자살로 사망한 친구에게 도움을 주려고 했던 사람
- 불안이 심하거나 평소와 다른 행동을 보이는 사람

2) 자살 신호

(1) 자살 신호의 이해

청소년 자살을 예방하기 위해서는 예측 변인들을 잘 파악하여 효과적으로 대처해야 한다. 왜냐하면 예측 변인들은 청소년 및 대학생이 자신의 내면의 소리를 외부에 나타내 보이는 메시지이고, 자살 신호로 볼 수 있기 때문이다. 청소년기는 문제를 해결하는 다양한 방법을 미처 체득하지 못한 시기이다. 따라서 남에게 나의 괴로움과 고민을

알리거나 도움을 청하지 못하고 자살을 행동으로 옮기는 경향이 있다. 그러므로 청소년의 자살시도나 생각은 이러한 고통을 자신의 주변에 알리는 바로 '도움 요청의 신호'일 수 있다.

정묘순과 서수균(2014)은 자살 위기 청소년을 중심으로 한 연구에서 자살 신호(예측변인)를 무망감, 품행장애, 반사회적 행동, 알코올/약물남용, 충동성, 공격성 등으로 보았다. 자살시도 유/무 집단 간의 변인 차이에서 자살 생각에 머물고 있는 청소년에 비해서 자살시도를 한 청소년들은 적개심이 많고, 공격적이고, 성격 측면에서 더 충동적인 경향과 행동적인 측면에서 알코올 등 약물에 더 의존적인 것으로 나타났다.

청소년의 자살 신호와 자살 신호의 직접적 단서가 되는 실마리들을 행동적 표현, 언어적 표현, 상징적 표현으로 나누어 정리하면 〈표 8-2〉와 같다.

표 8-2 청소년의 자살 신호와 직접적 단서

구분	자살 신호	직접적 단서
행동적 표현	• 약 등 위험한 물건 수집 • 의미 있는 소유물 정리 • 자살 사이트, 엽기 사이트에 심취	• 수면제, 진통제, 감기약 등을 모아서 감춤 • 줄, 칼 등 자살 도구 수집 • 의미 있는 개인 소장품 · 수집품을 없앰 • 죽음 · 자살 사이트에 심취 • 주위에 자살, 죽음에 관련된 언어를 내비침 • 관계 정리, 뜬금없는 인사말

언어적 표현	• 말, 글, 그림, 낙서 등을 통해 자살을 시사함	• '나는 정말 죽고 싶어.' • '나는 더 이상 지탱할 힘이 없어.' • '나에게 사는 것이 더 이상 의미가 없어.' • '다음 세계에서는 해결될 거야.' • '내가 없어진다면……' • 사후 세계에 대한 궁금증 표출
상징적 표현	• 성적 부진, 조퇴, 지각, 무단결석 빈번 • 평소와 다른 표정과 행동 • 평소와 다른 식사와 수면 상태의 이상	• 지나치게 환상적 · 공상적 내용의 소설, 만화, 영상물에 빠짐 • 실연, 상실을 지나치게 미화시키는 대중음악에 빠짐 • 자살을 모험적이고, 로맨틱하게 생각함 • 칭찬, 포상을 거부 • 수집한 상장 등을 없앰 • 성격의 심각한 변화 • 외모를 꾸미지 않음 • 에너지가 떨어져서 처짐 • 경계심 · 불안감 증폭

출처: 한국자살예방협회(2014).

그림 8-2 청소년의 자살 신호와 직접적 단서

출처: 한국자살예방협회(2014).

(2) 자살 신호 찾아보기

청소년 및 대학생의 일상생활에서 나타난 행동과 언어는 자신의 내면의 소리를 의미한다. 표정, 몸짓, 말의 억양과 속도 등을 주의 깊게 관찰한다. 또한 평소와 다르게 일탈한 생활 사건이나 특이한 태도 등을 정리하여 기록한다.

_____의 사례

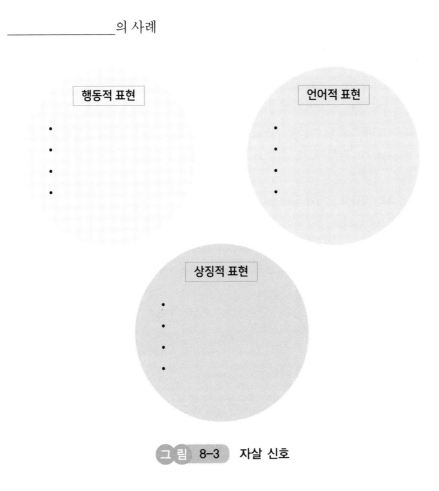

행동적 표현

-
-
-
-

언어적 표현

-
-
-
-

상징적 표현

-
-
-
-

그 림 8-3   자살 신호

이 장의 요약

• **자살의 위험성은 인간관계가 중요한 비중을 차지한다.**
  - 부모와의 갈등
  - 교사와의 갈등
  - 친구와의 갈등

• **자살 위험성의 예측 변인**
  - 개인: 부정적 평가, 낮은 자존감, 높은 기대치, 과거의 자살시도 경험 등
  - 가정: 가족 결손, 가족 간 갈등, 가족 간 의사소통 및 지지 부족, 가정폭력 및 학대 등
  - 학교: 학교폭력, 집단 따돌림, 친구 문제, 학업 스트레스, 입시 위주의 경쟁적 풍토 등
  - 사회: 자살의 치명적 수단의 접근 용이, 매스컴을 통한 왜곡된 죽음의 정보 등

• **자살 신호와 직접적 단서가 되는 실마리**
  - 행동적 표현: 위험한 물건 수집, 소유물의 정리, 자살 사이트 심취
  - 언어적 표현: 말, 글, 그림을 통해 자살을 시사함, '내가 없어진다면…….'
  - 상징적 표현: 무단결석, 성격의 변화, 에너지가 떨어져서 처짐

1. 자살을 예측하는 변인이 어떻게 상호작용할 수 있을지를 생각해 봅시다.

2. 자살시도에 단서가 되는 다양한 실마리에 대해 더 생각해 봅시다.

참고문헌

고혜선(2016). 청소년의 자살 생각과 영향요인 분석: 위험요인과 보호요인. 이화여자대학교 사회
　　복지대학원 석사학위논문.

교육과학기술부(2011). 학교 및 교육기관에서의 학생자살 위기관리 프로토콜.

김봉자(2013). 청소년 자살의 원인과 예방에 대한 연구. 문화교류연구, 2(2), 25-46.

김영아, 권영숙, 박경민(2006). 고등학생의 자살 위험성, 자아존중감 및 영적 안녕의 관계. 지역사
　　회간호학회지, 17(1), 112-124.

김희숙, 박완주, 박경란, 김미향(2012). 청소년의 인간관계가 자살 위험성에 미치는 영향. 정신간
　　호학지, 21(1), 11-20.

남민선(2011). 청소년 자살예방 교육 프로그램이 생명존중의식, 자살 태도, 자살 위험성에 미치
　　는 효과. 이화여자대학교 대학원 석사학위논문.

대구광역시 서부교육지원청(2014). 자살 위기개입 매뉴얼.

배점순, 김춘경(2015). 청소년의 생명존중의식이 자살 위험성과 공격성에 미치는 영향. 한국정
　　서 · 행동장애연구, 31(3), 251-269.

보건복지부(2020). 2020 자살예방백서. 자살 자해 청소년 상담개입 프로그램 개발 내용, p. 203.

보건복지부(2021). 2021 자살예방백서.

서울시교육청(2009). 학생사안처리 매뉴얼: 함께하는 교육 나눔의 생활지도.

이상화, 이승희(2009). 중 · 고등학교 운동선수의 학대경험과 스포츠스트레스, 우울 및 자살위험
　　성의 관계. 한국 스포츠 사회학회지, 22(2), 55-73.

이종익, 오승근(2014). 청소년 대상 학급단위 자살예방 프로그램이 자살 위험성과 자살 태도에
　　미치는 효과. 한국정서행동장애교육학회, 251-269.

정묘순, 서수균(2014). 청소년 자살시도 예측변인: 자살 위기 청소년을 중심으로. 한국청소년연구,
　　25(2), 145-171.

제갈다나(2017). 대학생 자살 생각에 영향을 미치는 가족적 측면의 위험요인과 보호요인. 대구대
　　학교 대학원 석사학위논문.

지승희, 김명식, 오승근, 김은영, 이상석(2008). 청소년자살 예방프로그램 및 개입방안 개발. 청소
　　년상담연구, 141, 1-212.

한국자살예방협회(2014). 학생자살위기대응매뉴얼(교사용).

한국청소년문화연구소(2014). 청소년 문화포럼, 37, pp. 81-100, 251-269.

헤럴드경제(2018. 10. 8.). "[벼랑 끝 사람들 비극의 시작] '힘든데 곁에 아무도 없어요...' 청소년
　　'자해놀이' 급속 확산". http://biz.heraldcorp.com

홍기혜(2020). 랜덤포레스트 머신러닝 알고리즘 기반 남 · 여 청소년의 자살생각 예측 분석. 한국
　　사회복지학, 한국사회복지학, 72(3), 157-180.

제9장

자살 위기 평가

유영권(연세대학교 상담코칭학과 교수)

이 장의 목적

1. 자살 위기 평가의 목적을 파악한다.
2. 자살 위기의 징후를 파악한다.
3. 자살 위기 징후를 파악한 후 주의해야 할 점을 이해한다.
4. 자살 위기 평가를 위한 검사 도구를 활용한다.

자살 위기 평가는 면담을 통해 자살위기자의 행동, 인지, 정서를 평가할 수 있다. 또한 여러 종류의 척도를 사용하여 자살위기자의 자살 위험에 대한 임상 평가를 실시하고 자살 위험의 수준에 따라 적절한 조치를 취할 수 있다. 이 장에서는 청소년과 대학생들의 자살 위기 평가를 위해서 무슨 내용을 질문하고, 어떤 도구를 활용하여 자살 위기를 평가할 수 있는지 이에 대한 자료를 제공하고자 한다.

1. 자살 위기 평가의 목적

자살 위기를 평가하는 것은 여러 가지 목적을 가지고 진행한다.

- 자살 위기를 평가하는 것은 위기의 정도에 따라 적절한 개입 행동과 방법을 설정하기 위함이다.
- 자살 위기를 평가함으로써 자살위기자에 대한 이해를 더욱 체계적으로 할 수 있다.
- 자살 위기를 평가함으로써 자살을 예방할 수 있다.
- 자살 위기를 평가함으로써 가능한 자원을 동원할 수 있다.

2. 자살 위기 징후

1) 자살위기자들의 성향

(1) 고통과 절망감
자살위기자들은 개인적으로 견딜 수 없는 고통과 절망감을 가지고 있고, 가급적이면 그 고통으로부터 벗어나려는 노력을 하나 막다른 골목에서 어쩔 줄 몰라 하는 당황스러움이 존재한다.

(2) 학업 적응의 문제
자살위기자들은 학업 적응 문제를 호소하는데, 그 결과 학업 부진으로 이어져서 자괴감과 무능력감을 호소하기도 하며 부모의 기대에 부응하지 못하는 자신에 대한 죄책감을 동반한다. 또한 자신의 실패와 좌절에 대해서 극대화하는 사고를 가지고 있으며 자기 처벌적 사고를 가지고 있다.

(3) 문제 해결력의 결핍
문제가 생기면 그 문제에 대하여 해결책을 제시하고 해결 과정에 대한 자신감을 가져야 하는데, 그렇지 못하고 다른 사람에게 도움을 요청하거나 받는 것에 익숙하지 못한 모습을 보일 수 있다.

(4) 개인적 트라우마 사건
학교폭력을 통해 왕따 경험을 하였거나, 자살 장면을 목격하였거나, 가정에서의 언어폭력, 신체적 폭력을 경험한 경우에 이런 문제들이 적절한 시기에 잘 다루어지거나 보호받지 못하면 자살 사고로 이어질 수 있다.

(5) 지연된 애도

주변 사람들의 잇다른 사망을 경험한다거나 상실, 부모의 이혼 등으로 인한 슬픔이 제때 충분히 해소되지 못하고 지연되는 경우에 자살 사고를 촉진시킬 수 있고, 우울한 정서를 촉발할 수 있다.

(6) 충동성

청소년 자살의 경우는 충동성이 한 요인으로 작용할 수 있다. 억눌린 분노가 있는 경우, 좌절들이 축적된 경우에 이러한 심리적 에너지가 공격성으로 이어져서 자살 사고를 일으키고 행동으로 옮겨질 수 있다.

(7) 신체적 민감성

자살위기자의 경우에는 신체적으로 민감하여 청각, 촉각, 후각 등이 예민해져서 조그만 소리에도 반응하고, 신체적 자극에 과민하게 반응하는 경향을 가질 수 있다.

(8) 비난의 소리에 민감

자살위기자의 경우에는 다른 사람이 자신에 대해서 어떻게 평가하는지 민감하여 칭찬의 소리도 그대로 듣지 않고 왜곡하여 받아들이고, 자신에게 비난하는 소리로 해석하여 과민하게 반응할 수 있다.

2) 자살 위기 징후

자살위기자들은 자살을 시도하기 전에 누군가에게 암시적인 메시지를 남긴다. 예를 들어, "더 이상 못하겠습니다." "여기까지인가 봅니다." "부모님 미안합니다." "더 이상 못하겠어." "끝내 버리고 싶어." "이제 모든 걸 끝낼 거야.(자살에 대한 농담) 혼자 버티고 이겨 보려 했는데……." "1년 전으로 돌아가고 싶었어." "만나기를 기도를 했는데 무모한 바람이었어." "1년 전이면 원래의 나로 살아갈 수 있는데 말이야……." 등의 메시지를 남긴다.

다음과 같은 증세가 2주 동안 지속되는지 물어본다.

- 일상 활동에 대한 흥미 상실
- 체중 조절이 안 됨
- 불면이나 과다 수면
- 전신 운동성 초조
- 피로감
- 무가치감 또는 부적절한 죄책감
- 사고력이나 집중력 감소, 우유부단함
- 반복되는 죽음에 대한 생각
- 평상시 즐기던 활동이나 사물에 흥미를 잃어버리고 위축감을 갖는다.
- 약을 모으거나 극단적인 선택을 할 수 있는 도구를 모은다.
- 고립되어서 친구관계나 사회관계로부터 철회한다.
- 친구들에게 멀리 떠나는 것처럼 자신의 소중한 물건을 나누어 주거나 돌보아 달라고 부탁을 한다.
- 식욕이 없거나 갑자기 증가한다.
- 폭력적인 게임이나 작품에 심취한다.
- 이전에 약물을 남용한 경험이 있다.
- 이전에 자살을 시도한 적이 있다.
- 자살에 대한 구체적인 계획을 가지고 있다.

출처: APA (2016).

3. 자살 징후를 물어볼 때 주의할 점

1) 자살에 대해 구체적으로 물어볼 것

자살 징후를 물어볼 때 죽음에 대한 생각을 물어보는 것이 자살에 대한 충동을 부추길 수 있다는 두려움에서 벗어날 필요가 있다. 오히려 죽음에 대하여 이야기하는 장을 마련해 주는 것이 자살위기자의 억압된 감정을 표출할 수 있는, 즉 심리적으로 환기할 수 있는 출구를 마련해 주는 것이다. "자살에 대해 생각해 본 적이 있니?" "내일 아침에 일어났을 때 이 세상에 내가 없으면 하는 생각을 해 본 적이 있니?" 등의 질문으로 자살 사고에 대하여 구체적으로 물어볼 필요가 있다.

2) 공감과 관심의 표현을 할 것

자살 사고에 대해서 이야기한다면 진심으로 자살위기자의 마음을 읽어 주고, 적극적으로 자살위기자의 고통에 공감하고, 자살위기자가 이야기한 경험에 대하여 "그렇게 느낄 수 있겠구나." "그때 그럴 수 있어." "네 이야기가 충분히 이해된다." "그런 상황에서도 어떻게 지금까지 견딜 수 있었니?" 등의 반응으로 위로해 주며 함께 있어 줄 필요가 있다. 이 세상에 다른 한 사람이 자신의 고통을 알아 주고 타당화해 주는 경험은 자살위기자에게 안정감을 제공해 주고 다시 살 수 있게 하는 용기를 갖게 해 준다.

3) 비밀보장을 약속하지 말 것

자살위기자들과 상담이나 면담을 하는 경우에 다른 내용들은 비밀보장할 것을 약속하지만 자신의 생명을 위협하는 것은 비밀보장의 한계에 해당된다. 한국상담심리학회 윤리규정에 "내담자의 생명이나 타인 및 사회의 안전을 위협하는 경우, 내담자의 동의 없이도 내담자에 대한 정보를 관련 전문인이나 사회에 알릴 수 있다."[5조 다(1)]라고 명시하고 있다. 자살위기자의 생명을 지키기 위해 보호자, 담임선생님, 상담을 받고 있는 상담자 혹은 정신건강 전문의, 학과장 등 자살위기자를 보호 및 관리해 줄 수 있는 사람에게 알려서 보호받을 수 있도록 조치를 취해야 한다.

4) 생명존중 서약서 작성하기

자살위기자들에게는 생명존중 서약서를 작성하여 복사본을 가지고 있게 하고, 원본은 상담자가 가지고 있을 필요가 있다. 자살위기자에게 생명존중 서약을 하는 것은 자신의 생명을 지킬 것을 타자와 약속함으로써 자해와 자살의 순간에 다시 한번 생각하여 자살을 막을 수 있는 수단으로 작용할 수 있다. 예를 들어, 자살의 순간에 약속을 못 지키겠다고 전화가 오는 경우에 최대한 전화를 통해 살려고 하는 의지를 강화시킬 수 있고, 전화 통화를 하는 동안에 자살위기자의 위치를 추적하여 적절한 도움을 받을 수 있는 기회를 제공해 주기도 한다. 다음은 생명존중 서약서의 예이다.

생명존중 서약서

나 _____은(는) 나의 생명을 존중하고 자살이나 자해로 나의 귀한 생명을 손상시키지 않을 것입니다. 나는 _____와(과) 상담하는 동안에 자살이나 자해의 생각이 나면 보호자, 지인에게 연락하여 도움을 요청할 것입니다.

도움 요청 시 연락할 전화번호: _____ _____

서약자 이름: _____
증인 이름:_____

날짜: _____

---

4. 자살 위기 평가 도구

자살 위기 평가 도구로 면담을 통해서 자살위기자의 언어적 표현과 행동 그리고 정서를 점검할 수 있다. 청소년들과 대학생들에게 다음과 같은 도구를 사용하여 자살 위기를 평가할 수 있다.

1) 자살 위기 평가 도구

다음과 같은 순서로 청소년과 대학생에게 자살 위험을 평가하기 위한 질문을 할 수 있다. 자살 사고와 관련한 우울한 정서부터 질문하고 구체적인 자살 계획이 있었는지 물어본다. 자살 계획에 대하여 물어볼 때는 직접적으로 물어보아야 한다. 자살위기자가 축소하여 말할 수도 있으므로 좀 더 면밀하게 구체적인 수단을 생각하였는지, 구체적인 방법을 생각하였는지 물어본다. 구체적인 생각이 있었거나 과거에 자살시도 경력이 있다면 생명존중 서약서를 작성하고 보호할 요인이 있는지 찾아서 조치를 취한다. 〈표 9-1〉과 같이 질문하고 확인하면서 자살위험도를 평가할 수 있다.

표 9-1 자살 위기 평가 도구

자살 위기 평가 도구

이   름:
생년월일:
성   별:
연 락 처:

1. 최근에 우울감을 경험한 적이 있나요?
   ① 전혀 없었음
   ② 가끔 있었음
   ③ 자주 있었음

2. 최근에 자살을 생각해 본 적이 있나요?
   ① 전혀 없었음
   ② 가끔 있었음
   ③ 자주 있었음
   (②번, ③번으로 대답한 경우에 얼마나 자주 생각을 하고 구체적인 계획을 하였는지 질문하시오. 그리고 구체적인 계획을 가지고 있는 경우에 자살위기자에게 생명존중 서약을 하게 하고, 보호자나 담임선생님, 학과장에게 보고한다고 동의를 구하고 보호자나 학과장에게 알리시오.)

3. 과거에 자해 및 자살을 시도한 적이 있나요?
4. 약물 또는 알코올을 사용한 적이 있습니까?
5. 수면에 장애를 느낀 적이 있습니까?
6. 식욕의 변화가 있었던 적이 있습니까?
7. 평소에 좋아했던 활동에 대해 관심이 사라졌나요?

상담자 이름: _____   상담 날짜: _____

2) 위험성 평가 도구(Crisis Trage Ration Scale: CTRS)

자살위기자나 내담자들이 어떤 위기 상황에 처해 있으며 그 위기의 정도가 어떤지를 판단하기 위해 다음과 같이 위험성을 평가할 수 있다.

표 9-2   위험성 평가 도구

평가 A (위험성)	자살 및 타해 사고를 표현하거나 관련된 환청이 있음. 현 병력 기간 중에 자살시도가 있음. 예측 불가능하게 폭력적이거나 충동적임	1
	자살 사고를 표현하거나 자살행동이 주변 환경이나 스트레스에 영향을 받음. 폭력적·충동적 행동의 기왕력이 있으나 현재는 뚜렷하지 않음	2
	자살 및 타해 사고가 부분적으로 있으나 양가적임. 또는 자살 제스처를 취한 적이 있음. 충동조절 능력은 확실하지 않음	3
	자살 및 타해 사고가 부분적으로 있거나 기왕력상 부분적으로 있었음. 활동 조절은 가능함	4
	자살 및 타해 사고나 행동의 과거력 및 위험이 있음	5
평가 B (지지 체계)	가족, 친구 또는 다른 형태의 지지 가능한 사람이 없음. 관련 기관에서도 필요한 서비스를 즉각 제공할 수 없는 상태임	1
	약간의 지지가 가능할 수 있으나 그 효과는 제한적임	2
	지지 체계가 충분히 가능한 상태이나 제대로 기능하기 위해서는 어려움이 있음(잠재적 지지 체계)	3
	관심이 있는 가족, 친구가 있으나 지지 능력과 의지는 다소 불명확함	4
	관심이 있는 가족, 친구 등이 있으며, 능력과 의지도 있음	5
평가 C (협조 능력)	협조가 불가능하거나 거부적임	1
	약간의 관심을 보이거나 개인에 대한 노력	2
	개입을 수동적으로나마 받아들임	3
	도움을 원하나 양가적이거나 동기가 강하지 않음	4
	적극적으로 지역사회 치료를 원하고 협조하려고 함	5

A	3~9점	극도의 위기 상황	즉각적인 서비스가 필요함 입원 조치가 필요함
B	10점	고위험 상황	2시간 이내에 접촉이 필요함 입원이 가능할 수 있음(예: 폭력적, 반복적이지는 않으나 급성적이고 심한 스트레스) *9~10점인 경우에는 좀 더 면밀한 임상적 평가가 필요함. 다양한 개입 가능

C	11점	중간 정도의 위기 상황	12시간 이내에 접촉이 필요함(예: 혼란스러운 행동)
D	12~13점	낮은 위험성	48시간 이내에 접촉이 필요함 * 48시간 이내에 전화 상담, 내방 상담, 가정방문 등 위기 개입 약속을 예약하는 것도 포함됨
E	14~15점	위기 상황 아님	2주 이내에 개입이 가능함

출처: https://blog.naver.com/PostView.nhn?blogId=haengbbok&logNo=221972801317&categoryNo=130&parentCat-egoryNo=0

3) 한글판 우울증 선별 도구(patient health questionnaire-9)

표 9-3 한글판 우울증 선별 도구

이 검사는 우울한 정도를 스스로 알아보기 위한 것입니다. 이 질문들이 확정된 진단을 위한 것은 아니지만 높은 점수가 나왔을 경우에는 우울증의 가능성이 높으므로 더 정확한 평가를 위해서 상담 센터나 관련 기관 그리고 병원에서 진료를 받아 볼 것을 추천합니다.

지난 2주간 얼마나 자주 다음과 같은 문제로 곤란을 겪으셨습니까?

지난 2주 동안에 다음과 같은 생각을 한 날을 헤아려서 해당하는 숫자에 ○표 하시오.

지난 2주 동안에 다음과 같이 느끼거나 행동하였다.	없음	2, 3일 이상	7일 이상	거의 매일
1. 기분이 가라앉거나, 우울하거나, 희망이 없다고 느꼈다.	0	1	2	3
2. 평소 하던 일에 대한 흥미가 없어지거나 즐거움을 느끼지 못했다.	0	1	2	3
3. 잠들기가 어렵거나 자주 깼다./혹은 너무 많이 잤다.	0	1	2	3
4. 평소보다 식욕이 줄었다./혹은 평소보다 많이 먹었다.	0	1	2	3
5. 다른 사람들이 눈치 챌 정도로 평소보다 말과 행동이 느려졌다. /혹은 너무 안절부절못해서 가만히 앉아 있을 수 없었다.	0	1	2	3
6. 피곤하고 기운이 없었다.	0	1	2	3
7. 내가 잘못했거나 실패했다는 생각이 들었다./혹은 자신과 가족을 실망시켰다고 생각했다.	0	1	2	3
8. 신문을 읽거나 TV를 보는 것과 같은 일상적인 일에도 집중할 수가 없었다.	0	1	2	3
9. 차라리 죽는 것이 더 낫겠다고 생각했다./혹은 자해할 생각을 했다.	0	1	2	3

출처: 안재홍, 서은란, 임경희, 신재현, 김정범(2013).

각 칸별로 점수를 더하시오.

총점에 따른 결과

1~4점=우울증 아님, 5~9점=가벼운 우울증, 10~19점=중간 정도의 우울증, 20~27점=심한 우울증

이 장의 요약

- **자살 위기 평가의 목적**
  - 자살 위기 평가를 통해 적절한 개입 행동과 방법을 설정하기 위함
  - 자살 위기 평가를 통해 가능한 자원 동원
  - 자살 위기 평가를 통해 자살 예방

- **자살 위기의 징후**
  - 고통과 절망감, 학업 적응 문제, 문제 해결력의 결핍, 개인적 트라우마 사건, 지연된 애도, 충동성, 신체적 민감성, 비난의 소리에 민감한 성향을 보인다.
  - 자살위기자들은 누군가에게 암시적인 메시지를 남긴다. 미화하여 이야기한다. 위생 상태가 좋지 않다. 우울 정서를 가지고 있다. 사물과 사람에 대한 흥미를 잃어버린다. 약물남용, 이전의 자살시도 경험 등

- **자살 징후를 물어볼 때 주의할 점**
  - 자살에 대해 구체적으로 물어본다.
  - 공감과 관심의 표현을 한다.
  - 비밀보장을 한다고 약속하지 않는다.
  - 생명존중 서약서를 작성한다.

생각해 볼 거리

1. 자살 위기 평가를 할 때 주의해야 할 점은 무엇이 있을지 생각해 봅시다.

- -

- -

- -

- -

- -

2. 자살 위기 평가 시 나에게 가장 잘 맞는 평가 방법과 도구는 무엇일지 생각해 봅시다.

- -

- -

- -

- -

- -

3. 자살 위기 평가 검사 도구를 사용할 때 어려운 점이 무엇이 있을지 생각해 봅시다.

- -

- -

- -

- -

- -

참고문헌

김지은, 강은정, 정진욱, 백종우(2013). 한국형 자살 위험 스크리닝 도구와 타당성. 한국콘텐츠학회논문지, 13(3), 240-250.

박상칠, 조용범(1998). 자살 예방할 수 있다: 자살 위기 극복을 위한 안내서. 서울: 학지사.

안재홍, 서은란, 임경희, 신재현, 김정범(2013). 한국어판 우울증 선별도구(Patient Health Questionnaire-9 DHQ-9)의 표준화 연구. 생물치료정신의학, 19(1), 47-56.

정동희, 함봉진, 문정윤, 심은정(2020). 만성신체질환자의 자살 위험 선별 및 평가도구의 심리측정 속성: 체계적 문헌고찰. 한국심리학회지: 건강, 25(5), 835-860.

APA (2016). 정신질환의 진단 및 통계편람(5판). 권준수 외 공역. 서울: 학지사.

Albert R. R., & Ottens, A. J. (2005). The seven-stage crisis intervention model: A road map to goal attainment, problem solving, and crisis resolution. *Brief Treatment and Crisis Intervention*, 5(4), 329-339.

Rosenfeld, B., Breitbart, W., Galietta, M., Kaim, M., Funesti-Esch, J., Pessin, H., Nelson, C. J., & Brescia, R. (2000). The schedule of attitudes toward hastened death: Measuring desire for death in terminally ill cancer patients. *Cancer*, 88(12), 2868-2875.

https://blog.naver.com/PostView.nhn?blogId=haengbbok&logNo=221972801317&categoryNo=130&parentCategoryNo=0

제10장

스트레스 평가

현명호(중앙대학교 심리학과 교수)

이 장의 목적

1. 참여자가 스트레스에 대하여 총체적인 이해하도록 돕는다.
2. 세 가지 스트레스(일상의 걱정거리, 스트레스, 외상 사건)를 이해하도록 돕는다.
3. 스트레스에 대한 3단계의 인지적 평가를 이해하도록 돕는다.
4. 참여자가 자신의 스트레스에 대한 인지적 평가를 실천해 보도록 돕는다.

보통 청소년 시기를 '질풍노도의 시기'라고 한다. 이는 청소년이 이전 시기와는 다르게 내적으로 복잡하고 격정적이며 예측이 불가능한 경험을 한다는 의미이기도 하고, 외적으로도 학업과 진로 문제, 대인관계의 확대, 다양한 선정적 자극에 노출 등을 경험하는 시기라는 의미도 가지고 있다. 이처럼 복잡하고 다변적이며 새로운 자극에 노출되면서 청소년은 스트레스를 경험하게 된다. 정체감을 형성해야 하는 청소년의 발달과업과 다변하는 주변 환경은 스트레스로 작용하게 된다.

대학생 시기는 자율적으로 학습을 기획하고, 시간 관리를 하여야 하며, 미래를 계획한 대로 구성하기 시작하는 시기이다. 새로운 친구를 사귀고 이성 친구와 관계를 형성하는 과정에서 새로운 기술을 학습한다. 미래를 계획하면서 직업을 탐색하게 되고 이를 위한 준비를 하게 된다. 이러한 스트레스를 경험하면서 어떤 대학생은 적절히 대처하고 극복하여 성장을 하기도 하고, 어떤 대학생은 굴복하여 정체되고 다양한 문제행동을 경험하기도 한다. 이 장은 청소년과 대학생이 경험하는 스트레스에 대한 총체적 이해를 시작으로 세 가지 스트레스를 소개한다. 또한 스트레스에 대한 인지적 평가를 소개하고 이를 실천해 볼 수 있는 활동을 실시한다.

1. 스트레스에 대한 이해

1) 스트레스 이해하기

통계청의 2020년도 자료를 보면 중·고등학교 시기에 해당하는 13~18세의 청소년은 가장 큰 고민거리로 학업 문제를 지목하였고, 대학생 시기에 해당하는 19세 이상 24세 이하 청년의 가장 큰 고민거리는 진로 문제라고 하였다. 한편, 학생생활상담소를 방문한 대학생이 상담받고 싶어 하는 주 호소 문제는 성격 문제, 대인관계 문제 그리고 정서 문제가 상위를 차지하고 있고, 가정 문제와 진로 문제가 그 뒤를 잇고 있는 것으로 조사되었다(서강대 학생생활상담연구소, 2021).

이 중 학업과 관련하여 생각해 보자. 대학교 3학년인 A는 기말시험을 앞두고 있다. 대학원에 진학하고자 하는 A가 가고 싶어 하는 전공 담당 교수의 과목 시험이 이번 시험에 포함되어 있다. 걱정이 많은 A는 시험을 볼 날이 다가오자 가슴이 두근거리고 머

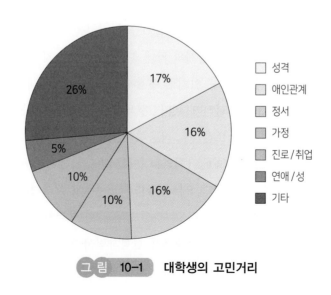

그림 10-1 대학생의 고민거리

리가 지끈거리면서 배가 아프고 소화가 안 되는 신체적 증상을 경험하기 시작하였다. 잠이 오지 않고 매사 걱정이 될 뿐 아니라 걱정하지 말고 마음 편하게 시험을 보라는 어머니의 말씀에 짜증이 나며, 시험을 망칠 것이 분명하다는 생각을 하고 있다. 같은 반의 B는 시험을 학교 공부의 한 과정으로서 생각하고 계획을 세워 준비하는데 큰 걱정과 특별한 어려움을 경험하지 않는 것 같다. 당연히 B가 나보다 성적이 좋을 것이라고 생각하니 B가 밉게 느껴진다. 우리는 이때 A는 기말시험으로 인해 스트레스를 경험하고 있다고 말할 수 있다.

　A가 스트레스를 받고 있다고 판단한 근거는 무엇인가? 어떤 측면에서 A는 스트레스를 받고 있다고 진단한 것인가? 스트레스는 크게 자극으로, 반응으로 그리고 환경과 유기체의 상호작용으로 보는 세 가지 측면에서 정의할 수 있다. 그것을 각각 살펴보면 [그림 10-2]와 같다.

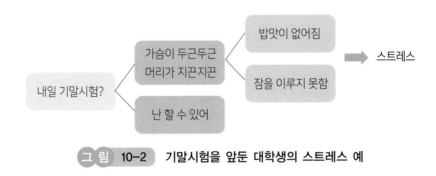

그림 10-2　기말시험을 앞둔 대학생의 스트레스 예

(1) 자극으로서의 스트레스

스트레스가 될 만한 생활 사건이나 자극 등의 외부 사건을 스트레스로 보는 것을 말한다. 예를 들어, 앞의 A가 기말시험을 보게 되었다는 것은 생활의 변화를 요구한다. 또는 갑자기 병에 걸리거나 이사를 하게 되어도 생활의 변화가 필요하게 되는데 이러한 상황은 개인에게 스트레스가 된다. 그런데 이러한 생활의 변화가 완성되거나 원래의 상태로 돌아가면 스트레스가 소멸된다. 이렇게 보는 것이 자극으로서 스트레스를 정의하는 입장이다.

- 기말시험이라는 생활의 변화가 생겼다.
- 갑자기 병에 걸렸다.

- 오늘은 취업이 되어 첫 출근하는 날이다.

자극으로서의 스트레스를 보는 입장은 앞의 예에서 볼 수 있는 것처럼 취업이 되어 첫 출근하는 상황에 대한 설명이 어렵다. 취업이 되었다면 누구나 대부분 행복한 사건으로 받아들여서 스트레스를 경험하지 않을 것이다. 그러나 어떤 사람은 지방에 위치한 회사에 근무하기 위해 가족을 떠나 타지로 이사를 가서 혼자 자취를 하게 되어 스트레스를 경험할 수 있다. 이처럼 어떤 상황의 변화는 그 사람이 처해 있거나 가지고 있는 자원의 유형이나 양에 따라 스트레스가 되기도 하고 그렇지 않기도 하다. 따라서 스트레스를 명확하게 설명하기 어렵다는 문제가 있다.

(2) 반응으로서의 스트레스

기말시험을 앞두고 소화가 안 되고 잠이 오지 않을 수 있다. 가슴이 두근두근하고 머리가 지끈거리며 아플 수 있다. 그러면 우리는 그 학생이 스트레스를 받고 있다고 말할 것이다. 이와 같이 개인이 보이는 반응을 보고 스트레스를 정의할 수 있다. 이것이 반응으로서 스트레스를 정의하는 방법이다.

- 가슴이 두근거린다.
- 잠을 이루지 못한다.
- 밥맛이 없다.

반응으로서 스트레스는 비교적 정확하게 그 사람이 처한 상황을 잘 설명한다는 장점이 있다. 하지만 새로 소개를 받을 이성 친구가 누구일까 궁금하고 빨리 만나고 싶어서 가슴이 두근거린다면 이것도 스트레스라고 말할 수 있을까? 사람들이 어떤 자극을 받았을 때 나타나는 생리적 반응과 신체 반응은 우리가 쉽게 구분할 수 있을 정도로 다르지 않다. 즉, 사람들은 상당 기간 음식을 섭취하지 못해서 배 속에서 꼬르륵 소리가 날 수도 있지만 저녁에 먹을 음식을 상상하는 즐거운 상태에서도 그런 반응이 나타날 수 있다. 그런데 반응으로서 스트레스 역시 그 상황을 고려하지 않는다면 스트레스인지 아닌지를 정확하게 분별할 수 없다.

(3) 환경과 유기체의 상호작용으로서의 스트레스

기말시험이라는 상황을 앞두고 사람들은 자신의 상황에 따라 반응이 달라진다. 그러므로 스트레스를 정의할 때 환경 자극의 변화와 그러한 변화에 대한 유기체의 반응을 함께 고려하여 스트레스로 정의하여야 한다. 이러한 정의는 개인이 외부 자극의 변화를 어떻게 받아들이는가와 그것에 어떻게 반응하는가를 함께 고려하여야 함을 강조한다. 즉, 자극의 수용이나 반응의 결정에 있어서 개인차가 있음을 인정한다.

이성 친구가 놀이동산에서 스릴을 느낄 수 있는 놀이 기구를 즐기는데, 함께 놀러 간 친구는 공포를 느끼거나 불안감을 경험할 수 있다. 두 사람이 모두 가슴이 쿵쿵 뛰더라도 한 사람은 곧 경험할 스릴을 기대하느라 그렇지만, 다른 사람은 무슨 일이 일어나면 어떻게 하는가 하는 불안감 때문에 가슴이 뛸 수 있다. 이처럼 그 사람이 환경을 어떻게 지각하고 평가하는가와 환경의 변화가 얼마나 크고 강한가, 그리고 그 사람이 그 자극에 얼마나 취약한가와 같은 개인적 요인에 중요성을 두는 것이 바로 환경과 유기체의 상호작용으로서 스트레스를 정의하는 입장이다.

2) 스트레스를 일으키는 상황

스트레스를 일으키는 상황은 〈표 10-1〉과 같은 특징을 가지고 있다. 진학이나 질병과 같은 생활의 전환이 요구되거나 시험 시간이 급작스럽게 당겨지거나 늦어지는 것과 같은 예상하지 못한 변화는 스트레스를 일으킨다. 시험을 보고 난 후 자신의 성적을 모르고 있을 때나 자신이 어떤 직업을 가져야 하는지 확신을 가지고 있지 못한 채 결정해야 하는 것 같은 모호한 상황도 학생에게 스트레스가 될 것이다. 또는 시험을 잘 보지 못했거나 군에 입대하는 경우처럼, 일반인도 선호하지 않을 만한 상황을 직면하거나 친한 친구가 전학이나 사망 등으로 이별을 해야 하는 경우와 쉽게 치료되지 않는 질병에 걸리는 것처럼 자신이 통제할 수 없는 상황을 만날 때에도 스트레스를 경험하게 된다.

표 **10-1**   **스트레스를 일으키는 상황의 특징**

특징	설명과 예시
생활의 전환	생활 환경이나 상태가 변하는 경우 예) 진학, 질병
예상하지 못한 변화	예상한 일이 빠르거나 느리게 발생하는 경우 예) 시험 일정의 변화
모호한 상황	명확하게 판단할 수 없는 경우 예) 적성이나 흥미를 모르는 채 진로 결정하기
원하지 않는 상황	일반적으로 사람들이 선호하지 않는 상황 예) 시험의 실패, 데이트 상대의 폭력적 행동을 목격
통제할 수 없는 상황	행동이나 생각으로 상황을 통제할 수 없는 경우 예) 친한 친구와의 이별, 질병

출처: Lazarus & Folkman (1984)의 예를 일부 수정하였음.

2. 스트레스의 분류

이러한 스트레스 상황은 그 강도에 따라 크게 세 가지로 나눌 수 있다. 그것은 일상의 소소한 걱정거리와 스트레스 그리고 외상 사건이다.

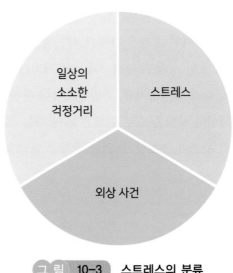

그림 **10-3**   **스트레스의 분류**

1) 일상의 소소한 걱정거리

소소한 걱정거리는 가벼운 문제로 볼 수 있다. 하지만 소소한 걱정거리가 반복되고 지속되면 우리의 신체건강과 정신건강에 부정적인 영향을 주게 된다.

이러한 상황은 대부분 일시적이고 그 상황을 벗어나면 잊게 되지만, 유사한 경험을 반복하면 스트레스가 된다. 소소한 스트레스의 상당 부분은 자신과 직접 관계되지 않은 일회적이고 우연한 사건으로 구성되어 있다. 하지만 일부는 개인적으로 중요한 일과 깊은 관계를 가지고 있기도 하다. 예를 들어, 등교 시간에 늦었는데 버스 내에서 승객 간에 소란이 벌어졌다고 가정해 보자. 이 사건은 학생이 직접 관계된 사건이 아니다. 하지만 지각을 용납하지 않는 교수의 과목에 지각을 하게 된 학생이라면, 이를 성적 및 진학과 관련된 문제로 연결 지어 생각하게 될 것이다. 이처럼 청소년기의 학업과 성적, 외모에 대한 관심, 자기정체감의 모호함과 관련될 때 사소한 걱정거리라고 하더라도 청소년에게 가해지는 스트레스의 정도는 매우 크다.

- 등교 시간에 늦었지만, 공사를 하고 있어서 돌아가야 함
- 도서관에서 공부를 하는데 주변에서 떠들어서 방해가 됨
- 뚱뚱해서 몸에 자신이 없는데, 누군가 나를 유심히 쳐다 보는 것을 발견함
- 화가 나고 자존심이 상함

2) 스트레스

- 이성 친구와 갑작스럽게 헤어짐
- 건강의 이상 발견
- 부모의 이직으로 전학을 가게 됨
- 새로운 친구와 담임선생님을 만나야 함
- 시험에서 실수로 답안지를 잘못 작성함

스트레스는 개인적으로 중요한 의미를 두는 사건이 발생하는 것을 말한다. 갑작스러운 이별, 건강 문제, 시험이나 면접에서의 실수 등이 이에 속한다.

이처럼 외견상 부정적인 사건만이 아니라 긍정적으로 생각할 수 있는 사건도 스트레스가 될 수 있다. 취업을 했는데 이를 위해 타지로 이주해야 하거나, 프레젠테이션에서 칭찬을 받은 후 친구들이 계속 발표를 나에게 요청하는 것은 외견상 긍정적인 사건일지라도 꼭 좋은 일만은 아니다. 대개 스트레스 사건을 경험하면 그 당시에는 상당한 스트레스 반응을 보이게 된다. 매우 슬퍼하거나 괴로워하고 우울감과 불안감, 분노를 경험하기도 하고 신체적으로 다양한 증상을 보고하기도 한다. 그러나 대부분은 시간이 지나면서 이를 극복하게 되어 스트레스를 덜 경험하게 된다. 하지만 어떤 사람은 스트레스에 적절히 대처하지 못하고 극복하지 못하여 좌절하기도 하는데, 이렇게 될 때 적응장애 등의 진단을 받게 된다.

〈표 10-2〉는 지각된 스트레스 척도이다. 다음 질문을 읽고 자신이 스트레스를 받고 있는 정도를 표시하여 보라.

표 10-2　지각된 스트레스 척도

다음의 문항은 지난 한 달간 당신의 감정과 생각에 대한 질문이다. 각 질문에 대해 얼마나 자주 그러했는지 비슷하다고 생각되는 것을 하나 골라 ○표 하시오.

번호	지난 한 달 간	전혀 없었다	거의 없었다	가끔 있었다	자주 있었다	매우 자주 있었다
1	예상치 않게 생긴 일 때문에 속상한 적이 얼마나 자주 있었습니까?	0	1	2	3	4
2	중요한 일을 조절할 수 없다고 느낀 적이 얼마나 자주 있었습니까?	0	1	2	3	4
3	불안하고 스트레스 받았다고 느낀 적이 얼마나 자주 있었습니까?	0	1	2	3	4
4	개인적인 문제를 잘 처리할 수 있다고 자신감을 가진 적이 얼마나 자주 있었습니까?	0	1	2	3	4
5	일이 뜻대로 진행되고 있다고 느낀 적이 얼마나 자주 있었습니까?	0	1	2	3	4
6	자신이 해야 할 모든 일에 잘 대처할 수 없었던 적이 얼마나 자주 있었습니까?	0	1	2	3	4
7	일상에서 짜증나는 것을 잘 조절할 수 있었던 적이 얼마나 자주 있었습니까?	0	1	2	3	4
8	자신이 일을 잘 해냈다고 느낀 적이 얼마나 자주 있었습니까?	0	1	2	3	4
9	자신의 능력으로는 어떻게 해 볼 수 없는 일 때문에 화가 난 적이 얼마나 자주 있었습니까?	0	1	2	3	4
10	어려운 일이 너무 많아져서 극복할 수 없다고 느낀 적이 얼마나 자주 있었습니까?	0	1	2	3	4

출처: 이종하 외(2012).

* 19점 이상이면 스트레스를 받고 있음을 의미한다.

3) 외상 사건

외상 사건이란 일생에 한 번이나 경험할 만한 극단적인 스트레스 사건으로, 자신의 생명이나 정체에 대한 위협을 경험하는 것을 말한다.

- 전쟁이나 지진, 테러 등의 재난 사건
- 학교생활 중 폭력 사건의 경험
- 아동기의 신체적 학대
- 반복적인 대인관계 스트레스의 경험
- 집단폭력, 교통사고 혹은 일시적인 학대의 경험
- 왕따, 빵셔틀 등과 같은 지속적인 피해
- 부모의 알코올중독이나 부부 갈등으로 인한 긴장감
  ➡ 생명이나 신체에 직접 위해를 당하지 않았지만 반복적으로 간접적인 외상경험을 하는 복합외상(Complex trauma)

외상 사건은 그 자체의 강도와 지속력이 일상적인 스트레스보다 강하기 때문에 이로 인해 경험하는 스트레스 반응도 매우 극심하다. 대부분 일반적인 스트레스 반응에 더하여 외상 사건을 꿈이나 회상과 같은 방법으로 재경험하고, 정서적으로 각성이 증가하여 매우 예민해지며, 이러한 상황을 회피하려는 회피 행동을 하기도 하고, 감정과 생각이 부정적으로 변한다. 극단적으로는 조현병과 같은 증상을 보일 수도 있고, 자살을 시도하기도 한다. 또한 갑작스럽게 암과 같은 면역계 질병이나 심장병 같은 순환계 질병에 걸리는 경우도 발견된다.

3. 스트레스와 스트레스의 인지적 평가

1) 스트레스에 대한 인지적 평가

스트레스 사건을 경험하게 되면 사람들은 이 사건이 가지고 있는 의미와 사건의 중요성 등을 평가한다. 이러한 평가는 스트레스에 대한 반응을 결정하여 준다. 그런데 대부분의 스트레스 사건은 이것이 얼마나 중요하고, 그 의미가 무엇인지를 판단할 객관적 근거가 부족하다. 따라서 이러한 평가는 상당히 주관적으로 일어날 수밖에 없다. 라자루스와 포크먼(Lazarus & Folkman, 1984)은 스트레스에 대한 평가를 세 단계로 나누어 설명하였다.

(1) 첫 번째 단계: 1차 평가

스트레스 사건에 대해 우리가 의미를 부여하는 것을 말한다. 갑작스럽게 교양과목 강사가 쪽지 시험을 치른다고 하거나 등굣길에 지하철이 지연되는 사건이 일어났다고 하자. 이러한 사건이 과연 나에게 해가 되는가를 묻는 것이 1차 평가 과정이다. 1차 평가를 할 때 사람들은 이것이 나와 관련된 것인가, 내게 도움이 되는 것이거나 긍정적인가, 아니면 도전적이거나 해로운 것인가를 판단을 하게 된다. 만약 나와 무관하거나 긍정적인 것으로 판단하면 스트레스가 되지 않는다. 그러나 도전적이고 해롭다고 판단하게 되면 스트레스가 되는 것이다. 따라서 스트레스를 경험할 때 생리적 각성이나 정서 반응이 나타나고, 그 사건에 대한 부정적인 생각을 반복하게 된다.

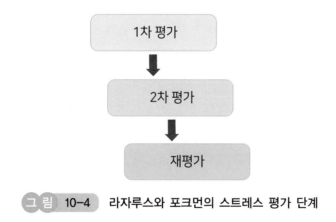

그림 10-4 라자루스와 포크먼의 스트레스 평가 단계

(2) 두 번째 단계: 2차 평가

2차 평가는 사건이 도전적이거나 위협적이라고 판단한 후에 이루어지는 과정이다. 이러한 위협을 극복할 수 있을까? 극복할 수 있는 수단을 가지고 있는가? 아니면 회피하여야 하는가? 회피는 가능할까? 극복하는 방법과 회피하는 방법 중 어느 것이 비용과 노력이 적게 들까? 나를 도와줄 수 있는 사람이 주변에 있는가? 그 사람에게 이 문제를 도울 수 있는 역량이 있는가?

이처럼 스트레스에 대처하기 위해 자신이 무엇을 할 수 있고, 내가 어떤 자원을 가지고 있는지를 판단하는 과정이 2차 평가 과정이다. 예를 들어 보자. 학기 초에 기말시험이 없다는 것을 강의계획서에 보았는데, 학기 말에 갑자기 시험을 본다고 담당 교수가 통보하였다고 하자. 아마 이러한 상황은 일차적으로 스트레스로 판단이 될 것이다. 그런데 이 과목이 매우 재미있어서 관심을 가지고 열심히 공부하였던 사람에게는 스트레스가 되지 않을 것이다. 기말시험의 비중이 낮고 이미 이전에 얻어 놓은 점수가 높다면 스트레스가 되지 않을 것이다. 물론 함께 시험공부를 하자면서 권한 친구가 이 과목에 상당한 실력이 있는 사람이라면 역시 자신감이 높아지면서 스트레스를 적게 경험할 것이다. 그러나 관심이 없어서 열심히 공부하던 과목이 아니거나, 시험 점수의 비중이 높다면 아마 스트레스를 크게 경험할 것이다.

데이트 폭력을 경험하고 있는 학생이 이를 피할 수 있는 방법을 생각해 보아도 가해자가 집요하게 따라오는 경우라든가, 경찰에게 신고를 하여 도움을 청하였는데 별다른 도움을 받지 못하게 되면 극심한 스트레스를 경험할 것이다. 대학 동기 중 체육을 전공하는 친구가 도움을 주거나 가해자가 경찰에 체포되었다면 이것이 심리적 자원으로 작용하여 스트레스를 경험하지 않게 된다.

(3) 세 번째 단계: 재평가

스트레스 사건을 직면하게 되면 앞에서 설명한 것처럼 1차 평가와 2차 평가 과정을 통해 스트레스가 되는지를 평가하고 다양한 방식으로 이에 대응하게 된다. 직면하여 문제를 정면 돌파하거나 문제를 해결할 수 없으니 잠시 회피할 것이다. 이러한 사건을 도전이라고 생각하여 이겨 낼 수 있는 자원을 찾아서 동원하기도 한다. 그리고 그 방법이 과연 성공적 결과를 가져왔는지 아니면 실패하였는지를 수시로 판단하게 된다. 이처럼 자신의 대처 방법이 성공하였는지와 실패하였는지를 평가하는 과정이 재평가 단계이다.

갑작스러운 시험에 잘 대응하였고, 그 방법으로 당황하지 않고 짬을 내어 책을 읽은 것이 성공의 원인이었다고 판단되면 유사한 상황과 맞부딪히게 될 때 자신감을 잃지 않고 적극적으로 대응하게 될 것이다. 이제 시험이라는 사건은 이 사람에게 스트레스로 작용하지 않게 될 뿐 아니라 도리어 이 사건을 자신의 성장을 위한 기반으로 사용하기도 한다. 이는 역경 후 성장이라고 일컬을 수 있다.

재평가 결과 자신의 대처 방식이 성공적이지 못하였다고 판단하게 된다면 스트레스가 감소하지 않거나 성장이 이루어지지 않을 것이다. 만약 대처 반응이 성공적이지 못하였고, 그래서 이 사건을 위협으로 보게 되었다면 1차 평가에서 파괴적이거나 부정적인 사건이 아니라고 판단하였던 사건도 이제는 해로운 사건으로 평가하게 될 것이다. 대처할 수 있는 자원과 능력이 있다고 생각하여 2차 평가에서 대수롭지 않게 판단했던 것이 이제는 극복하기 어려운 사건으로 판정되어 스트레스가 증가할 수도 있다.

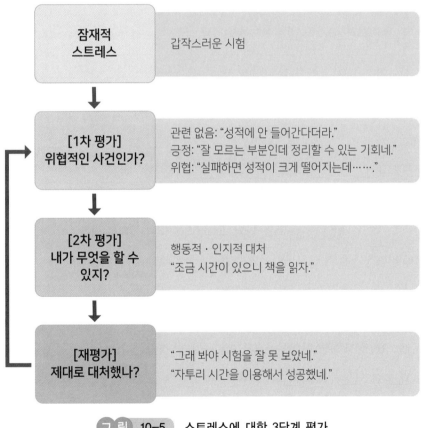

그림 10-5 스트레스에 대한 3단계 평가

어떤 스트레스를 경험했나요?
- _____
- _____

1차 평가를 해 봅시다. 위협적인 사건인가요?
- _____
- _____

2차 평가를 해 봅시다. 내가 무엇을 할 수 있을까요?
- _____
- _____

재평가를 해 봅시다. 제대로 대처를 한 것 같나요?
- _____
- _____

그림 10-6 나의 스트레스에 대한 인지적 평가

2) 스트레스의 영향

스트레스를 경험하면 사람들은 다양한 문제를 경험한다. 이러한 문제를 구분하여 살펴보면 먼저 신체적 문제를 들 수 있고, 정서 문제, 인지 문제와 대인관계 문제 등 심리적 문제를 들 수 있다.

(1) 신체적 문제

스트레스를 경험하면 사람들은 교감신경계가 활성화된다. 셀리에(Hans Selye, 1907~1982)는 스트레스를 경험할 때 사람들의 신체 반응을 설명하기 위해 일반적응증후군(general adaptation syndrome)이라는 개념을 도입하였다. 그는 사람들이 스트레스에 직면하게 되면 투쟁할 것인가와 도피할 것인가 중 하나를 선택하게 된다고 보았다. 이때 투쟁을 선택하든 도피를 선택하든 적절하게 반응할 준비를 해야 한다. 이 단계가 바로 경고 반응 단계이다. 경고 반응 단계에서 교감신경계가 활성화되어 심장박동이 증가하고, 근육이 긴장하며, 소화액의 분비가 감소한다. 이는 스트레스 상황에 대응하거나 피하기 위해 준비하고 있어야 하기 때문에 에너지를 가장 효율적으로 사용할 수 있도록 신체 각 부위에 분배하려는 노력을 반영한다.

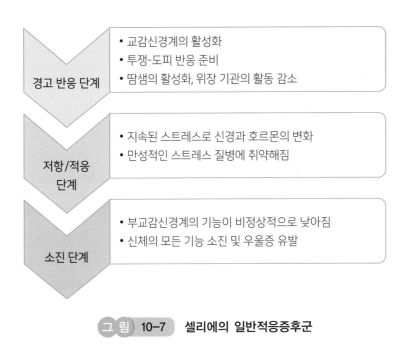

경고 반응 단계
- 교감신경계의 활성화
- 투쟁-도피 반응 준비
- 땀샘의 활성화, 위장 기관의 활동 감소

저항/적응 단계
- 지속된 스트레스로 신경과 호르몬의 변화
- 만성적인 스트레스 질병에 취약해짐

소진 단계
- 부교감신경계의 기능이 비정상적으로 낮아짐
- 신체의 모든 기능 소진 및 우울증 유발

그림 10-7 셀리에의 일반적응증후군

스트레스가 곧 사라지면 좋겠으나 그렇지 않고 강력한 스트레스를 지속적으로 받게 되면 신체는 이에 대하여 저항을 하게 된다. 이 시기가 저항 단계이다. 저항기에는 신체 내에 보유하고 있던 에너지를 최대한 사용하여 스트레스에 반응하게 된다. 그럼에도 불구하고 스트레스가 종식되지 않으면 우리의 신체는 소진기에 도달하게 된다.

신체 내의 모든 에너지와 자원을 소진한 상태가 되면 다양한 신체 문제가 발생한다. 소화 기능의 장애, 심혈관계의 장애, 성기능 장애나 호흡기와 피부 등의 질병, 면역 능력의 저하로 인한 각종 감염과 암의 발생 등이 스트레스가 지속될 때 신체에서 일어날 수 있는 문제로 거론할 수 있다. 물론 이러한 상황이 더욱 지속된다면 사망에까지 이르게 된다.

(2) 심리적 문제

스트레스를 받으면 신체는 각성하게 된다. 이러한 신체적 각성은 심리적으로는 긴장감과 불안감으로 지각되는 경향이 있다. 불안에 휩싸이면서 스트레스에 적절히 대처하지 못하는 모습을 통해 자책감과 수치감 그리고 우울감을 경험할 수도 있다. 또한 내가 왜 이처럼 힘든 상황을 겪고 있는가 하는 생각에 스트레스를 주는 상황이나 사람에게 극심한 분노를 경험하기도 한다.

정서적으로 부정적인 경험을 하게 되면 사람들은 주의의 범위가 협소해진다. 주의가 협소해지면 기억 과정에 주의를 기울이지 못하여 기억이 방해되거나 망각을 경험할 뿐 아니라 중요한 일과 중요하지 않은 일을 구분하지 못하게 된다. 창조적인 사고를 유지하지 못하는 것은 말할 것도 없고, 문제를 해결하지도 못한다. 사고가 부정적으로 변하여 자신이나 자신의 상황 그리고 미래에 대해 부정적 판단을 하여 극단적으로는 자해나 자살과 같은 행동을 하기도 한다.

(3) 역경 후 성장

스트레스의 영향이 부정적인 것만은 아니다. 앞에서 설명한 것과 같이 스트레스는 상당히 부정적인 영향을 줄 수 있지만, 살아가면서 스트레스를 경험하지 않을 수는 없다. 특히 청소년기에서 성인기로 이행하는 대학생 시기는 성공적으로 스트레스를 이겨 내거나 스트레스를 감내하여야 한다. 이러한 과정에서 스트레스를 이겨 내거나 스트레스에 성공적으로 대처하게 되거나 혹은 스트레스를 적절히 극복하지 못하였을 때에도 그 안에서 삶에 대한 새로운 조망을 갖게 되면서 성장을 하는 경우도 있다. 이러한 과정을 역경 후 성장 혹은 외상 후 성장이라고 한다. 이러한 성장을 경험하기 위해서는 평소에 자신만의 스트레스 대처 전략이나 방식을 가지고 있을 필요가 있다. 특히 그 방식이 건설적이고 생산적이며 긍정적이라면 성장 가능성은 더욱 높아진다. 따라서 그러한 대처 전략을 평소 꾸준히 연습하고 자신의 것으로 소화하여 두는 것이 필수적이라고 볼 수 있다.

이 장의 요약

- **스트레스는 크게 세 가지로 나누어 볼 수 있다.**
  - 자극으로서의 스트레스
  - 반응으로서의 스트레스
  - 환경과 유기체 사이의 상호작용으로서의 스트레스

- **스트레스를 일으키는 여러 가지 상황의 특성이 있다.**
  - 생활의 전환, 예상하지 못한 변화, 모호한 상황, 원하지 않는 상황, 통제할 수 없는 상황

- **스트레스는 크게 세 가지로 분류할 수 있다.**
  - 일상의 소소한 걱정거리
  - 스트레스
  - 외상 사건

- **스트레스에 대한 인지적 평가는 3단계로 이뤄진다.**
  - 1차 평가: 스트레스 사건에 대해 우리가 의미를 결정하는 것
  - 2차 평가: 사건이 도전적이거나 위협적일 때 대처하기 위한 과정
  - 재평가: 대처 방법에 대해 평가하는 과정

- **스트레스의 영향**
  - 신체적 문제: 심혈관계, 소화계, 호흡계 등의 문제와 면역력의 저하
  - 심리적 문제: 불안과 긴장, 집중력의 저하와 문제 해결력의 저하
  - 역경 후 성장: 스트레스를 극복하였을 때 일어나는 긍정적인 성장

생각해 볼 거리

1. 한 개인의 인지적 평가가 스트레스의 유무를 결정한다는 것에 대해 생각해 봅시다.

_____

_____

_____

_____

_____

_____

_____

2. 스트레스에 적극적으로 대처해 나갈 수 있는 인지적 평가에 대해 생각해 봅시다.

_____

_____

_____

_____

_____

_____

_____

참고문헌

서강대학교 학생생활상담소(2021). 학생생활상담연구소 2019학년도 활동보고(2019. 3. 1.~
　　　　2020. 2. 29.). 서강상담연구, 13, 135-152.
이종하, 신철민, 고영훈, 임재형, 조숙행, 김승현, 정인과, 한창수(2012). 한글판 스트레스 자각척
　　　　도의 신뢰도와 타당도 연구. 정신신체의학, 20(2), 127-134.
통계청(2021). 2021 청소년 통계. 서울: 통계청, 여성가족부.

Lazarus, R. S., & Folkman, S. (1984). *Stress, appraisal, and coping*. New York: Springer.
Straub, R. O. (2015). 건강심리학 [*Health psychology: A biopsychosocial approach* (4th ed.)].
　　　　(황석현, 김은정, 신현균, 이훈진, 정희연, 조용래, 최삼욱, 손재민 공역). 서울: 시그마프레
　　　　스. (원저는 2014년에 출판).

제11장

청소년과 대학생 자살의 위험요인과 보호요인

조흥식(서울대학교 사회복지학과 명예교수)

이 장의 목적

1. 자살행동을 자살 생각에서 자살 의도 그리고 자살시도에 이어서 자살(죽음)에 이르는 하나의 연속체로 이해하도록 한다.
2. 청소년과 대학생 자살의 다양한 위험요인에 대해 이해하도록 한다.
3. 위험요인을 명확히 하는 대화 방법을 실천해 볼 수 있도록 돕는다.
4. 청소년과 대학생 자살을 막아 주는 다양한 보호요인에 대해 이해하도록 한다.
5. 참여자가 보호요인을 떠올려 볼 수 있도록 돕는다.

　　대학생을 포함한 청소년 자살은 청소년의 다른 어떤 문제행동보다 그 심각성과 후유증이 크다. 다른 문제행동은 문제가 발생하고 난 후에 그에 대한 대처 노력을 통해 개선의 기회를 어느 정도 갖게 되지만, 자살의 경우에는 생명을 잃어버려서 이러한 기회마저 상실된다. 청소년과 대학생의 자살행동은 자살 생각에서 자살 계획, 자살시도에 이어서 자살(죽음)에 이르게 되는 하나의 연속체로 이해될 수 있다. 이러한 자살행동의 특성을 이해하는 것을 시작으로 자살의 다양한 위험요인과 보호요인에 대한 이해를 도모한다.

1. 연속체로서의 자살행동 이해

대학생을 포함한 청소년의 자살뿐만 아니라 중장년, 노인에 이르기까지 나타나는 자살은 자살행동(suicidal behavior) 그 자체만이 아니라 자살시도(suicide attempt), 자살의도(suicidal intent) 그리고 자살 생각(suicidal ideation)을 포함하는 일련의 과정을 갖는 행동으로 나타난다. 그러므로 자살행동을 자살 생각에서 자살 계획 그리고 자살시도에 이어서 죽음에 이르는 자살로 연결되는 하나의 연속체로 간주하여 자살행동의 출발을 자살 생각에서부터 찾아야만 자살을 사전에 예방하는 실마리를 발견할 수 있다.

다시 말하면, 자살을 생각에서 행동으로 연결되는 일련의 연속선으로 보게 될 때, 자살 생각이 많아지거나 잦아지면 자살행동을 하게 되는 등 자살 생각이 자살행동과 직접적인 상관관계를 갖기 때문에 자살 생각이 자살의 예측 지표가 될 수 있다. 실제 자살자의 상당수는 죽기 전에 자살 의도를 밝히는 것으로 알려져 있다. 종전과 다르게 말수가 줄어들거나, 식사량이 줄고 잠을 잘 이루지 못하거나, 유언의 말을 하거나, 친구, 의사, 성직자를 찾아가서 자살 의도를 내비치는 경우가 많다.

많은 연구 결과를 보면 자살 생각율이 높은 집단에서 자살시도율 역시 높은 것으로 나타났다. 그리고 자살시도는 결국 자살행동으로 이어져 나타나기 때문에 자살 예방 대책을 강구할 때는 자살 생각의 심각성 정도뿐만 아니라 자살 생각을 가지고 있는지의 여부를 파악하는 것이 대단히 중요하다고 할 수 있다.

따라서 청소년과 대학생 자살을 예방하기 위해서는 자살행동의 근원인 자살 생각을 유발하는 위험요인을 낮추고, 자살 생각을 방지하는 보호요인을 높이는 게 핵심이므로 여기서부터 출발해야 한다. 평소에 청소년과 대학생 자살로 이끄는 '위험요인'과 자살을 막아 주는 '보호요인'을 잘 파악함으로써 그들이 극단적인 위험 상황에 빠지지 않도록 도와줄 수 있다.

이상 자살의 위험요인과 보호요인의 관계를 요약하면 다음의 [그림 11-1]과 같다.

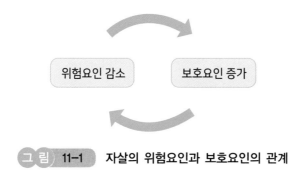

그 림 11-1   **자살의 위험요인과 보호요인의 관계**

2. 청소년과 대학생 자살의 위험요인

청소년과 대학생 자살의 위험요인은 매우 다양하여 특정한 원인에 의해 발생한다고 보기는 힘들다. 자살에 이르게 하는 과정상에 영향을 주었다고 생각되는 일반적인 요인들은 크게 네 가지로 볼 수 있다.

첫째, 개인의 경험과 성별, 심리적 특성 등과 관련된 개인적 요인이다. 둘째, 가정 내에서의 다양한 가족 요인이다. 셋째, 또래 친구, 교사와의 관계, 학교 내 자살 예방에

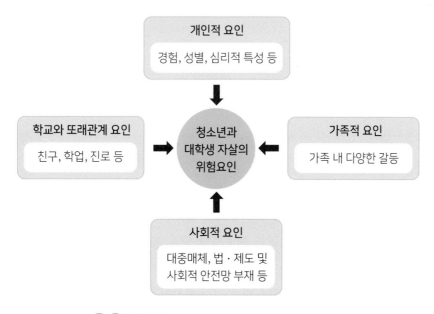

그 림 11-2   **청소년과 대학생 자살의 위험요인**

대한 상담 시스템 구축 등 학교와 또래관계 요인이다. 넷째, 자살 생각에 노출되어 있는 청소년과 대학생들에게 체계적으로 도움을 줄 수 있는 사회적 지지 기관과 제반 법·제도 그리고 사회 변화 등에 영향을 받는 사회적 요인이다.

이를 요약하면 [그림 11-2]와 같다.

1) 청소년 자살과 대학생 자살 간의 공통적인 위험요인

청소년 자살과 대학생 자살 간의 공통적인 위험요인을 개인·가족·학교와 또래관계·사회적 요인 등 네 가지 차원에서 살펴보면, 개인과 가족 두 집단의 공통적인 위험요인이 훨씬 많다.

(1) 개인적 요인

청소년과 대학생 자살의 공통적인 위험요인으로서 개인적 요인을 살펴보면 개인의 경험과 개인의 성별, 심리적 특성에서 오는 위험요인이 다수를 차지한다.

① 개인의 경험

개인의 경험과 관련된 자살의 공통적인 위험요인은 다음과 같다.

* 과거의 자살시도 경험
* 자살 사이트 방문 경험
* 음주, 흡연, 약물 사용 경험: 이러한 경험은 자살 생각보다 자살시도와 밀접한 연관성을 보임

② 개인의 성별 특성

자살 생각은 여자 청소년과 대학생이 남자 청소년과 대학생보다 양적으로 많지만 자살시도와 자살률은 여자 청소년과 대학생이 남자 청소년과 대학생보다 적은 게 일반적인 현상으로 나타나고 있음. 즉, 자살시도와 자살에 대한 행동은 남성이 많은 반면에, 자살 생각은 여성이 많이 하게 되는 것이 일반적으로 나타나는 현상이다.

③ 개인의 심리적 특성

절망감은 우울과 자살행동 간의 매개 요인이며, 자살행동 예측 시 우울보다 더 결정적이다.

절망감은 자살을 유발하는 가장 중요한 심리적 요인으로서 자살행동의 중요한 위험요인으로 알려져 있다. 자살시도 청소년과 대학생에게 그 이유를 물어보면 "살아갈 의미가 없다." "내가 너무 비참하고 불쌍하다." "죽는 수밖에는 방도가 없다." "나는 가족의 짐이기 때문에 내가 없어져야 한다." 등과 같이 절망감과 관련된 말로 대답한다. 절망감은 고통스러운 상황이 해결될 수 없거나 앞으로 더 악화될 것이라는 미래에 대한 비관적인 예상을 의미하므로 절망감을 '미래에 대한 부정적인 견해'로 개념화할 수 있다.

내담자는 자신이 처한 상황이 절망적이며 향후 개선될 여지가 없다고 믿기 때문에 상담자는 그의 절망감을 적절하게 공감해 줘야지 섣불리 반박하거나 비판해서는 안 된다. '적절한 공감'이란 내담자의 상태가 절망적이라는 것에 대한 인정이 아니라 내담자 자신이 처한 상황 인식을 부정적이거나 절망적인 것이 아닌 것으로 생각할 수 있도록 시간을 두고서 내담자를 기꺼이 수용하고 이해해 주는 것이 필요하다. 어느 정도 관계가 형성되면 "그 상황을 실패로 생각한다면 0점(절대 실패)에서 100점(절대 성공) 사이에서 몇 점 정도에 해당되는 실패인가요?" "만약 상황이 어떻게 변한다면 자살을 하지 않겠으며, 그렇게 상황이 변화될 가능성은 전혀 없는 건가요?" 등의 질문을 할 수 있다.

 다음과 같이 대화해 봅시다!

• 어떨 때 가장 절망적이었나요?
  - _____
  - _____
  - _____

• 그 상황을 실패로 생각한다면 0점(절대 실패)에서 100점(절대 성공) 중 몇 점일까요?
  - _____
  - _____
  - _____

• 상황이 어떻게 변한다면 자살하지 않겠으며, 그 상황이 변화될 가능성은 전혀 없나요?
  - _____
  - _____
  - _____

- 공격성과 충동성: 높은 공격성은 자살행동 재발의 위험성을 높임
- 중요한 목표의 실패에 따른 자책감 및 자기 처벌: 성적 하락, 이성 및 동성 친구관계의 실패 등의 결과임
- 복수심과 보복 심리: 자신에게 부당하게 대했다고 생각하는 가족이나 친구에 대한 보복
- 주술, 종교 등의 비합리적 신념: 영적 재생(부활)을 바라는 무의식적 소망을 갖게 됨
- 고통으로부터 해방: 정신적 스트레스와 신체적 질환으로부터 탈출
- 완벽성: 남의 비난에 민감하게 반응하고 높은 기준을 고집하는 완벽주의

④ 개인의 육체적 특성

만성 신체질환은 청소년과 대학생에게 절망감을 갖게 하는 요인이 될 수 있다.

(2) 가족 요인

- 가족 간 의사소통 부족, 부모와의 갈등과 소외감: 자살 생각의 위험성을 높이는 주요 원인
- 부모가 정신 병리를 보일 때, 즉 우울이나 다른 정신의학적 장애가 있을 때
- 부모의 신체 학대 및 성 학대
- 가족 성원 중에 알코올 중독, 약물남용 또는 반사회적 행동을 보이는 사람이 있을 때
- 부모의 범죄 경력 및 가족 성원의 자살 혹은 상실: 청소년의 자살시도와 깊은 연관성
- 가장의 실직과 빈약한 재정 상태

2) 청소년 자살과 대학생 자살 간에 차이가 나는 위험요인

청소년과 대학생 자살 간에 차이가 나는 위험요인은 학교와 또래관계 · 사회적 요인 등에서 주로 나타난다.

(1) 학교와 또래관계 요인

① 청소년 자살

- 또래와의 관계 어려움: 또래와의 일상적인 관계 어려움, 왕따, 집단 따돌림 등은 청소년 자살시도와 관련됨
- 친구의 죽음: 자살행동을 경험할 가능성을 높이기 때문에 과거에 친구의 죽음(특히 자살) 경험 확인 필요함
- 교사와의 갈등: 교사의 부정적 언행, 체벌, 편애 등과 관련됨
- 학업 성적으로 인한 좌절과 학업 실패
- 진로에 대한 고민
- 학교 내 자살 예방에 대한 상담 시스템의 미비

② 대학생 자살

- 선후배와 이성 및 동성과의 관계 어려움
- 학문 전공에 대한 학업 성적으로 인한 좌절과 학업 실패
- 직장과 결혼 등 자립생활과 연계된 인생 진로에 대한 고민
- 친구의 죽음: 자살 관련 행동을 경험할 가능성을 높이기 때문에 과거에 친구의 죽음(특히 자살) 경험 확인이 필요함
- 대학 내 자살 예방과 치료에 대한 서비스 지원 시스템의 미비

(2) 사회적 요인

① 청소년 자살

- 대중매체에서 제시되는 자살관이나 자세한 자살 소식: 자살 전염 효과, 모방 자살, 베르테르 효과의 영향을 쉽게 받을 수 있음
- 인간관계 중심의 사회적 지지의 결여: 청소년들의 자살행동에 대한 가장 좋은 예측 변인임
- 청소년에게 구조적으로 도움을 줄 수 있는 사회적 지지 기관과 제반 법 제도의 미흡
- 폭력적, 선정적이며 생명을 경시하는 대중문화: 폭력적 게임, 영화, 가학적 스포츠 경기 등
- 기성세대와의 가치관 차이: 연예인 마니아, 록·헤비메탈 음악에 심취, 정치 및

사회 문제 등에 대한 무관심
- 과잉 경쟁 사회: 불안과 우울을 갖게 함
- 치명적 수단의 접근 용이성: 인터넷 자살 사이트 접근, 자살 도구의 구매 용이성 등
- 학교 내외의 안전망의 결여: 학교 사회복지 서비스 제도와 정책의 미비

② 대학생 자살
- 현실에 대한 상실감, 고독, 혼돈에 따른 우울증이 대중매체나 다른 대학생의 자살 소식에 의해 영향을 받음
- 대학 등록금을 감당 못해 학교에서 자살하는 경우가 많음
- 취업의 불확실성으로 인한 미래에 대한 불안감
- 여대생은 외모, 남대생은 군대에 대한 고민이 자살과 연관성이 있음
- 기성세대가 만들어 놓은 현실적 부조리와 교육제도에 기인
- 사회안전망의 결여: 사회복지 제도와 정책의 미비

 다음과 같이 대화해 봅시다!

당신 주위에 '위험요인'을 가진 청소년들이 있다면 따스한 관심과 진실한 태도로 그들에게 다가가야 할 것입니다. 다만, 자살을 암시하는 표현을 하는 경우에는 직접적으로 자연스럽게 질문을 하여야 합니다. 직접적이고 단호한 질문이 오히려 믿음을 갖게 하기 때문입니다. "지금 자살에 대해서 생각하고 있다는 말인가요?" "그렇다."라고 대답하면 그다음으로 '자살 계획'을 세우고 있는지를 알아보아야 합니다. '자살 계획'이 구체적일수록 위험하다고 하겠습니다. 혼자서 그에게 도움을 주기가 힘드시면 많은 기관의 〈상담 사이트 안내〉에서 도움을 받으세요. 기꺼이 비밀리에 무료로 도움을 줄 수 있으니까요.

3. 청소년과 대학생 자살의 보호요인

자살의 위험요인은 감소하고 보호요인이 많아질수록 청소년과 대학생의 자살행동은 줄어들게 된다. 자살은 주변에 자신을 도와주거나 지지해 줄 사람이 아무도 없다고 느낄 때 주로 발생하기 때문에 자살의 보호요인은 자살 예방의 핵심 요소가 된다. 따

라서 앞서 청소년 및 대학생 자살의 위험요인을 개인 · 가족 · 학교와 또래관계 · 사회
적 요인 등 네 가지 차원에서 살펴보았듯이, 보호요인도 이러한 네 가지 차원에서 공통
적인 보호요인과 다소 상이한 보호요인을 구체적으로 살펴보고자 한다.

1) 청소년 자살과 대학생 자살의 공통적인 보호요인

청소년 자살과 대학생 자살 간의 공통적인 위험요인을 개인 · 가족 · 학교와 또래관
계 · 사회적 요인 등 네 가지 차원에서 살펴보면, 개인과 가족 두 집단 간의 공통 요인
이 훨씬 많은 것처럼 보호요인도 개인과 가족 두 집단 간의 공통 요인이 훨씬 많다.

(1) 개인적 요인

- 삶의 가치나 의미에 대한 강한 믿음: 모든 일에 대해 긍정적으로 생각함. 자신과
  상황, 성취에 대한 자신감
- 좋은 사회 기술(social skill): 문제 해결력 및 분노(화)를 다스리는 방법 등 감정의
  통제와 적절한 표출
- 미래에 대한 긍정적인 기대와 희망
- 자신에 대해 가치를 높게 판단하는 자존감
- 어려운 일이 발생했을 때 도움을 청하거나 중요한 결정을 내려야 할 때 조언을 구함
- 새로운 지식을 잘 수용함
- 신체적 · 정신적 건강과 취미 활동의 활성화
- 약물치료에 순응적인 태도

(2) 가족 요인

- 가족관계에서의 강한 연대감: 가족 성원이나 돌봐 주는 다른 어른들과의 긍정적
  관계, 긍정적인 가족 가치관, 결속력
- 가족 간의 의사소통 및 긍정적 지지
- 경제적 안정
- 좋은 양육 환경과 태도
- 가족 탄력성(resilience): 가족 회복력, 가족 기능 회복력, 가족 복원력, 가족 적응

유연성, 가족 극복력, 가족의 내재된 힘. 가족이 위기에 처했을 때 함께 협력하는 가족의 특성이나 속성과 차원, 부정적인 상황을 극복하고 인내하면서 본래의 안정된 상태로 복귀하는 능력과 힘, 문제를 대처할 때 가족이 활용할 수 있는 가족의 강점의 측면을 중시하는 속성을 가짐

2) 청소년 자살과 대학생 자살 대응에 차이가 나는 보호요인

청소년 자살 대응과 대학생 자살 대응에서 다소 차이가 나는 보호요인은 학교와 또래관계 · 사회적 요인 등에서 나타난다.

(1) 학교와 또래관계 요인

① 청소년 자살
- 교사의 지지
- 또래집단의 원만한 교우관계: 지지와 격려를 해 주는 친한 친구 등
- 만족할 만한 학업 성취도
- 적극적인 동아리 활동
- 학교 내 상담 시스템 구축: 멘토–멘티 제도 등을 통한 상담 시스템 및 학교사회복지(school social work) 시스템 구축
- 유용한 교육자료 활용: 영상물, 도서 등
- 학교사회복지 서비스 제도와 정책의 구축

② 대학생 자살
- 대학 등록금 부담의 경감
- 대학 내 동료, 교수, 친구 등 주변인의 관심 고취
- 대학 내 정신건강 교육과 데이트 상대자를 비롯한 대인관계 향상을 위한 사회 기술 교육, 인생 설계 교육 강화
- 학업 상담 강화
- 대학 내 자살예방센터 설치 및 운영
- 음악, 스포츠 등을 통한 자살 예방 치료

(2) 사회적 요인

① 청소년 자살

- 지역사회 내 사회적 지지 네트워크 구축
- 정신건강과 생명 문화에 대한 교육과 서비스
- 자살 예방 전문가 활용의 용이성
- 자살 예방 관련 법과 제도의 구비
- 위기 관리 기관의 접근 용이성: 약물치료와 심리치료 기관의 존재
- 자살 관련 위험 물질의 접근 차단
- 건전한 놀이 문화 공간의 확보: 스포츠나 교회 활동, 동아리 활동 참여의 활성화
- 애완(반려)동물의 공급
- 자살에 대한 언론보도의 신중함

② 대학생 자살

- 고등교육 제도의 전환: 학력 중심의 사회 분위기 개혁
- 취업 시 정규직 보장
- 국민 개병제의 변화 필요
- 자살 예방을 위한 국가 차원의 지속적인 지원 강화
- 사회안전망과 사각지대 없는 사회보장제도의 구축: 사회복지제도와 정책의 완비
- 자살 예방을 위해 초등학교부터 대학교까지 삶과 죽음에 대한 생애교육 시행
- 전국 대학생에 대한 생명존중의식의 고취

혹시 자살 생각을 하고 계십니까? 조금이라도 그렇다면 먼저 살아야 할 이유로서 '보호요인'을 떠올리고 접근할 방법과 기회를 널리 생각해 보세요. 아무리 애써도 뾰족한 방법이 안 떠오르면 무조건 가까운 사람들에게 도움을 청하십시오. 가족이든, 친구든 선배든 성직자든 전문가가 아니더라도 믿을 만한 가까운 사람에게 이야기해 보세요. 그리고 자살 예방 및 치료 기관들의 〈자살 상담 사이트 안내〉에는 수십 년 동안 자살 문제를 해결해 온 전문가들이 아무도 모르게 무료로 24시간 도움을 준답니다. 꼭 활용하십시오.

다음과 같이 대화해 봅시다!

• 혹시 자살 생각을 하고 계십니까? 그렇다면 다음의 질문을 생각해 봅시다.

- 삶의 의미와 가치를 주는 희망적인 가치관, 삶에 대한 믿음이 있다면 그것은 무엇인가요?
- 미래에 희망과 기대감을 주는 것을 찾아본다면 그것은 무엇인가요?
- 자신에게 있는 긍정적인 자원, 힘이 있다면 그것은 무엇인가요?
- 활력과 즐거움을 주는 취미 활동이 있다면 그것은 무엇인가요?
- 나에게 힘이 되어 주는 가족, 친구, 기관, 모임이 있다면 그것은 나와 어떤 관계인가요?
- 자살 예방 전문 기관에서 여러분의 도움 요청을 기다립니다. 언제든 연락해 봅시다.

이 장의 요약

• 자살은 자살행동(suicidal behavior) 그 자체만이 아니라 자살시도(suicide attempt), 자살 의도(suicidal intent) 그리고 자살 생각(suicidal ideation)을 포함하는 일련의 과정을 갖는 행동으로 나타나는 것으로서 자살행동을 자살 생각에서 자살 의도 그리고 자살시도에 이어서 죽음에 이르는 자살로 연결되는 하나의 연속체로 보아야 함. 즉, 자살행동의 출발을 자살 생각에서부터 찾아야만 자살을 사전에 예방하는 실마리를 발견할 수 있음
- 청소년과 대학생 자살을 예방하기 위해서는 자살행동의 근원인 자살 생각을 유발하는 위험요인을 낮추고, 자살 생각을 방지하는 보호요인을 높이는 게 핵심이므로 평소에 청소년과 대학생 자살로 이끄는 '위험요인'과 자살을 막아 주는 '보호요인'을 잘 파악하여 극단적인 위험 상황에 빠지지 않도록 도와주는 게 매우 중요함

• 자살 요인은, 첫째, 개인의 경험과 성별, 심리적 특성 등과 관련된 '개인적 요인', 둘째, 가정 내에서의 다양한 '가족 요인', 셋째, 또래 친구, 교사와의 관계, 학교 내 자살 예방에 대한 상담 시스템 구축 등 '학교와 또래관계 요인', 넷째, 자살 생각에 노출되어 있는 청소년과 대학생들에게 체계적으로 도움을 줄 수 있는 사회적 지지 기관과 제반 법·제도 그리고 사회 변화 등에 영향을 받는 '사회적 요인' 등 크게 네 가지로 분류할 수 있음
- 일반적으로 청소년 초반 및 중기에 해당되는 청소년과 후반 청소년기에 해당되는 대학생의 자살 요인은 공통적인 게 많지만 다소 다른 양상을 보임

- 청소년 자살과 대학생 자살 간의 공통적인 위험요인을 개인 · 가족 · 학교와 또래관계 · 사회적 요인 등 네 가지 차원에서 살펴보면, 개인과 가족 두 집단의 공통 요인이 훨씬 많음
  - 첫째, 개인적 요인으로는, 개인의 경험(과거에 자살시도 경험/자살 사이트 방문 경험/음주, 흡연, 약물 사용 경험), 개인의 성별(자살 생각은 여자>남자 청소년과 대학생, 자살시도와 자살율은 여자<남자 청소년과 대학생), 심리적 특성(절망감/공격성과 충동성/중요한 목표의 실패에 따른 자책감 및 자기 처벌/복수심과 보복 심리/주술, 종교 등의 비합리적 신념/고통으로부터 해방/완벽성/만성 신체질환) 등을 들 수 있음
  - 둘째, 가족 요인으로는, 가족 간 의사소통 부족, 부모와의 갈등과 소외감, 부모가 정신 병리를 보일 때, 즉 우울이나 다른 정신의학적 장애가 있을 때, 부모의 신체 학대 및 성 학대, 가족 성원 중에 알코올 중독, 약물남용, 또는 반사회적 행동을 보이는 사람이 있을 때, 부모의 범죄 경력 및 가족 성원의 자살 혹은 상실, 가장의 실직과 빈약한 재정 상태 등을 들 수 있음
- 청소년 자살과 대학생 자살 간에 차이가 나는 위험요인은 학교와 또래관계 · 사회적 요인 등에서 나타남
  - 첫째, 청소년 자살의 경우, ① 학교와 또래관계 요인은 또래와의 관계 어려움, 친구의 죽음, 교사와의 갈등, 학업 성적으로 인한 좌절과 학업 실패, 진로(대학 입시, 취업 등)에 대한 고민, 학교 내 자살 예방에 대한 상담 시스템의 미비, ② 사회적 요인은 대중매체에서 제시되는 자살관이나 자세한 자살 소식, 인간관계 중심의 사회적 지지의 결여, 청소년에게 구조적으로 도움을 줄 수 있는 사회적 지지 기관과 제반 법률 구성의 미흡, 폭력적, 선정적이며 생명을 경시하는 대중문화, 기성세대와의 가치관 차이, 과잉 경쟁 사회, 치명적 수단의 접근 용이성, 학교 내외의 안전망의 결여 등을 들 수 있음
  - 둘째, 대학생 자살의 경우, ① 학교와 또래관계 요인은 선후배와 이성 및 동성과의 관계 어려움, 학문 전공에 대한 학업 성적으로 인한 좌절과 학업 실패, 직장과 결혼 등 자립생활과 연계된 인생 진로에 대한 고민, 친구의 죽음, 대학 내 자살 예방과 치료에 대한 서비스 지원 시스템의 미비, ② 사회적 요인은 현실에 대한 상실감, 고독, 혼돈에 따른 우울증이 대중매체나 다른 대학생의 자살 소식에 의해 영향을 받음, 대학 등록금을 감당 못해 학교에서 자살하는 경우가 많음, 취업의 불확실성으로 인한 미래에 대한 불안감, 여대생은 외모, 남대생은 군대에 대한 고민이 자살과 연관성이 있음, 기성세대가 만들어 놓은 현실적 부조리와 교육제도에 기인, 사회복지 제도와 정책의 미비 등을 들 수 있음

- 청소년 자살과 대학생 자살 간의 공통적인 위험요인이 개인과 가족에서 훨씬 많은 것처럼 보호요인도 개인과 가족에서 공통적 요인이 많음
  - 청소년 자살과 대학생 자살 간의 공통적인 위험요인으로는, 첫째, 개인적 요인은 삶의 가

치나 의미에 대한 강한 믿음: 모든 일에 대해 긍정적으로 생각함. 자신과 상황, 성취에 대한 자신감, 좋은 사회기술, 미래에 대한 긍정적인 기대와 희망, 자신에 대해 가치를 높게 판단하는 자존감, 어려운 일이 발생했을 때 도움을 청하거나 중요한 결정을 내려야 할 때 조언을 구함, 새로운 지식을 잘 수용함, 신체적·정신적 건강과 취미 활동의 활성화, 약물치료에 순응적인 태도 등을 들 수 있음
- 둘째, 가족 요인은 가족관계에서의 강한 연대감, 가족 간의 의사소통 및 긍정적 지지, 경제적 안정, 좋은 양육 환경과 태도, 가족 탄력성 등을 들 수 있음

• **청소년 자살 대응과 대학생 자살 대응에서 다소 차이가 나는 보호요인은 학교와 또래관계·사회적 요인 등에서 나타남**
- 첫째, 청소년 자살 대응과 관련된 보호요인의 경우, ① 학교와 또래관계 요인은 교사의 지지, 또래집단의 원만한 교우관계, 만족할 만한 학업 성취도, 적극적인 동아리 활동, 학교 내 상담 시스템 구축, 유용한 교육자료 활용, 학교 사회복지 서비스 제도와 정책의 구축, ② 사회적 요인은 지역사회 내 사회적 지지 네트워크 구축, 정신건강과 생명 문화에 대한 교육과 서비스, 자살 예방 전문가 활용의 용이성, 자살 예방 관련 법과 제도의 구비, 위기 관리 기관의 접근 용이성, 자살관련 위험 물질의 접근 차단, 건전한 놀이문화 공간의 확보, 애완(반려)동물의 공급, 자살에 대한 언론보도의 신중함 등을 들 수 있음
- 둘째, 대학생 자살 대응과 관련된 보호요인의 경우, ① 학교와 또래관계 요인은 대학 등록금 부담의 경감, 대학 내 동료, 교수, 친구 등 주변인의 관심 고취, 대학 내 정신건강 교육과 데이트 상대자를 비롯한 대인관계 향상을 위한 사회 기술 교육, 인생 설계 교육 강화, 학업 상담 강화, 대학 내 자살예방센터 설치 및 운영, 음악, 스포츠 등을 통한 자살 예방 치료, ② 사회적 요인은 고등교육 제도의 전환: 학력 중심의 사회 분위기 개혁, 취업 시 정규직 보장, 국민 개병제의 변화 필요, 자살 예방을 위한 국가 차원의 지속적인 지원 강화, 사회안전망과 사각지대 없는 사회보장제도의 구축, 자살 예방을 위해 초등학교부터 대학교까지 삶과 죽음에 대한 생애교육 시행, 전국 대학생에 대한 생명존중의식의 고취 등을 들 수 있음

생각해 볼 거리

1. 자살 생각, 자살 의도, 자살시도, 자살행동은 각각 어떻게 다릅니까?

_____

_____

_____

_____

_____

_____

2. 자살행동을 왜 하나의 연속체로 이해해야 합니까?

_____

_____

_____

_____

_____

_____

3. 청소년과 대학생 자살의 다양한 위험요인은 무엇입니까?

----

4. 청소년과 대학생 자살을 막아 주는 다양한 보호요인은 무엇입니까?

----

5. 청소년과 대학생 자살을 막아 주는 보호요인을 어떻게 사용해야 합니까?

참고문헌

김민경(2012). 대학생의 가족스트레스, 부정적 정서와 자살 생각과의 관계-자아탄력성의 매개효과를 중심으로. 청소년문화포럼, 29, 34-57.

김민경, 조경원(2019). 청소년의 건강위험 행동과 자살 생각, 자살 계획, 자살시도 관련 요인. 보건교육건강증진학회지, 36(3), 61-71.

김순규(2008). 청소년 자살에 영향을 미치는 위험요인과 보호요인-보호요인의 매개효과를 중심으로. 정신보건과 사회사업, 29(1), 66-93.

김지삼(2014). 청소년후기 대학생의 스트레스와 우울 및 자살 생각의 관계. 한국복지상담교육학회. 복지상담교육연구, 3(1), 95-112.

홍예진, 박주희(2015). 자살 생각을 한 경험이 있는 대학생의 취업스트레스와 사회적 지지가 자살 생각 수준에 미치는 영향. 청소년상담연구, 23(2), 189-210.

Houston, M. N. (2017). *Treating suicidal clients & self-harm behaviors: Assessments, Worksheets & guides for interventions and long-term care.* Eau Clare, WI: PESI Publishing & Media.

제4부

자살 예방 및 대처하기

제12장

정신건강 돌보기

이희영(성결대학교 파이데아학부 강사)

1. 생명존중의식을 함양할 수 있도록 돕는다.
2. 자아존중감 향상을 통해 생명존중의 태도를 가질 수 있도록 돕는다.
3. 가족과 친구들에게 관심을 갖고 의사소통할 수 있도록 돕는다.

1. 정신건강을 돌보기 위한 실천

청소년 자살 행위의 예방은 중재 개입 단계에 따라 1차, 2차, 3차 예방으로 구분된다. 1차 예방 전략은 증상이 없는 개인을 대상으로 한 예방 단계, 2차 예방은 질병 발병 후의 초기 치료 단계, 3차 예방은 질병의 합병증 예방을 목적으로 질환을 가진 개인에게 초점을 둔 단계로 질병 감시, 재발 방지, 추후 관리 프로그램을 포함한다(Nordentoft, 2007). 1차 예방은 자살에 대한 인식의 향상과 삶의 기술을 강화하고 치명적인 자살 수단을 제한하는 전략으로 생명의 소중함에 대한 지식과 태도 함양이 자살 행동을 예방하는 중요한 역할을 한다. 생명존중과 자살의 상관관계에서 생명존중의식이 높을수록 자살 위험성은 통계적으로 의미 있게 낮은 것으로 나타났는데, 생명존중의식이 높을수록 자살 허용이나 자살 권리에 대해 부정적이고, 자살 예방에 대해서는 긍정적인 태도를 보였다(오승근, 2006). 청소년기 자살 예방을 위해 생명존중에 관한 내용으로 2012년 초·중·고 도덕과목 교육과정에는 생명의 존엄성, 생명 경시 풍조에 대한 도덕적 성찰, 낙태와 자살, 안락사 등의 내용이 포함되었다(박선희, 2015). 시민의 생명존중교육과 관련하여 오랜 시간 생명의 전화에서 교육과 상담을 진행한 하상훈(2016)은 생명존중의식 함양을 위한 범위를 나, 가족, 사회로 구분하여 나의 범위에서는 자아존중감 증진, 가족에서는 가족기능 회복, 사회에서는 생명문화 조성을 위한 민주시민 프로그램을 제시하였다. 청소년기는 사고, 정서, 태도, 동기와 같은 자아개념이 발전하여 자아정체성이 형성되는 시기이다. 개인의 정체감은 자아 개념 및 자아존중감과 서로 관련되어 있다. 청소년기의 또래와의 비교, 누적된 성공이나 실패의 경험은 자아존중감 형성에 큰 영향을 미치는 요인으로서 높은 자아존중감은 스트레스 상황에서 적절하게 대처하는 특징을 지닌다. 인간의 삶은 항상 타인과의 관계 안에서 이루어진다. 즉, 건강한 정신건강을 위하여 대인관계의 건강함은 매우 중요하다. 청소년기는 또래와의 대인관계나 학업 스트레스, 가족 해체에서 야기된 역기능적 의사소통으로 의도하지 않게 갈등이 빚어지거나 어려움을 겪기도 한다. 이때 발생한 심리적 문제를 해결하지 못한 청소년은 갈등 중에 자살하기 쉽고, 자살 위험에 노출될 확률이 높다. 대학에의 입학은 물리적, 정신적으로 독립되는 생활 환경에 놓이는 것이다. 공동체에 편입되어 새로운 누군가와 소통하고 관계를 지속해야 하는 사회 환경에 들어가게 된 것이다. 이때 원활치 못한 대인관계와 의사소통은 대학생들을 소외와 고립에 노출되기 용이하게 할 것이다. 청소년 및 대학생들이 건강한 의사소통을 할 수 있도록 정서적으로 소통하는 기술을 숙지하여 활용케 하는 것은 가족, 친구 등 의미 있는 사람들과의 관계 맺기에 도움을 주어 사회환경적 측면에서 자살 예방의 역할을 할 것이다. 이 장은 청소년 및 대학생의 정신건강 돌봄 실천 방안으로 생명존중의식 함양, 자아존중감 향상, 의사소통 기술 향상을 위한 활동을 실시한다.

1) 생명존중의식

생명존중이란 생명의 존귀함을 소중히 여기는 것으로 인간을 포함한 살아 있는 모든 것을 귀하게 여기고 모든 생명에 가치를 부여하는 것이다. 이에 반하여 생명 경시는 자살, 유기견, 아동 학대, 가족 폭력, 학교 폭력, 데이트 폭력, 디지털 집단 성착취

범죄 등으로 우리 사회에서 나날이 증가하는 모습을 보이고 있다. 이광자(2014)는 생명존중의식 및 자살 태도에 관한 조사 결과, 2006년도에 실시한 자살 및 생명존중 태도 국민조사의 결과로 일반 국민 38.3%, 청소년 27.7%가 각각 자살행동에 대하여 인간의 권리로 보았다. 자살을 해서는 안 된다는 금기적인 태도는 일반 국민 56.6%, 청소년 29.1%으로 나타났다. 이는 자살에 대해 허용적인 태도가 청소년층에서 확산되고 있다는 사실을 보여 주며, 2013년 자살에 대한 대국민 인식조사 결과로 나타난 국민의 73.9%는 '자살은 절대로 정당화될 수 없다'고 응답하여 과거의 56.6%보다는 '자살'에 대한 부정적 인식이 높아졌으나 자살을 문제 해결의 방법으로 인식하는 태도에 대해서는 인식 개선의 필요성이 대두되었다. 이후 자살예방대책의 일환으로 보건복지부와 중앙자살예방센터는 자살 예방을 위한 국민 관심을 높이고 생명존중문화를 확산하기 위해 국민참여형 생명존중문화 조성 캠페인인 '괜찮니'를 2016년에 실시하였다.

2013년과의 차이로, 첫째, 자살에 대한 수용적 태도는—불치병으로 고통받는 상황에서 자신이나 타인의 자살을 용인하는 태도 혹은 자살에 대한 허용적인 인식 및 태도—성별·연령별 차이는 없었으나 과거에 자살 생각 유무에 따른 차이, 과거에 자살 사고를 했던 군에서 '자살에 대한 수용적 태도'가 높았다.

둘째, 자살에 대한 인식 부족이—자살하려는 사람들이 사전에 자살에 대해 이야기를 하지 않는다는 생각 및 자살에 대해 말하는 것이 실제 자살과 관련이 적다는 인식 및 태도—2013년에 비해 2018년에는 점수가 낮은 경향을 보였다.

셋째, 자살에 대한 예방 인식이—자살은 예방할 수 있다는 인식 및 태도—2013년에 비해 2018년에는 대부분의 비교에서 낮은 결과를 보였다.

넷째, 자살에 대한 금기적 태도—자살에 대한 이야기는 하지 않는 편이 낫고, 다른 사람의 자살 결정에는 간섭하지 않는 편이 낫다는 인식 및 태도—는 2013년에 비해 상승하는 경향을 보였다.

다섯째, 자살의 보편화 경향—자살 생각 및 자살이 보편적이라는 인식 및 태도—에서는 2013년에는 나타나지 않았던 연령에 따른 차이, 혼인 상태에 따른 차이, 종교 유무에 따른 차이가 2018년에 새로 관찰되었으며, 연령별로는 19~29세에서 60~75세보다 높은 점수를 보였다.

여섯째, 자살에 대한 결정 과정은—자살이 충동적이라기보다는 시간을 두고 발생한다는 인식 및 태도—도시보다는 농촌 지역에서 자살에 대한 결정 과정이 높았다.

2018년은 이러한 인식조사와 함께 자살예방 국가행동 계획을 발표하며 자살 예방을 위한 범부처적이고 사회적 운동을 추진하였다. 그럼에도 현재까지 OECD에서 여전히 가장 높은 자살률을 낮추기 위한 방안으로 민간 영역에서의 생명존중문화를 조성하고 확산하기 위해 민간단체의 특화된 자살예방사업을 지원하는 사업 '한국생명존중희망재단'이 출범하였다. 2021년 설립된 민관협 합동 기관인 한국생명존중희망재단은 자살 원인 분석 및 연구, 생명존중문화 수립을 위한 인식 개선과 홍보 활동 등을 수행하고 있다.

(1) 생명존중의식 함양을 위한 활동

생명존중의식 함양 목표를 가지기 위해 구성된 활동으로, 첫째, 생명의 의미 깨닫기가 있다. 깊이 생각하여 보지 못했던 생명과 생명 존엄에 대한 가치 인식을 일깨우는 것으로 동식물 및 인간의 생명 잉태와 탄생의 과정, 세상에 나왔어도 야생에서 생존하기까지의 과정이 들어 있는 다큐를 보여 준 후 다큐를 본 후 각자가 느낀 생명의 신비와 존엄에 대하여 말하게 한다.

둘째, 생명을 가치 있게 하는 힘 키우기 활동이다. 이는 과거 또는 현재 자신의 모습을 반추하는 과정을 갖는 가운데 각자 의미 깊었던 순간을 표현하여 자신에게 있는 힘을 직면하게 하는 것으로 내가 힘들어도 공부 또는 이 일을 하게 하는 것이 무엇인지 삶의 의지를 주는 것에 대하여 생각하고 적도록 한다. 그리고 살아 있기 때문에 좋은 것을 적어 본다. 각자 적은 것을 가지고 편성된 조별로 모여서 서로의 발표를 들으며, 그 느낌을 나눈다.

셋째, 장래를 긍정적으로 바라볼 수 있도록 긍정적인 가치관 갖기 활동이 있다. 우리에게 친숙한 그리고 위로와 희망을 주는 시와 노래를 들으며 떠올려지는 나의 힘듦과 어려움은 어떤 것이 있었으며, 어떻게 시간을 지나왔고 나의 상황은 어떤지 발표하여 성숙하여진 부분을 발표한다.

표 12-1 생명존중의식 함양 활동

단계	주제	내용
생명의 의미 깨닫기	생명의 고귀함과 아름다움을 깨닫게 한다.	• 동식물 및 인간의 생명 잉태와 탄생의 과정, 세상에 나와서 야생에서 생존하기까지의 과정이 들어 있는 다큐를 보여 준다. 　예) 황제 펭귄의 새끼 돌보기(허들링, huddling) • 다큐를 본 후 각자가 느낀 생명의 신비와 존엄에 대하여 말하게 한다.

생명을 가치 있게 하는 힘 키우기	우리가 살아가는 힘과 의지가 어디서 나오는지 알게 한다.	• 내가 힘들어도 공부 또는 이 일을 하게 하는 것이 무엇인지 삶의 의지를 주는 것을 생각하고 적도록 한다. • 살아 있기 때문에 좋은 것을 적어 보도록 한다. • 조별로 모여서 서로의 발표를 들으며 느낌을 나누도록 한다.
긍정적인 가치관 갖기	긍정적 삶의 태도를 고양하는 의식을 함양한다.	• 시 또는 노래를 들려준다. 예) 윤도현 밴드의 〈흰수염고래〉, 도종환의 「흔들리며 피는 꽃」 • 시 또는 노래를 들은 후 어떤 것을 느꼈는지 나눈다. • 시 또는 노래를 들으며 떠올려진 자신의 어려웠던 일 그리고 그것이 어떻게 진행되었는지를 나눈다. • 어려움을 극복한 후에 성숙하여진 부분을 발표한다.

2) 자아존중감

청소년의 시기는 많은 인지적, 사회적, 도덕적 발달이 이루어지는 기간이다. 이때 내적인 사고, 정서, 태도, 동기와 같은 심리적 과정에 기초하여 추상적인 자아 개념이 출현한다. 자아 개념이 자신에 대한 기술을 의미한다면, 자기존중감은 개인의 특성에 대해 자신이 부여하는 가치로 자아존중감(self-esteem)은 개인의 발달적 변화와 적응에서 중요한 역할을 수행하며 개인의 만족감에 영향을 끼치는 심리적 변인이다. 로젠버그(Rosenberg, 1979)는 한 개인이 자기 자신을 바라보며 갖는 스스로에 대한 가치 판단으로, 자신만의 개성과 잠재 능력에 대해 느끼고 있는 생각과 가치 판단, 생활 태도 및 감정과 기대를 포함하는 개념으로 자신을 인정하고 존중하여 스스로에 대한 가치를 긍정적으로 바라보는 주관적인 평가라고 하였다. 쿠퍼스미스(Coopersmith, 1967)에 의하면 자아존중감은 승인적 태도 혹은 부정적 태도로 표시하고 그 자신을 유능하고 중요하며 성공적이고 가치가 있다고 믿는 정도를 가리킨다고 하였다. 다시 말해, 개인이 자기 자신에 대해 알고 있는 태도에서 나타나는 자신에 대한 가치의 판단이라고 하였다. 청소년기의 자아존중감이 매우 중요한 이유로는 성인기까지 주요 과업과 행동을 미루어 짐작할 수 있으며, 개개인의 사회적 행동을 결정하는 데 중요한 영향을 끼치기 때문으로, 자아존중감은 전 생애에 걸쳐 개인의 변화와 적응에 중요한 역할을 담당하며 개인의 성취감, 능력, 만족감, 행동에 영향을 미치는 중요한 심리적 변인이자 개념이다(정두수, 2022). 개인의 발달에 부적 영향을 감소시켜 주고 완화시켜 주며 개인의 위험요인을 극복할 수 있도록 도와주는 요인을 보호요인이라고 한다. 청소년기 자살 예방과 관련하여 개인 측면에서의 보호요인으로 원만한 대인관계, 긍정적인 자아존중감 등을 들 수 있다. 자아존중감이 어떻게 시작되는지는 불분명하다. 어린 아동의 자아존중감은 분명히 부모의 양육 방식의 영향을 받는 것으로 보이나 청소년기 이후에는 또래와의 비교 또는 누적된 성공이나 실패의 경험이 자아존중감 형성에 큰 영향을 미친다. 자아존중감은 상대방에게 거절을 당하거나 상대방과 의견 충돌이 일어나는 것과 같이 부정적인 상황에서 개인이 그 상황을 지각하고 인지적으로 해석하는 데 어떻게 영향을 미쳤는지 많은 경우 비슷한 양상으로 발견되는데, 부정적인 상황하에서도 자아존중감이 높은 사람들은 자신에게 도움이 될 수 있는 적응적인 인지적 해석을 하여 대인관계가 원만하게 이루어지는 반면에, 자아존중감이 낮은 사람들은 부정적인 사건을 더욱 확대 해석하여 부적응적인 반응을 보였다. 이는 효율적인 대인관계의 형성에 악영향을 끼친다. 청소년 및 대학생 시기에 자아존중감을 통해 자신을 사랑하는 능력을 키우면, 높아진 자아존중감은 상황에 대한 개인의 인지적 해석에 영향을 주고 이를 통해 대인관계에도 긍정적 영향을 미친다.

(1) 자아존중감 향상을 위한 활동

청소년 후기와 대학생의 시기에는 무엇보다 '나는 누구인가'에서 나아가 '나는 무엇을 할 것인가' '나의 미래는 어떻게 될 것인가' 등 독립적 존재로서 자신의 미래를 직접적이고 구체적으로 생각하는 시기이다. 긍정적 미래상을 위한 자아존중감 향상을 위한 활동으로, 첫째, 영상으로 타인에게 자기를 소개하는 자기 이해 활동은 있는 그대로의 나의 모습과 특성을 탐색하여 자기상을 가질 수 있도록 하며, 둘째, 자신에게 있는 자신의 장점과 타인의 장점을 인정하고 격려하는 활동은 이를 통하여 자기상을 구체화하여 자기정체성을 확립케 한다. 셋째, 확립된 정체성을 바탕으로 인생의 목표와 사회에 기여하는 자신의 모습을 그려 보는 비전 선언문을 작성하는 활동을 갖는다.

① 자기 소개하기

다음의 내용을 표현할 수 있는 사진을 찍거나 모습이 표현된 사진을 조원들에게 보여 주며 자신의 모습에 대해 소개하고, 조원들은 자신의 이야기를 듣고 어떤 느낌(생각)이 들었는지 발표한다.

나는요

1. 나를 4~6글자로 표현한다면 ＿＿＿＿＿＿＿＿ 입니다. 이유는 ＿＿＿＿＿＿＿ 입니다.

2. 친구들은 나를 ＿＿＿＿＿＿＿＿＿ 라고 생각합니다. 이유는 ＿＿＿＿＿＿＿ 입니다.

3. 가족은 나를 ＿＿＿＿＿＿＿＿＿ 라고 생각합니다. 이유는 ＿＿＿＿＿＿＿＿＿ 입니다.

4. 내가 좋아하는 색깔은 ＿＿＿＿＿＿＿ 입니다. 이유는 ＿＿＿＿＿＿＿＿＿ 입니다.

5. 내가 좋아하는 음식은 ＿＿＿＿＿＿＿ 입니다. 이유는 ＿＿＿＿＿＿＿＿＿ 입니다.

6. 내가 가장 좋아하는 일은 ＿＿＿＿＿＿ 입니다. 이럴 때 나는 ＿＿＿＿＿＿＿ 합니다.

7. 나의 좋은 점은 ＿＿＿＿＿＿＿＿＿ 입니다. 그래서 ＿＿＿＿＿＿＿＿＿ 합니다.

8. 내가 좋아하는 사람의 특징은 ＿＿＿＿＿＿ 입니다. 왜냐하면 ＿＿＿＿＿＿＿ 입니다.

9. 내가 싫어하는 사람의 특징은 ＿＿＿＿＿＿ 입니다. 왜냐하면 ＿＿＿＿＿＿＿ 입니다.

10. 올해의 목표는 ＿＿＿＿＿＿＿＿＿＿＿＿＿＿＿＿＿＿＿＿＿＿＿＿ 입니다.

② 칭찬 샤워하기

• 친구가 생각하는 나의 장점을 인정받고 격려받는 것으로, 먼저 조원끼리 둘러앉아 쪽지마다 조원의 이름을 적은 후 외모, 성격, 습관, 기타 등에서 친구의 장점을 찾아 적어 보게 한다.

• 한 명의 이름을 부르면 그 친구에 대해 적은 장점에 대해 돌아가며 발표한다.

③ 긍정의 힘으로 단점을 장점으로 바꿔 자존감 업!

사람은 누구에게나 단점이 있다. 단점을 긍정적인 측면으로 방향을 전환하여 사용하고 바라보는 것은 자아존중감 향상에 영향을 미치는데, 예를 들면 수다스럽다는 명랑하다로, 고집이 세다는 소신이 분명한 성향이 있는 것으로 인식하며, 말이 없다는 입이 무겁다, 수선스럽다는 생각이 많다로 표현을 바꾸는 것이다.

④ 비전 선언문 작성하기

자신의 미래상으로 비전을 수립하기 위해서는 자신이 어떤 사람이 되고 싶고, 그런 사람이 되기 위해서는 무엇을 해야 하고, 어떤 역량을 갖춰야 하는지에 대해 구체화해야 한다.

※ 비전 선언문 작성 방법

○○○의 비전 선언문

- 어떤 일을 하고 싶고 그것을 통해 어떤 것을 기여할 수 있는지 제시한다.
- 목표로 하는 일을 이루기 위해 해야 할 일과 완료 시점을 작성한다.
- 나의 성공은 이 사회에 어떤 기여를 할 수 있을지를 작성한다.
- 묘비명을 적고, 이 세상 사람들이 나를 어떻게 기억해 주기를 원하는지 작성한다.

3) 의사소통

우리 모두는 다양한 인간관계를 맺고 있다. 내가 맺고 있는 관계를 분류하여 보면, 첫째, 서로 좋아하는 경우, 둘째, 서로 싫어하는 경우, 셋째, 나는 상대방을 좋아하지만 상대방은 나를 싫어하는 경우, 넷째, 나는 상대방을 싫어하는데, 상대방은 나를 좋아하는 네 가지로 분류된다. 이런 관계 형성에 영향을 끼친 것 중 하나가 의사소통 방식이다. 의사소통은 한 사람이 타인에게 영향을 주거나 그를 이해하는 데 사용되는 모든 수단을 포함하는 것으로서 가족, 학교, 사회, SNS 등에서 우리는 수많은 대화로 소통하며 관계를 유지한다. 대화의 장애는 갈등을 빚거나 상대방에 대한 미움, 분노 등 부정적인 정서를 경험하게 하며, 나아가 스트레스 상황 속에서 관계의 단절, 고립으로 이어지기에 건강한 의사소통은 원만한 대인관계 형성에 있어 매우 중요하다. 소통에서 나의 말하는 방식이 명확한 주제 없이 말하는 산만형, 자신의 이야기만 하는 독점형, 자신의 말을 지나치게 확신하는 과신형이라면 대화를 이어나가기가 어렵다. 대화는 일방향이 아닌 쌍방향의 교류이기 때문이다. 대인관계에서 건강하고 효율적인 소통을 위하여 말하는 것, 듣는 것의 의사소통 방법 숙지는 중요하다. 관계를 촉진하는 의사소통 향상 활동으로 듣는 것과 관련하여 공감적 듣기와 말하기와 관련된 나-전달법을 살펴보도록 하자.

(1) 공감적 듣기

대화에서 듣는 것은 단순히 소리를 듣는 것이 아니다. 상대방의 말을 듣고 이해하는 반응 태도이다. 듣는 사람이 선택적 청취로 자신에게 유리한 것만 듣거나 상대방의 말을 들으면서 곧 자신이 할 말을 생각하기 바빠서 상대방의 말을 잘 듣지 않는 것, 다른 사람이 말을 하는 동안에 다른 생각을 하는 것 등은 듣기에서 걸림돌이 된다. 감정에 공감하는 것으로, 상대방이 말하는 것에 대해 어떤 감정일지 추측하고 적절하게 공감하는 방법이 있다. 또한 비언어적, 언어적으로 잘 듣고 있음을 나타내는 고개 끄덕이기와 몸 앞으로 구부리기, 미소 짓기, 얼굴 찡그리기, "어!" "그렇구나." 같은 언어적 신호와 더 많은 이야기를 하라고 격려하는 "그렇구나, 그런데 그게 무슨 뜻이야?" "그래서 어떻게 되었어?" "조금 더 이야기해 줄 수 있겠니?" 등이 듣는 기술이다. 공감하며 듣는 것에서 중요한 것은 편안한 분위기를 조성하며 귀담아듣는 것이다. 덧붙여 이야기를 듣는 도중에 차단하지 않으며, 적절한 반응과 이야기를 들을 때 판단하지 않는 태도와 방법은 말하는 사람이 이야기가 잘 전달되고 있다는 느낌을 받게 한다.

(2) 나–전달법으로 말하기

'나'를 주어로 하여 상대방의 행동에 대한 자신의 생각이나 느낌을 표현하는 대화 방식이다. 나–전달법을 사용하면 상대방에게 나의 생각과 감정을 전달함으로써 서로 간의 이해를 도울 수 있다. 하지만 너–전달법을 사용했을 경우에는 상대방에게 문제가 있다는 식의 표현을 하게 되므로 상호 관계를 파괴시킨다. 또한 나–전달법은 상대방에게 개방적이고 솔직하다는 인상을 주어 상대방이 저항을 하지 않으나, 너–전달법은 상대방에게 일방적으로 강요하거나 공격이나 비난하는 느낌을 전달하여 상대방이 방어적으로 대처하고 반감이나 저항을 불러일으킨다.

※ 나–전달법 사용 방법

1. 무비판적으로 사진 찍듯이, 문제가 되는 상대방의 행동과 상황을 구체적으로 말한다.

"네가 약속 시간에 매번 늦으니까……."	"네가 성의 없이 약속을 번번이 어기니까……."
○	×

2. 상대방의 행동이 나에게 미친 영향을 구체적이고 직접적으로 말한다.

"네가 수업 시간에 매일 늦으니까 나와 다른 친구들이 너를 기다리느라고 수업 시간이 늦어지고, 너를 찾으러 다녀야 해."	"네가 수업 시간에 매일 늦으니까 곤란해."
◯	✕

3. 상대방의 행동 때문에 생긴 감정을 솔직하게 말한다.

"네가 그런 식으로 행동했을 때 나는 무척 섭섭했어."	"너는 왜 그렇게 행동하니?"
◯	✕

이 장의 요약

- **생명존중**
  - 생명존중의식이 높을수록 자살 예방에 긍정적 태도를 갖는다.
  - 생명존중의식을 함양하기 위한 활동으로는 생명의 의미 깨닫기, 생명을 가치 있게 하는 힘 키우기, 긍정적인 가치관 갖기가 있다.

- **자아존중감**
  - 자아존중감이 높으면 스트레스에 적절하게 대처하여 문제 해결을 해 나가게 된다.
  - 자아존중감 향상을 위한 활동으로 자기 소개하기, 칭찬 샤워하기, 긍정의 힘으로 단점을 장점으로 바꿔 자존감 업이 있다.
  - 긍정적인 자아정체성을 구체화하여 비전 선언문을 작성하게 한다.

- **의사소통**
  - 건강한 의사소통의 숙지는 의미 있는 사람과의 관계 맺기에 도움을 주어 사회 환경적 측면에서 자살 예방의 역할을 할 수 있다.
  - 의사소통 향상을 위한 활동은 자신의 의사소통 성향 이해, 공감적 듣기 능력의 향상, 나-전달법을 사용하는 말하기로 상대방에게 나의 생각과 감정을 전달하여 서로에 대한 이해를 돕는 목표를 갖는다.

생각해 볼 거리

1. 생명존중의식을 높이기 위해 우리가 할 수 있는 일에는 어떤 것이 있을지 생각해 봅시다.

2. 자신의 자아존중감이 향상되기 위해서는 무엇이 필요한지 생각해 봅시다.

3. 소중한 사람들에게 하는 나의 의사소통 모습을 생각하고, 좀 더 건강한 의사소통을 하기 위한 방법을 생각해 봅시다.

참고문헌

박선희(2015). 청소년기 자살행위 실태와 관련 요인. 서울: 집문당.

보건복지부(2019). 2018 자살실태조사.

오승근(2006). 청소년의 자살 태도, 자살 위험성 및 생명존중교육 참여 요구와의 관계. 고려대학교 대학원 박사학위논문.

이광자(2014). 한국의 생명존중문화를 생각한다. 생명문화학회 정책토론회 자료집.

이민선, 채규만(2012). 대학생의 자아존중감이 대인관계 능력에 미치는 영향: 정서조절방략의 매개 효과. 인지행동치료, 12(1), 63-75.

이영실, 이윤로, 이영딜(2011). 정신건강론. 서울: 창지사.

정두수(2022). 다문화청소년의 이중문화수용이 학업중단의도에 미치는 영향: 자아존중감과 교우관계의 매개효과를 중심으로. 한세대학교 일반대학원 박사학위논문.

진성희(2020). 인간 삶과 교육. 서울: 학지사.

하상훈(2016). 우리나라 생명존중 교육의 실태와 개선방안. 생명문화학회 20116 춘계학술대회 자료집.

한국교육개발원(2013). 어울림 학교폭력예방 프로그램.

한국청소년상담원(2008). 청소년자살 예방프로그램 및 개입방안 개발.

홍은숙, 우용제, 이한규, 김재춘, 김영화, 김재웅(2016). 교육학에의 초대(2판). 경기: 교육과학사.

Coopersmith, S. (1967). *The antecedents of self-esteem*. Sanfrancisco: WH Freeman.

Nordentoft, M. (2007). Prevention of suicide and attempted suicide in Denmark. Epidemiological studies of suicide and intervention suicide in selected risk groups. *Davis Medical Bulletin*, 54(4), 306-369.

Rosenberg, M. (1979). *Conceiving the self*. New York, NY: Basic Books.

제13장

스트레스 관리하기

현명호(중앙대학교 심리학과 교수)

이 장의 목적

1. 참여자가 스트레스를 이해하도록 돕는다.
2. 스트레스를 자가 진단하여 스트레스를 점검할 수 있도록 한다.
3. 건설적인 스트레스 관리 방법을 실천할 수 있도록 돕는다.
4. 자신의 스트레스를 수용하고 건설적인 삶을 살 수 있도록 돕는다.

자신의 스트레스를 관리하기 위해서는 스트레스를 스스로 진단할 수 있는 방법을 이해하고 사용할 수 있어야 한다. 또한 스트레스의 관리 방법에는 어떤 것이 있고, 각 방법은 어떤 장단점을 가지고 있는지 파악함으로써 자신에게 맞는 스트레스 대처 방법을 학습하여 실생활에서 사용할 수 있어야 한다. 이를 통하여 현재 경험하고 있는 스트레스뿐 아니라 앞으로 부딪히게 될 스트레스에 대한 대처나 혹은 현재까지 해결되지 않은 채 축적된 스트레스에 적절히 대처할 수 있게 된다.

이 장에서는 먼저 자신의 스트레스를 체크하는 자가 진단 방법을 소개할 것이다. 이를 통해 자신의 스트레스를 정확하게 이해하도록 도울 것이다. 이어서 스트레스를 어떻게 관리할 것인가를 다룰 것이다. 스트레스를 받게 되면 이에 대처하기 위해 사용하는 방법은 사람마다 매우 다르다. 본인에게 해가 되는 방법도 있고, 도움이 되는 방법이 있을 것이다. 도움이 되는 건설적인 대처 방법을 소개하고, 자신의 내적 · 외적 자

원을 탐색하여 활용하는 방법을 소개할 것이다. 이러한 점을 공부함으로써 자신만의
건설적인 대처 방법에 익숙하게 하여 심리적 건강과 웰빙을 유지하는 데 도움이 될 수
있도록 할 것이다.

1. 스트레스 반응

외부 자극을 받았을 때 이에 대한 반응은 사람마다 다르다는 점에서 스트레스는 환경
과 유기체의 상호작용으로 정의된다. 발표나 취업을 위한 면접을 앞두고 있을 때 대개
사람은 불안감을 경험하고 초조해 하거나 주변에 대한 관심의 범위가 좁아진다. 심한 경
우에는 식욕이 떨어지고 불면증을 경험하기도 한다. 그러나 어떤 사람은 그런 증상을 보
이지 않을 뿐 아니라 발표를 통해 자신의 역량을 보일 수 있는 좋은 기회라고 생각하여
발표를 기다릴 수도 있고, 취업을 하여 돈을 벌 것을 상상하니 면접이 전혀 스트레스가
아닐 수도 있다. 이처럼 사람들은 스트레스 자극에 대해 반응하는 정도가 매우 다르다.

스트레스를 받게 될 때 나타나는 변화를 신체와 심리 · 정서 그리고 행동 측면에서
구분하면 다음과 같다. 신체적 증상으로는 소화와 호흡, 순환계와 관련된 증상이나 통
증 등을 경험할 것이다. 심리 · 정서적 증상으로는 주로 불안과 우울, 분노와 같은 부
정적 정서와 집중력의 저하, 문제 해결력의 저하와 같은 인지적 문제가 발생할 것이며,
행동적 증상으로는 각종 위험 행동이 증가하거나 실수가 증가하는 등의 행동이 외현

적으로 관찰될 것이다.

〈표 13-1〉은 자신의 스트레스를 점검하기 위해 구성한 것이다. 여기서 각 항목당 4개 이상에 '예'로 반응하게 된다면 스트레스 수준이 비교적 심각한 상태라는 것을 의미한다. 이를 활용하여 자신의 스트레스 정도를 평가할 수 있다.

표 13-1 스트레스 점검표

신체적 증상	1. 숨이 막힌다. 2. 입이나 목이 마른다. 3. 불면증이 있다. 4. 편두통이 있다. 5. 눈이 쉽게 피로해진다. 6. 어깨나 목이 자주 결린다. 7. 가슴이 답답해 토할 기분이다. 8. 식욕이 떨어진다. 9. 변비나 설사를 한다. 10. 신체가 나른하고 쉽게 피로를 느낀다.
심리 · 정서적 증상	1. 언제나 초조해하는 편이다. 2. 흥분이나 화를 잘 낸다. 3. 집중력이 저하되고 인내력이 없어진다. 4. 건망증이 심하다. 5. 우울하고 기분이 침울하다. 6. 무엇인가를 하는 것이 귀찮다. 7. 매사에 의심이 많고 망설인다. 8. 하는 일에 자신이 없고 쉽게 포기하는 편이다. 9. 무엇인가를 하고 있지 않으면 진정이 안 된다. 10. 성급하게 판단을 하는 경우가 많다.
행동적 증상	1. 반론이나 불평, 말대답이 많아진다. 2. 자주 실수를 한다. 3. 주량이 늘었다. 4. 필요 이상으로 일에 몰입한다. 5. 말수가 줄고 생각에 깊이 잠긴다. 6. 말수가 많고 말이 되지 않는 주장을 펼친다. 7. 사소한 일에도 화를 잘 낸다. 8. 화장이나 복장에 관심이 없어진다. 9. 사무실에서 개인적 전화를 하거나 화장실에 자주 간다. 10. 결근, 지각, 조퇴가 증가한다.

출처: 임형택(2015). 일부 수정.

2. 스트레스 대처 전략

사람들이 스트레스를 받게 되면 이에 대처하는 방법은 매우 다양하다. 포크먼과 라자루스(Folkman & Lazarus, 1980)는 대처란 개인 내와 외의 요구와 요구 간의 갈등을 극복하거나 인내하거나 줄이기 위한 인지적·행동적 노력이라고 정의하였다. 이러한 대처 전략은 다양한 방식으로 구분할 수 있다. 우선, 가장 직관적으로 생각할 수 있는 대처 전략의 구분 방법은 그 전략이 스트레스에 효과적이고 부작용이 적은가에 따라 적응적인 대처와 부적응적인 대처로 나누는 것이다. 예를 들어, 입시 시험을 앞두고 힘들어서 이를 잠시 잊기 위해 잠을 잔다고 할 때 잠깐의 숙면을 통해 힘을 얻게 된다면 적응적 대처가 되지만, 너무 오랜 시간 잠을 자게 되어 시험을 망치게 된다면 부적응적 대처가 될 것이다. 이 외에도 스트레스 원인에 적극적으로 접근하는 대처인가에 따라 대처를 나눌 수도 있고, 문제 자체에 직접 접근하는가 혹은 문제보다는 그로 인한 반응에 집중하는가에 따라 대처를 나눌 수도 있다.

1) 접근 대처와 회피 대처

접근 대처는 당면한 문제를 해결하기 위해 정보를 모으거나 직접 조치를 취하는 등 적극적으로 노력하는 것을 말한다. 예를 들어, 시험을 앞두고 기출 문제를 풀어 보거나 평소보다 많은 시간을 집중하여 시험공부를 한다면 접근 대처를 하는 것으로 볼 수 있다.

반면, 회피 대처는 당면한 문제를 어떻게 해서든지 회피하려는 것을 말한다. 시험을 앞두고 시험에 대해 생각하지 않으려고 하고, 공상에 빠지거나, 운동을 하면서 잊으려고 한다면 이는 회피 대처를 하는 것이다.

일반적으로 접근 대처는 회피 대처보다 적극적으로 스트레스를 해결함으로써 문제를 근원적으로 뿌리 뽑을 수 있기 때문에 더욱 건강하고 바람직한 방법으로 권장된다. 반면, 회피 대처는 회피를 하는 순간에는 스트레스를 경험하지 않기 때문에 좋지만 스트레스의 원인이나 그 상황은 그대로 남아 있기 때문에 장기적으로는 바람직하지 않다. 하지만 접근 대처와 회피 대처의 유용성은 스트레스 상황이 어떤 것인가에 따라

[접근 대처]

[회피 대처]

달라질 수 있다. 예를 들어, 무용학과 학생이 시험을 앞두고 다리를 다쳤을 때 완전히 낫기도 전에 연습을 시작한다면 도리어 다친 다리가 회복되지 않아서 무용을 그만두 어야 할 수 있다. 이러한 경우에는 잠시 동안 무용이나 다리를 쓰는 일을 하지 않는 것 이 도움이 될 것이다.

2) 정서 중심 대처와 문제 중심 대처

스트레스를 일으키는 상황에 대해 어떤 측면에 초점을 맞추는가에 따라 대처를 정 서 중심 대처와 문제 중심 대처로 나눌 수 있다. 만약 스트레스 상황에서 스트레스를 일으키는 원인에 직접 접근하기보다는 스트레스로 인해 일어난 분노나 불안, 우울과 같은 정서를 감소시키려고 노력한다면 이는 정서 중심 대처라고 볼 수 있다. 과제를 작성하여 수업 시간에 발표해야 하는데, 팀원 중에 발표를 맡게 된 학생이 이로 인한 불안과 자신이 발표하게 된 사태에 대한 분노를 팀원들에게 폭발한다면 이 학생은 정 서 중심 대처를 한 것이다.

문제 중심 대처는 당면한 문제를 해결하기 위해 노력하는 것을 말한다. 앞의 예와 같이 팀이 함께 작업한 자료를 수업 시간에 발표할 학생이 팀이 작성한 자료에 대해 정 확하게 질문하여 내용을 숙지하고 여러 번에 걸쳐서 팀원과 연습하여 발표를 잘할 수 있도록 노력하는 것은 문제 중심 대처라고 볼 수 있다.

㉘ 정서 중심 대처
- 기말시험을 앞두고 불안해하면서 가족에게 자주 짜증을 낸다.
- 친구와 식사 후 코로나에 감염되자 그 친구에게 화를 낸다.
- 이성 친구와 다투고 비관을 하면서 우울해하다가 우울감을 줄이기 위해 폭식을 한다.

㉘ 문제 중심 대처
- 시험을 앞두고 기출 문제를 확인하고, 이해되지 않은 부분에 대해 교사에게 질문한다.
- 친구와 식사 후 코로나에 감염되자 자신이 코로나에 감염됐음을 알리고 자가 격리를 한다.
- 이성 친구와 다툰 후, 왜 다투었는지를 살피고 화해하기 위해 사과의 문자를 보낸다.

일반적으로 스트레스를 경험할 때 정서 중심 대처보다는 문제 중심 대처가 유용하다. 스트레스를 받게 되면 사람들은 보통 정서적으로 불안정하게 되고, 정서에 압도되는 경우가 많다. 불안해하고, 무력감을 느끼고, 초조감을 경험하고, 원망과 분노감을 경험할 수도 있다. 당연히 해야 할 일을 하지 못하게 되고, 주의를 기울일 수 있는 심적 자원이 부족해지면서 문제를 해결하지 못하게 된다. 그럼에도 불구하고 문제를 해결하기 위해 자신이 가지고 있는 다양한 자원을 활용하고 적극적으로 대처하다 보면 문제가 해결되어 스트레스에서 벗어날 수 있다. 그런데 그저 자신의 감정에만 몰두하게 되면 문제는 해결되지 않는다.

아마도 친구와 의견 충돌이 있었던 학생은 이를 잘 이해할 것이다. 축제를 앞두고 학과의 의견을 정리하는 과정에서 자신과 의견이 다른 학생과 충돌이 있었다고 하자. 의견을 설명하는 동안에 그 친구가 내 이야기를 전혀 이해하지 못한다고 생각하자 답답함을 느꼈을 때가 있을 것이다. 이때 '왜 내 말을 이해하지 못하느냐'고 소리를 지르면서 설명을 하다 보면 상대방은 감정이 상하게 될 것이고, 의견을 통합하는 것이 아니라 그 친구와 사이가 멀어질 수도 있게 된다. 이처럼 정서 중심 대처는 스트레스를 해결하는 데 어려움을 가져올 가능성이 있다.

정서 중심 대처가 항상 문제가 되는 것은 아니다. 예를 들어, 자신이 해결할 수 없는 문제에 직면하였다면 문제를 해결하려고 하는 것은 더 큰 스트레스가 될 것이다. 학기가 끝난 후 원하는 학점이 나오지 않은 경우, 학점을 바꿀 수는 없다. 학점을 변경하기 위해 교수에게 이의신청 등을 하더라도 변경이 되지 않는 경우에 과거로 돌아가서 다시 수업을 듣고, 다시 시험을 보고, 다시 보고서를 제출할 수는 없다. 즉, 학점이 낮다는 문제는 해결이 되지 않는다. 낮은 학점으로 인해 우울할 때, 친구에게 우울하다는 하소연을 하면서 위로를 받아 다소 기분이 좋아진다면 이는 정서 중심 대처를 한 것이다. 이처럼 상황에 따라서는 정서 중심 대처가 유용할 수도 있다. 특히 우리나라와 같이 자신의 생각을 적극적으로 표현하지 않는 나라의 사람들은 정서 중심 대처가 크게 유용한 경우도 있다고 하니 무조건 배척할 일만은 아니다.

3) 성공적인 대처

스트레스에 대처하는 방법은 매우 다양하다. 앞에서 설명한 것처럼 문제에 직접 접근할 수도 있고, 정서에 반응할 수도 있으며, 회피할 수도 있다. 그리고 그 방법은 사람마다 다르고 상황마다 다를 수 있다. 과연 내가 사용한 대처 방법이 성공적인 방법이었음을 어떻게 알 수 있을까? 코헨과 라자루스(Cohen & Lazarus, 1979)가 제시한 기준은 다음과 같다.

- 유해한 상태의 환경을 줄이고 회복 가능성을 높인다.
- 부정적인 사건과 현실을 잘 인내한다.
- 긍정적인 자아 이미지를 유지한다.
- 정서적으로 안정 상태를 유지한다.
- 인간관계를 만족스럽게 유지한다.

여기에 더하여 카테콜아민이나 코르티솔과 같은 생리적 수준이 감소하여 심장 박동이나 맥박이 감소하는 등 각성이 줄어든다면 성공적이라고 볼 수 있다. 또한 스트레스를 겪기 전의 생활이나 활동으로 바로 돌아간다면, 심리적으로 고통이 감소하였다면 성공적이었다고 평가할 수 있다(김미리혜 외, 2018).

3. 스트레스 관리 방법

스트레스를 경험하게 되면 이를 적절히 관리하여야 한다. 앞에서 언급한 것처럼 적절한 대처 방법을 찾아서 사용하여야 하고, 자신과 주변의 자원을 적절히 활용할 수 있어야 한다. 여기서는 각종 자원을 활용하는 방법과 대표적인 심리적 대처 방법을 소개하고자 한다. 이러한 자원 활용 방법과 대처 방법을 숙지하고 준비하여 둔다면 스트레스를 경험하게 되더라도 큰 손상과 상처 없이 스트레스를 겪어 낼 수 있다.

1) 자원 개발

다른 사람에게 스트레스가 될 만한 사건도 충분한 자원을 가지고 있는 사람에게는 스트레스가 되지 않는다. 장학금을 받지 못하게 되어 등록금을 오롯이 부모님에게 의

존해야 하는 경우에 상당한 스트레스가 될 수 있다. 가족 역시 경제적으로 어려움을 겪게 될 것이다. 하지만 경제적 여유가 있는 가정에서는 그것이 큰 스트레스가 되지 않는다. 상당한 시간이 필요한 보고서를 정해진 기일 내에 제출하여야 하는 대학생을 가정하여 보자. 어떤 대학생은 다른 보고서도 함께 제출하여야 하고, 가족 내에서 중요한 일이 있어서 시간이 부족할 수 있다. 이 대학생은 아마 상당한 스트레스를 경험할 것이다. 하지만 그 과목의 보고서만 내면 되는 학생에게는 스트레스를 크게 경험하지 않게 된다. 이처럼 그 사람이 가지고 있는 자원이 충분하면 중요한 사건이 일어난다고 하여도 스트레스가 되지 않는다.

마찬가지로 스트레스를 받는 상황이라도 자신이 자원을 가지고 있으면 그 스트레스를 극복하기가 쉬워진다. 오해로 인해 친구와 다투었을 때 나의 이야기를 경청해 주는 친구가 있어 그와 깊은 이야기를 나누었다면 속이 확 풀리는 경험을 하게 될 것이다. 하고 싶은 일이 있는데 진입하는 방법을 모르고 있을 때 그 일을 하는 선배와 만나서 조언을 듣게 된다면 크게 도움이 될 것이다. 이처럼 자원은 스트레스를 예방할 뿐 아니라 스트레스에 대처하는 데도 크게 도움이 된다.

이러한 자원은 크게 물리적 자원과 심리적 자원으로 나눌 수 있다. 물리적 자원이란 경제적 지지 자원과 같은 것을 의미한다. 이에 비해 심리적 자원은 정서적 지지 자원과 정보적 지지 자원으로 나눌 수 있다. 물리적 자원은 청소년 및 대학생의 입장에서 스스로 충분히 확보하는 것은 쉬운 일이 아니며, 이를 확보하여야 한다는 것이 스트레스가 될 수 있다. 하지만 정서적 지지 자원과 정보적 지지 자원은 청소년 및 대학생이 평소에 구축할 수 있는 자원이다.

정서적 지지 자원이란 평소 힘든 일이 있을 때 경청하여 주고 공감해 줄 수 있는 사람을 확보하는 것을 말한다. 부모님과 같이 가족이 지지를 제공할 수도 있고, 친구와 같이 자신과 상황이 비슷하거나 유사한 생활을 하고 있는 사람이 지지 자원이 될 수도 있다. 이성 친구나 선생님과 같은 사람도 정서적 지지를 제공할 수 있고, 종교 생활도 중요한 정서적 지지를 얻을 수 있는 자원이 될 수 있다. 이러한 지지 자원을 확보하기 위해서는 평소 가족이나 친구 혹은 선생님과 같은 주변의 친지와 친밀한 관계를 맺기 위해 노력하는 것이 도움이 된다. 자주 안부를 전하고 대화하는 것은 가장 간단하면서도 효과가 높은 방안이다.

정보적 지지 자원은 개인이 경험하는 어려움을 해결하거나 해소하는 데 도움이 될 수 있는 자원을 말한다. 현대의 청소년 및 대학생은 많은 정보를 각종 포털이나 유튜브 혹은 인스타그램 등에서 구한다. 그러한 정보원을 찾아 들어가서 의미 있는 정보를 확보할 수 있도록 평소 익숙해지는 것도 도움이 된다. 혹은 선생님이나 교수의 도움을 받거나 학교의 행정 시스템이나 각종 상담센터 등을 활용하는 방법을 알아 두는 것도 도움이 된다. 정서적 지지 자원이 정보적 지지 자원이 될 수도 있는데, 예를 들어 학과의 선배는 어려운 일이 있을 때 정서적으로 공감하여 줄 뿐 아니라 대처할 수 있는 정보를 제공할 수도 있다.

2) 대처 방법

스트레스를 극복하기 위해 정서나 신체적 상태를 조절하는 방법이 있다. 그 방법은 신체의 이완을 유도하는 방법, 스트레스의 대척점이 되는 활동을 하는 방법, 생각을 바꾸는 방법 등으로 구분할 수 있다.

(1) 이완법

이완법이란 우리가 스트레스를 받게 되면 교감신경계가 활성화되어 긴장을 하게 되는데, 이와 반대되는 이완 상태를 유지하여 스트레스의 효과를 낮추는 방법이다. 대표적인 방법으로는 점진적 근육이완법, 호흡법, 심상이완법 등이 있다.

① 점진적 근육이완법

사람들은 긴장하거나 무력감을 느낄 때 기지개를 켠다. 그리고 나면 후련한 느낌이 든다. 점진적 근육이완법은 그러한 원리를 생각해 보면 이해하기 쉽다. 다만, 차이가 있다면 기지개는 온몸의 긴장과 이완을 한 번에 경험하게 한다는 점과 온몸의 긴장이 필수적이라는 것이다. 그런데 점진적 근육이완법은 긴장과 이완을 반복하지만, 온몸을 한 번에 긴장하는 것이 아니라 신체를 나누어 긴장과 이완을 반복하여 연습한다. 그리고 이에 익숙해지면 긴장을 하지 않고도 온몸의 이완을 유도할 수 있다.

점진적 근육이완법의 순서

양손의 주먹을 세게 쥐어 긴장을 하고 서서히 긴장을 푼다.
팔꿈치를 구부려 상완의 알통을 만들며 긴장하고 서서히 긴장을 푼다.
이마에 주름살을 만들며 긴장을 하고 서서히 긴장을 푼다.
눈을 꼭 감으며 긴장을 하고 서서히 긴장을 푼다.

앞과 같은 순서로 입술, 어금니, 목, 어깨, 배, 등, 엉덩이, 허벅지 등의 순으로 긴장과 이완을 반복한다. 이를 연습한 후 마지막에는 온몸에 긴장을 하였다가 이완한다.
이 과정에서 긴장을 하였을 때의 신체의 느낌을 기억하게 하고, 이완을 하였을 때의 신체의 느낌을 기억하게 한다.

이후 이러한 과정을 충분히 연습한 후에는 긴장을 풀어야겠다고 마음을 먹게 되면 즉시 신체가 이완하였을 때를 기억하여 그 상태로 들어가게 된다.

---

② 호흡법

정서 상태는 호흡과 매우 밀접한 관계가 있다. 걱정이 많거나 긴장하고 있을 때 깊이 호흡하기 어렵고 급박하게 호흡이 되는 것을 느낀 적이 있을 것이다. 이때 심호흡을 하면 긴장이 조금 풀어진다. 그래서 우리는 긴장하거나 걱정이 많은 사람이나 슬퍼하고 안절부절못하는 사람을 보면 심호흡을 하라고 한다.

호흡을 조절할 때 배꼽 위의 단전에 집중하여 단전의 오르내림으로 호흡을 조절할 수 있다. 또는 배꼽 바로 뒤의 등에 코가 있다고 생각하면서 숨이 들어갔다 나갔다 하는 것을 상상하며 호흡을 할 수도 있다. 이러한 방법은 모두 호흡을 가슴으로 얕게 하지 말고 복부까지 숨을 깊게 들이마시고 내쉬는 것을 강조한다. 흉곽을 이용하는 흉식호흡보다는 복식호흡이 깊은 호흡을 할 수 있는데, 이는 천천히 호흡을 하기 때문이다. 하지만 초보자가 단전호흡 같은 복식호흡으로 숨을 조절하는 것이 쉽지 않다. 따라서 이보다는 코끝에 숨이 들어갔다 나갔다 하는 것에 초점을 맞추면서 배가 들락날락하게 호흡하는 것을 권장하기도 한다.

이때 중요한 것은 이완은 내쉬는 호흡과 관계가 깊다는 것이다. 일반적으로 사람들은 호흡을 이야기하면 들이쉬는 것을 먼저 신경 쓴다. 하지만 호흡은 내쉬는 것이 중요하다. 가슴에 들어 있는 이산화탄소를 푹 내쉬게 되면 자연스럽게 흉곽의 기압이 낮아지면서 공기가 가슴으로 들어오게 된다. 또한 숨을 내쉴 때 우리의 몸은 자연스럽게 이완 상태로 들어가게 된다. 들이마시는 것에 몰두하게 되면 숨을 억지로 받아들이려고 하다 보니 도리어 긴장을 하게 된다. 이 점만 주의한다면 호흡법은 우수한 이완법으로 사용할 수 있다.

③ 심상이완법

심상이완법은 행복하고 평화로운 이미지를 유도하여 이완을 하는 방식이다. 예를 들어, 우리가 이전에 경험한 행복했던 순간을 떠올려도 되고, TV나 영화, 그림 등에서 본 평화롭고 행복한 상황을 상상해도 된다. 그리고 그 안에서 다양한 감각 경험을 활용한다. 외할머니와 함께 만두를 빚던 것이 가장 행복한 장면으로 상상이 된다면 그때의 불빛과 할머니의 다정하고 푸근한 목소리를 상상하고, 만두피를 만지던 느낌과 만두 속을 넣고 손가락으로 오므리던 느낌을 기억하며, 만두가 익어 가는 냄새를 기억하면서 편안함을 느낄 수 있다. 해변가에 있다고 상상한다면 파도가 오고 가면서 철썩거리는 소리, 모래나 자갈이 파도에 쓸리는 소리, 바다 내음과 솔솔 부는 바람 등을 상상하여 이완을 할 수 있다. 만약 이러한 상상을 하기 어려워하는 사람이 있다면 먼저 어떤 장면이 가장 행복한 순간이었는지 생각해 내도록 하고, 이어서 그 안에서 경험할 수 있는 다양한 감각을 글로 써서 다른 사람이 읽어 주게 하여 심상을 유도할 수도 있다.

(2) 대안 활동

대안적으로 할 수 있는 활동으로는 운동이나 독서, 음악 감상 등 취미 활동을 들 수 있다. 특히 운동은 체력을 증진하여 매사에 자신감을 갖게 하고, 많은 시간과 노력이 필요한 일을 하더라도 이를 잘 감내할 수 있기 때문에 스트레스의 예방 효과도 있다. 또한 운동은 운동을 하는 동안에 스트레스가 되는 사건에서 벗어나서 신체에 집중하게 하고, 대뇌의 활동을 촉진하여 문제를 진단하고 해결하는 방법을 강구하는 데 도움이 된다. 면역력을 증진하고 심장과 심혈관계를 강화하여 신체적인 소진을 막을 수 있다는 점도 운동의 주요한 장점이다.

한 가지 더 생각할 수 있는 것은 운동을 할 때 신체에서 일어나는 변화이다. 운동을 하게 되면 신체는 내인성 진통제인 엔도르핀(endorphin)을 분비한다. 이는 신체에서 나오는 진통제로서 운동으로 인한 신체적인 고통을 감소시키는 효과가 있는데, 단순히 고통의 감소뿐 아니라 행복감을 느끼게 하는 물질이다. 따라서 운동을 하게 되면 우리는 행복감을 느낄 수 있어서 매사에 희망적이고 진취적으로 삶을 사는 데 도움이 된다.

이 밖에도 독서나 음악 감상, 여행 등의 취미 활동도 스트레스의 대처 방법으로 도움이 된다. 이러한 방법은 스트레스를 일으키는 사건이 그대로 있음에도 이로부터 회피하는 것이라는 점에서 바람직하지 않은 것으로 생각할 수 있으나 단순히 스트레스 사건을 생각하지 않고 약물이나 부정적인 행동으로 회피하는 것보다는 이점을 가지고 있다. 잠시 문제에서 벗어나 각종 취미 활동에 몰입하면 심신이 신선해지는 느낌을 갖게 되고, 문제의 중심이 아닌 약간 떨어진 상태에서 문제를 객관적으로 바라볼 수 있게 된다. 따라서 자신이 스트레스를 받게 될 때 활용할 수 있는 다양한 취미 활동을 개발하여 평소에 즐겨 보는 것도 크게 도움이 된다.

(3) 생각을 바꾸는 방법

인지행동치료에서는 사람들이 스트레스를 경험하는 것은 스트레스 사건 때문이 아니라 그 사건에 대한 생각 때문이라고 한다. 입사 면접에서 탈락한 경우에 탈락 자체가 주는 충격은 클 것이다. 또한 그러한 탈락을 몇 번 경험하였다면 더욱 자존감이 상하고 자신감이 줄어들 것이다. 그런데 다시 생각해 보면 처음 탈락하였을 때와 여러 번 탈락하였을 때 우리가 그 사건을 생각하는 내용이 달라졌음을 알게 된다. 처음에는 '다른 좋은 직장을 알아보면 되지.'라든가 '여기는 내가 생각했던 여러 직장 중의 하나이지, 정말 가고 싶은 곳은 C 회사잖아.'라고 생각하였을 수도 있다. 그러면서 다시 공부하자고 다짐하든가 혹은 기분을 바꾸기 위해 그날 영화를 보든가 하면서 지냈을 수 있다. 그런데 이러한 사건이 반복되면 우리의 생각이 바뀐다. '어떻게 하지! 또 떨어졌네.' '나는 안 되는 것 아니야?' '대학 졸업하고 이게 무슨 꼴이야, 이제 시작인데…….' 와 같이 생각하게 될 것이다. 당연히 자신감이 사라지고, 앞으로의 일에 대해서도 상당한 어려움이 있을 것이라고 생각하며, 자신은 부족한 사람이라고 보고 자신이 처한 상황을 부정적으로 바라보게 된다.

　이러한 과정을 도식적으로 그려 보면 [그림 13-1]과 같다. 이는 ABC 분석이라고 한다. 여기서 A는 선행사건으로 스트레스를 일으키는 사건이 된다. 면접의 탈락, 발표 후 교수의 지적 등이 여기에 속한다. B는 그때 떠오른 생각이다. 인지행동치료에서는 그 사람의 신념이라고 표현한다. '나는 안 돼' 혹은 '그렇게 하라고 하더니 왜 나에게 뭐라고 하시지?'와 같이 그 상황에서 의도하지 않았음에도 문득 떠오른 생각이다. 이로 인해 무력감이나 분노를 느끼게 된다.

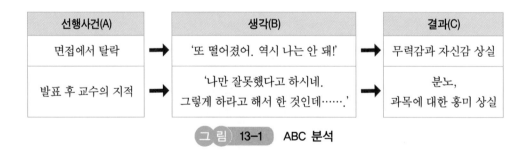

그림 13-1　ABC 분석

　만약 이 상황에서 다르게 생각하였다면 어떻게 될까? 앞의 예에서 든 발표 후 교수의 지적을 받은 상황에 대해 생각해 보자. 교양과목에서 발표가 있었는데, 발표를 하고 나니 교수가 내가 너무 빨리 말을 하여 듣는 사람이 따라가기 힘들다는 피드백을 주었다. 이것을 '발표 시간을 적게 주니 시간이 부족해서 빨리 한 것인데…….'라고 생각하면 화가 난다. 하지만 이후 발표할 때 무엇을 주의하여야 하는지를 생각하는 기회로 본다면, 즉 '아, 그렇구나. 내가 말이 빠르기는 하지…… . 사람들이 내 의견을 놓칠 수도 있겠구나!'라고 생각한다면 도리어 감사의 마음이 들 것이다.

이와 같이 자신의 생각을 바꾸는 것은 스트레스를 일으킬 만한 사건을 스트레스로 받아들이지 않게 되는 좋은 방법이다. 생각을 바꾸기 위해 사용할 수 있는 방법은 매우 많다. 여기서 한 가지 방법을 소개하면 다음과 같다.

먼저, 요즈음 마음에 걸리는 사건을 생각하여 본다. 예를 들어, 친하게 지내는 친구들이 요즈음 나를 멀리한다고 생각하여 스트레스를 받는다고 해 보자. 그리고 그 사건에 대해 다음과 같은 순서로 자신에게 질문하여 본다.

그렇게 생각한 증거가 무엇인가? 전에는 하루가 멀다 하고 카톡이 오고 그랬는데 요즈음은 별로 연락이 없다. 저희끼리 영화를 보러 갔다는 말을 들었다. 교수님이 과제와 관련하여 말씀하신 것이 있는데 나에게 공유하여 주지 않아서 제대로 과제를 하지 못했다…… . 이처럼 여러 가지 떠오르는 일이 있을 것이다. 그런데 그 사건을 기록하다가 보면 생각보다 그렇게 생각할 만한 일이 많지 않다는 것을 알게 될 것이다. 즉, 몇 가지 증거를 가지고 확대 해석하고 일반화하고 있었음을 알게 될 것이다. 사소한 일이었고 별 사건이 아니었는데 나는 부정적으로 생각하고 있었음을 알게 될 것이다.

이러한 질문으로도 생각이 바뀌지 않을 수 있다. 그렇게 생각한 증거가 하나 둘이 아닐 수 있다. 그럴 때 다시 이러한 질문을 던질 수 있다. 달리 생각해 볼 이유는 없는가? 과제를 제출하여야 할 시간이 가까워져서 바쁘기 때문일 수도 있다. 4학년 졸업반이라서 취업 준비와 대학원 준비로 여념이 없어서 그럴 수도 있다. 축제 준비 위원이라서 정신이 없어서 그럴 수 있다. 내가 그런 장르의 영화를 즐기지 않는다고 전에 친구에게 말한 적이 있어서 연락하지 않았을 수도 있다. 곧 있을 리허설 준비로 바쁠 것이라고 생각하여 나에게 부담을 주지 않으려고 영화 이야기를 하지 않았을 수도 있다. 과제와 관련된 말씀은 그날 수업에 들어갔다가 배가 아파서 화장실에 간 도중에 하신 말씀이라 못 들었지만 친구들은 나도 들었을 것이라고 생각하였을 수 있다. 이처럼 다른 이유를 생각하게 되면 내 생각이 틀렸을 수도 있고, 친구를 오해했을 수도 있다는 생각이 들 수 있다.

그럼에도 다른 이유를 생각할 수 없는 경우도 있을 수 있다. 앞과 같은 이유를 찾기 힘들 때 마지막으로 던져 볼 수 있는 질문은 바로 '그런데 그것이 얼마나 나에게 의미가 있는 일인가?'이다. '친구가 요즈음 내게 연락을 뜸하게 하는 것이 내 인생에서 얼마나 중요한 일인가?' '이로 인해 다른 생각을 못할 정도로 스트레스를 받을 일인가?' '그 영화를 그 친구들과 꼭 함께 보아야 할 일인가?' '과제를 제대로 못했지만 시험을 잘 보면 되는 것이 아닌가?' '한 과목 정도 학점이 조금 낮다고 내 삶에 큰 문제가 되는가?' 이러한 질문을 내게 하여 보면 그것이 그렇게 큰 의미를 갖는 것이 아니라는 점을 알게 될 것이다.

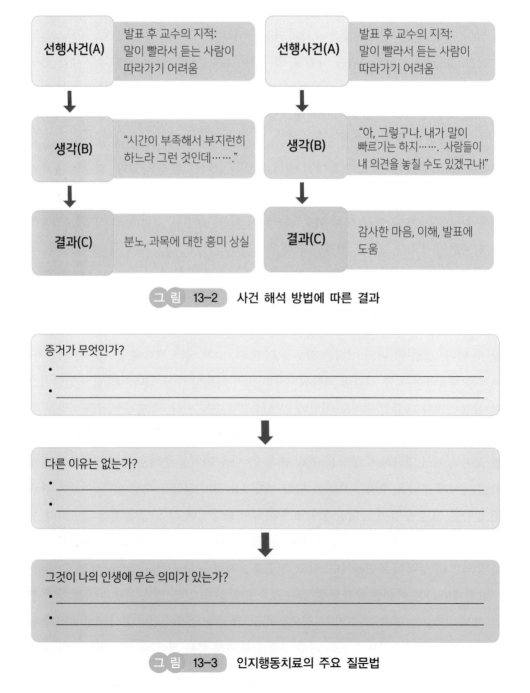

선행사건(A) | 발표 후 교수의 지적: 말이 빨라서 듣는 사람이 따라가기 어려움

생각(B) | "시간이 부족해서 부지런히 하느라 그런 것인데……."

결과(C) | 분노, 과목에 대한 흥미 상실

선행사건(A) | 발표 후 교수의 지적: 말이 빨라서 듣는 사람이 따라가기 어려움

생각(B) | "아, 그렇구나. 내가 말이 빠르기는 하지……. 사람들이 내 의견을 놓칠 수도 있겠구나!"

결과(C) | 감사한 마음, 이해, 발표에 도움

그 림 13-2 사건 해석 방법에 따른 결과

증거가 무엇인가?
•＿＿＿＿＿＿＿＿＿＿＿＿＿＿＿＿＿＿＿＿＿＿＿＿＿＿＿＿＿＿
•＿＿＿＿＿＿＿＿＿＿＿＿＿＿＿＿＿＿＿＿＿＿＿＿＿＿＿＿＿＿

다른 이유는 없는가?
•＿＿＿＿＿＿＿＿＿＿＿＿＿＿＿＿＿＿＿＿＿＿＿＿＿＿＿＿＿＿
•＿＿＿＿＿＿＿＿＿＿＿＿＿＿＿＿＿＿＿＿＿＿＿＿＿＿＿＿＿＿

그것이 나의 인생에 무슨 의미가 있는가?
•＿＿＿＿＿＿＿＿＿＿＿＿＿＿＿＿＿＿＿＿＿＿＿＿＿＿＿＿＿＿
•＿＿＿＿＿＿＿＿＿＿＿＿＿＿＿＿＿＿＿＿＿＿＿＿＿＿＿＿＿＿

그 림 13-3 인지행동치료의 주요 질문법

이 장의 요약

- **스트레스를 받으면 다음과 같은 증상이 나타난다.**
  - 신체적 증상
  - 심리·정서적 증상
  - 행동적 증상

- **스트레스에 대처하기 위해서는 다음의 자원을 배양할 필요가 있다.**
  - 물리적 자원: 경제적 지지 자원
  - 심리적 자원: 정서적 지지 자원과 정보적 지지 자원

- **스트레스의 대처 방법은 다양하며, 상황과 사람에 따라 적절한 대처 방법이 달라진다.**
  - 이완을 위주로 하는 대처 방법
  - 대안적 활동을 하는 대처 방법
  - 생각을 바꾸는 대처 방법

생각해 볼 거리

1. 스트레스를 받으면 어떤 반응이 나타났는지 생각해 봅시다.

_____

_____

_____

_____

2. 주로 어떤 스트레스 전략을 사용하는지 생각해 봅시다.

_____

_____

_____

_____

3. 스트레스 전략 중 이완법과 대안적 활동 그리고 생각을 바꾸는 방법 중 어떤 것이 효과적
   일지 생각해 봅시다.

_____

_____

_____

_____

참고문헌

김미리혜, 박예나, 최설, 김유리(2018). 건강심리학. 서울: 시그마프레스.

임형택(2015). 스트레스 관리하기. 유영권 외 공저. 청소년 생명존중교육 매뉴얼. 서울: 생명문화
    & 서울시자살예방센터.

Cohen, F., & Lazarus, R. (1979). Coping with the stresses of life. In G. C. Stone, F. Cohen, & N.
    E. Adler (Eds.), *Health psychology: A handbook* (pp. 217-254). San Francisco: Jossey-
    Bass.

Folkman, S., & Lazarus, R. (1980). An analysis of coping in a middle-aged community sample.
    Journal of Health and Social Behavior, 21(3), 219-239.

제14장

외상 후 스트레스 장애의 대처[1]

유수현(생명문화학회 이사장)

이 장의 목적

1. 외상 후 스트레스 장애와 트라우마의 의미를 살펴봄으로써 트라우마로부터 회복할 수 있는 치료 방법을 알아본다.
2. 외상성 사건의 종류와 심리적 반응 그리고 트라우마에 대한 뇌의 정보처리 체계와 외상 후 스트레스 장애의 진단 기준과 트라우마 치료 기법을 이해한다.

급변하는 사회에서 충격적인 사건이 우리 주위에서 종종 일어나고 있다. 지진이나 태풍, 비행기 추락, 테러, 강도, 폭행과 살인, 자살 등과 같은 사건이 발생하면 사건 당사자는 물론 목격자들에게도 커다란 충격을 준다. 그 결과 극심한 공포와 무력감에 빠지고, 그 사건이 자꾸 떠올라서 일이 손에 잡히지 않는다. 특히 자살의 경우에 유족들은 심한 정신적 충격으로 고통에 시달리게 된다. 충격적인 사건을 경험했거나 그 사건을 목격한 다음에 나타나는 불안장애가 바로 외상 후 스트레스 장애이다.

외상 후 스트레스 장애란 스트레스로 강한 심리적 충격을 받은 뒤 그 체험이 기억 속에 남아 정신적인 영향을 지속적으로 주는 후유증을 말하며, 이때 나타나는 정신생리적 반응이 '외상 반응'이다. 우리는 '트라우마(trauma)'를 외상(外傷)으로 번역하기 때

1) 유수현, 천덕희, 성준모, 이준하(2017). pp. 213-216 요약 · 정리함

문에 신체적으로 외상을 입은 사람들에게서 나타나는 병으로 오인할 수도 있으나 트라우마는 신체적 외상보다는 정신적 충격을 의미한다.

외상 후 스트레스 장애의 징후에는 분노와 성급함, 죄의식, 수치와 자책감, 물질 남용, 불신감, 배신감, 소외감과 고독감, 우울과 절망, 자살 생각, 신체적 통증 등이 있다. 이 중에 다수의 징후가 사회적 요인과 밀접히 관련되어 있다. 따라서 트라우마 회복은 개인의 심리·정서적 문제에서부터 피해자의 주변 체계를 돕는 일과 사회구조 및 환경의 변화까지를 도모해야 하는 사회적 관점의 통합적 접근이 요구된다. 여기서는 트라우마에 대한 올바른 이해와 외상 후 스트레스 장애의 진단 기준 및 트라우마의 치료와 회복에 대해 살펴보고자 한다(유수현 외, 2021).

1. 트라우마에 대한 이해

트라우마(trauma)는 원래 '상처'를 뜻하는 그리스어이지만 우리는 몸의 상처보다는 정신적 충격이나 심리적인 상처를 떠올린다. 충격적인 사건, 즉 외상성 사건(traumatic event)이란 자연재해와 비의도적인 인재(human made disaster) 그리고 의도적이고 악의적인 재해(intentional disaster) 등 세 가지 유형으로 구분한다.

자연재해에는 지진, 홍수, 태풍, 폭풍, 토네이도 등이 해당되며, 인재에는 원자력발전소 사고, 화재, 산업재해, 자동차 사고, 선박 사고, 비행기 사고 등 인간의 실수로 인해 당하는 재난이다. 그리고 의도적인 재해란 전쟁, 방화, 강간, 치사, 폭행, 강도, 자살, 신체적·정신적 학대, 성폭력, 테러, 잔혹 행위 등이 해당된다.

이러한 트라우마를 대하는 관점에 따라 그 회복에 대한 접근 방식이 달라질 수 있다. 즉, 트라우마를 개인의 병리적 입장으로 보는 경우와 사회구조와 연관되는 사회적 사건이라는 관점이 그것이다.

첫째, 트라우마는 '사건'이 아니라 '반응'으로 이해하는 개인의 병리적 관점이 있다. 대부분의 사람이 이 관점으로 트라우마를 이해하고 있다. 앞에서 설명한 외상성 사건으로 강한 심리적 충격을 받은 뒤 그 체험이 기억 속에 남아 정신적인 영향을 지속적으로 주는 정신생리적 반응이 '외상 반응'이다. 우리가 경험하는 어떤 사건에 대한 반응이나 참을 수 있는 정도는 사람마다 다른데, 이것을 대처 능력 또는 감정조절 능력이라고 한다. 이 감정조절 능력을 넘어서는 경험으로 인해 정신적·심리적 붕괴가 일어나는 상태가 바로 트라우마인 것이다.

미국정신의학회(American Psychiatric Association, 2013)에서 발간한 정신장애 진단 및 통계 편람(DSM-5)에 의하면 외상성 사건은, ① 자신이나 타인의 실제적이거나 위협적인 죽음이나 심각한 상해 또는 신체적 안녕에 위협이 되는 사건을 직접 경험하거나, ② 타인의 죽음, 상해, 신체 건강을 위협하는 사건의 목격, 그리고 ③ 가족이나 친지의 예기치 못한 무자비한 죽음이나 심각한 상해 및 이들이 경험한 죽음이나 상해에의 위협을 알게 되는 것 등에서 비롯된다고 했다.

이러한 사건에 대한 반응으로 극심한 두려움, 무력감 또는 공포가 일어나고, 극심한 외상에 노출된 후 그 사건이 지속적으로 떠오르고 그 사건과 관련되는 자극을 회피하려고 하며, 일반적으로 반응이 마비되거나 각성 상태가 증가되는 증상이 지속적으로 나타난다. 이러한 완전한 양상이 1개월 이상 나타나고, 사회적, 직업적, 기타 중요한 기능 영역에서 임상적으로 심각한 고통이나 장해가 있으면 외상 후 스트레스 장애(Post-Traumatic Stress Disorder: PTSD)로 진단한다.

둘째, 외상성 사건이 사회구조와 연관되는 사건이라는 사회적 관점이 있다. 이 관점은 트라우마의 기저에는 사건과 사건의 구조, 인식, 그에 따른 행위 사이에 인과관계가 있다고 본다. 트라우마에 관여된 '사실'은 감성적, 인지적, 도덕적으로 조정되며, 개인을 넘어선 사회문화적 차원에서 상징적으로 구조화되고 사회적으로 결정된다는 것이다. 그러므로 어떤 외상성 사건도 그 자체만으로 해석할 수 없다는 것이다(Alexander, 2003).

2. 트라우마에 대한 뇌의 정보처리 체계

인간의 정서를 이해하기 위해서는 측두엽에 위치하고 있는 변연계에 대한 이해가 필요하다. 변연계는 편도체(amygdala), 해마(hippocampus), 시상하부(hypothalamus), 중격(septum), 후각망울(olfactory bulb)로 구성되어 있다.

인간이 트라우마를 경험하면 뇌의 정보처리 체계가 마비되어 해마의 기능이 억제되고, 편도체가 활성화되며, 우측 뇌의 편도체에 내재적인 기억 형태로 저장된다. 이 편도체와 해마는 학습과 기억에 관여하며, 편도체와 해마의 상호 연관된 구조는 생존 관련 행동과 정서 표현 및 기억 형성에 관여한다. 또 편도체는 정서 표현에 관여하며, 위험 상황이나 공포 상황에서 싸워야 할지 아니면 도피해야 할지를 판단한다. 해마는 새로운 기억을 형성하는데, 단기기억을 장기기억으로 전환하여 저장한다. 이렇게 해마로 인해 저장된 기억을 재생할 수 있어서 학습이 가능하다. 따라서 해마가 손상되면 학습이 불가능하다. 시상하부는 호르몬의 생산과 조절을 담당하고, 후각망울은 냄새로 옛날 장소, 느낌, 기억의 중요 단서를 제공한다.

우리 뇌의 정보처리 체계에는 두 가지 경로가 있다. 평상시 뇌의 반응은 외부의 시각적 자극을 대뇌피질과 해마로 전달하여 외부 자극을 주의 깊게 평가하는 시스템이 작동한다. 외부 자극을 과거의 유사 상황과 비교 검토하여 적절한 대응책을 의식적으로 실행하도록 시상하부에 명령을 내려 자율신경계가 반응한다.

그러나 공포 상황에서 우리의 뇌는 외부 자극을 시상에서 편도체로 1/1000초 안에 전달하여 시상하부를 통해 신체 보호를 위하여 자율신경계가 반응을 한다. 이는 반사적이고 즉각적인 신체 반응이나 행동 유발 시스템이 작동하여 무의식적으로 일어나는 정서 반응, 행동 반응, 신체 반응과 연관된다. 매우 위협적이거나 위험한 자극이 들어오면 천천히 평가할 수 있는 여유가 없으므로 위험 상황으로부터 살아남기 위해 응급 상황에서 빠르게 반응하는 시스템만 작동한다.

어떤 사람이 외상성 사건을 경험하게 되면 급행신경회로(fast neural circuit)만 활성화되고, 완행신경회로(slow neural circuit)는 억압되며, 불안과 공포 반응, 놀람을 관장하는 신경전달물질인 노르에피네프린(norepinephrine)이 증가하게 된다. 그러나 외상 경험이 지나간 뒤에도 계속 노르에피네프린의 분비가 증가하여 원래의 기능을 회복하지 못한다.

이 외에도 도파민, 오피오이드, 글루코코르티코이드 등의 신경전달물질이 증가하고, 세로토닌은 감소한다. 이처럼 신경전달물질의 변화는 외상의 기억을 처리하고 통합하는 기능을 마비시킴으로써 뇌의 신경회로를 무너트려 뇌가 오작동하는 것이다.

3. 외상 후 스트레스 장애의 진단 기준

DSM-5에 제시한 PTSD의 진단 기준은 다음과 같으며, 이 내용은 청소년과 성인에게 적용되는 진단 기준으로서 아동의 경우에는 다소 다른 진단 기준이 적용된다.

이 기준에 따르면 외상적 사건을 지속적으로 재경험하는 증상이 나타나고, 외상과 관련된 자극을 회피하거나 정서적으로 무감각해지며, 예민한 각성 상태가 지속되는 세 가지 유형의 증상 중 한 가지 이상이 1개월 이상 나타나서 일상생활에 심각한 지장을 받게 될 때 외상 후 스트레스 장애로 진단한다.

표 14-1 PTSD의 진단 기준(DSM-5)

A. 실제적인 것이든 위협을 당한 것이든 죽음, 심각한 상해 또는 성적인 폭력을 다음 중 한 가지 이상의 방식으로 경험한다.
   (1) 외상 사건을 직접 경험하는 것
   (2) 외상 사건이 다른 사람에게 일어나는 것을 목격하는 것
   (3) 외상 사건이 가까운 가족이나 친구에게 일어났음을 알게 되는 것
   (4) 외상 사건의 혐오스러운 세부 내용에 반복적으로 또는 극단적으로 노출되는 것(전자매체, TV, 영화, 사진을 통한 것이 아님)

B. 외상 사건과 관련된 침투 증상이 다음 중 한 가지 이상 나타난다.
   (1) 외상 사건에 대한 고통스러운 기억의 반복적이고 침투적인 경험
   (2) 외상 사건과 관련된 고통스러운 꿈의 반복적 경험
   (3) 외상 사건이 실제로 일어난 것처럼 느끼고 행동하는 해리 반응(예: 플래시백)
   (4) 외상 사건과 유사하거나 그러한 사건을 상징하는 내적 또는 외적 단서에 노출될 때마다 강렬한 심리적 고통의 경험
   (5) 외상 사건을 상징하거나 그와 유사한 내적 또는 외적 단서에 대한 심각한 생리적 반응

C. 외상 사건과 관련된 자극 회피가 다음 중 한 가지 이상의 방식으로 지속적으로 나타난다. 이러한 변화는 외상 사건이 일어난 후에 시작된다.
   (1) 외상 사건과 밀접히 관련된 고통스러운 기억, 생각, 감정을 회피하거나 회피하려는 노력
   (2) 외상 사건과 밀접히 관련된 고통스러운 기억, 생각, 감정을 유발하는 외적인 단서(사람, 장소, 대화, 활동, 대상, 상황)를 회피하거나 회피하려는 노력

D. 외상 사건에 대한 인지와 감정의 부정적 변화가 다음 중 두 가지 이상에서 나타난다. 이러한 변화는 외상 사건이 일어난 후에 시작되거나 악화될 수 있다.

> (1) 외상 사건의 중요한 측면을 기억하지 못한다.
> (2) 자신, 타인, 세상에 대한 과장된 부정적 신념이나 기대를 지속적으로 지닌다.
> (3) 외상 사건의 원인이나 결과에 대한 왜곡된 인지를 지니며, 이러한 인지로 인해 자신이나 타인을 책망한다.
> (4) 부정적인 정서 상태(예: 공포, 분노, 죄책감이나 수치심)를 지속적으로 나타낸다.
> (5) 중요한 활동에 대한 관심이나 참여가 현저하게 감소한다.
> (6) 다른 사람에 대해서 거리감이나 소외감을 느낀다.
> (7) 긍정 정서(예: 행복감, 만족, 사랑의 감정)를 지속적으로 느끼지 못한다.
>
> E. 외상 사건과 관련하여 각성과 반응성의 현저한 변화가 다음 중 두 가지 이상에서 나타난다. 이러한 변화는 외상 사건이 일어난 후에 시작되거나 악화될 수 있다.
> (1) (자극이 없는 상태이거나 사소한 자극에도) 짜증스러운 행동이나 분노 폭발
> (2) 무모하거나 자기파괴적인 행동
> (3) 과도한 경계
> (4) 과도한 놀람 반응
> (5) 집중의 곤란
> (6) 수면 장애
>
> F. 앞에 제시된 (B, C, D, E의 기준을 모두 충족시키는) 장애가 1개월 이상 나타난다.
> G. 이러한 장애로 인해서 심각한 고통이 유발되거나 사회적, 직업적 또는 중요한 기능에 현저한 손상이 나타난다.
> H. 이러한 장애는 약물이나 신체적 질병에 의한 것이 아니어야 한다.

출처: 권준수 외(2015).

4. 트라우마의 치료와 회복

트라우마의 치료와 회복의 핵심은 과거의 상처로부터 벗어나 현재의 삶을 자유롭게 살도록 도와주는 데 있다. 트라우마는 개인과 사회의 노력 여하에 따라 치유가 가능하다.

치료 방법을 살펴보면 정신요법으로는 약물치료, 인지처리치료가 있다. 또한 지속적 노출치료, 안구 운동 민감 소실 및 재처리 그리고 심호흡과 점진적 이완 등이 사용되고 있다.

1) 약물치료

PTSD의 우울 증상에 사용하는 약물로는, ① 선택적 세로토닌 재흡수 저해제 (Selective Serotonin Reuptake Inhibitor: SSRI), 세로토닌-노르에피네프린 재흡수 억제제 (Serotonin-Norepinephrine Reuptake Inhibititors: SNRI) 등을 포함하는 새로운 항우울제 계통, ② 벤조디아제핀 계열의 항불안제, ③ 기분안정제, 항아드레날린성 약물, 비정형 항정신병 약물 등이 있다.

2) 인지처리치료

인지처리치료(Cognitive Processing Therapy: CPT)는 인지를 재구성하는 변화를 통하여 행동을 변화시키는 인지행동치료이며, 자신의 삶을 지배하거나 조절하려고 노력하는 사람들에게 외상성 사건을 어떻게 이해하고 이에 어떻게 대응하여야 하는가에 초점을 맞춘다. CPT의 목적은 새로운 정보에 맞추어 기존의 인지구조의 동화(assimilation)와 조절(accommodation)을 격려하는 것으로, 여기에는 발생한 외상성 사건을 수용하고, 개인의 삶에 성공적으로 통합하는 방법을 모색하는 것을 포함한다(김은심 외, 2011).

CPT의 주요 내용은, ① 대상자에게 PTSD에서 자신의 구체적인 증상이 무엇이며 치료가 어떻게 도움이 되는지를 교육시키며, ② 글로 쓰거나 말로 표현하므로써 자신의 사고(thought)와 느낌(feeling)을 인식시키고, ③ 대상자는 연습 과제를 통하여 자신의 사고와 느낌에 도전하는 기법을 익히므로, ④ 외상 후에 자신의 안전(safety), 신뢰(trust), 조절(control), 자존감(self-esteem), 타인과의 관계(relationship)에 대한 신념에 변화를 가져오게 하는 것이다.

CPT는 개인 치료와 그룹 치료 모두가 가능하고, 주 1회 50분씩 총 12~13회기의 프로그램으로 정신건강의학과 전문의와 정신건강 전문 요원으로 구성된 다학제적 팀에 의해 서비스가 제공된다. 각 회기별 주요 내용으로는, ① 대상자 소개와 교육, ② 외상의 의미, ③ 사고와 느낌 확인하기, ④ 사건 회상하기, ⑤ 걸려 넘어진 지점 확인하기, ⑥ 도전 질문, ⑦ 문제 사고, ⑧ 안전, ⑨ 신뢰, ⑩ 힘 조절, ⑪ 자존감, ⑫ 친밀과 의미 등이며, 사망을 경험했을 때는 2회기에서 한 회기를 더 추가할 수 있다.

3) 지속적 노출치료

지속적 노출치료(Prolonged Exposure Therapy: PET)의 전반적인 목적은 외상 생존자들이 그들의 외상 경험에서 PTSD와 외상 관련 증상을 감소시키도록 돕는 것이다. PET는 PTSD의 증상 개선에서 외상 기억을 성공적으로 처리하는 것에 핵심 역할을 강조하는 정서처리이론(emotional processing theory)으로부터 도출한 것이다.

PET는 스트레스의 원인이 되기 때문에 대상자가 회피하는 사고와 느낌과 상황에 반복적이고 의도적으로 천천히 노출시키되, 지속적으로 직면하게 함으로써 증상과 스트레스를 경험하도록 노출해서 점차적으로 스트레스가 감소되게 하는 치료법이다. PET는 외상 기억을 성공적으로 처리하는 핵심적인 역할을 강조하고, 일어난 것이 무엇인지를 살펴보게 하고, 진정으로 일어난 것이 무엇인지 알게 하며, 왜 일어났는지 등에 대해 살펴보게 하는 것이다.

PET의 구성은, ① 증상에 대해 보다 많이 알게 하는 교육, ② 이완할 수 있도록 돕는 호흡유지 방법, ③ 실제 상황에 행동을 노출시킴, 그리고 ④ 외상 경험에 대해 상담자와 함께 외상 기억을 다시 떠올리거나 이야기를 하는 심상노출 등으로 되어 있다. 그리고 PET는 1회기를 90분으로 하여 1주일에 1~2회기로, 총 8~15회기를 실시한다.

4) 안구 운동 민감 소실 및 재처리

안구 운동 민감 소실 및 재처리(Eye Movement Desensitization and Reprocessing: EMDR)의 핵심은 외상 기억이나 충격적인 생의 사건 구성 요소를 활성화시키고, 그러한 구성 요소를 상호 교류시키거나 이중 주의집중 자극(dual attention stimulation)을 줌으로써 짝을 이루게 하는 것을 포함한다. EMDR은 외상 기억을 처리하고 통합하는 데 효과적인 방법으로서 신경회로의 연결성을 강화시켜서 외상성 기억장애가 정상적인 정보처리 과정에 통합되도록 돕는다.

EMDR에서는 대상자가 외상성 사건에 대하여 이야기하는 동안에 자신의 두 눈의 움직임, 손놀림, 손가락으로 책상을 톡톡 치게 하는 것과 소리에 초점을 맞춘다. 외상 경험에서는 많은 사람이 뇌가 처리해야 하는 정보가 제대로 처리되지 못하고 그대로 남아 있다고 본다. EMDR은 통상적으로 4~12회 기간 동안 실시하며, 가장 많이 시행하는 횟수는 8회기 정도이다.

5) 심호흡

심호흡(deep breathing)은 횡경막을 이용한 복식호흡이다. 사람들은 외상성 사건을 경험하거나 목격하면 스트레스를 받거나 흥분하게 되고 감정이 격해진다. 이런 상황에서 의도적으로 심신을 이완시키면 심장 박동 수가 떨어지고 흥분도 사라진다. 집중력도 높아지고 불안감도 없어지는데, 이를 '이완 반응'이라고 부른다. 이완 반응을 유도하는 데 가장 좋은 것이 바로 심호흡이다.

심호흡이란 자율신경계를 의식적으로 조절할 수 있는 유일한 방법으로서 조급한 호흡을 천천히 규칙적으로 조절하는 것이다. 호흡 조절을 시작하려면 먼저 편안한 자세로 누워 전신의 힘을 빼고 조용히 눈을 감는다. 이러한 상태에서 자신의 호흡에 주의를 기울여 본다. 다음으로는 자신의 오른손은 배꼽 위에 얹고, 왼손은 가슴 위에 놓은 후 두 무릎을 반만 구부린다. 그리고 횡경막을 이용하여 복식호흡을 시작하되, 호흡을 가능한 한 천천히 길게 하면서 들이마시는 호흡(들숨)보다는 내쉬는 호흡(날숨)을 더 길게 한다. 이렇게 하는 것이 충분한 이완을 가져온다.

호흡을 할 때는 아기가 호흡할 때처럼 배가 오르락내리락해야지, 가슴이 오르락내리락한다면 복식호흡이 안 되고 있는 것이다. 호흡할 때 단순히 숨을 크게 들이마시고 서서히 길게 토해 내면 모든 근육은 자동적으로 이완된다. 그러나 이완을 목적으로 하는 호흡법은 들숨과 날숨을 시간적으로 단순하게 반씩 나누어 호흡하지 말고 개개의 호흡 주기를 몇 단계로 나누어 실시할 때 더욱 효과적이다. 호흡하는 동안에 긴장감과 이완감을 느껴 보도록 한다. 즉, 들숨에서는 긴장감을 느끼고 날숨에서는 이완감을 느껴 보는 것이다. 뿐만 아니라, 내쉬는 숨을 통하여 자신의 모든 긴장이 날아간다는 생각으로 호흡을 하면 더욱 효과가 있다. 이와 같은 호흡을 하루에도 몇 차례씩 실시하면 긴장의 이완에 도움을 받을 수 있다.

6) 점진적 이완

긴장된 근육을 이완하는 데는 점진적 이완(progressive relaxation)이 널리 사용된다.

점진적 이완은 긴장감과 이완감을 구분하여 어느 근육이 긴장하는지를 알게 하며, 중요한 근육을 하나씩 이완시켜 나가 궁극적으로는 모든 근육을 이완시키는 방법이다.

점진적 이완이란 심장에서 가장 먼 신체 부위(손과 발)부터 시작하여 차츰 차츰 가까운 근육들에 대해 한 번에 하나씩 이완시켜 나가 궁극적으로는 모든 근육을 이완시켜 나가는 운동을 의미한다. 이 운동은 조용하고 편안한 장소에서 실시하는 것이 좋다. 마루나 방바닥에 다리를 뻗고 앉아서 실시하는 것이 좋으나 때로는 의자나 소파에 기대어 앉아서 해도 괜찮다. 또 점진적 이완 운동에 들어가기에 앞서 호흡 조절을 하고 점진적 이완 운동을 한 번에 약 15~20분만 실시하면 된다.

점진적 이완운동은 누가 지시문을 읽어 주든가 아니면 자신의 육성으로 순차별 이완 동작 지시문을 녹음해 둔 후에 이 테이프를 들으면서 지시에 따라 해도 된다. 점진적 이완 운동은 오른손과 오른팔, 왼손과 팔, 얼굴 윗부분(이마), 얼굴의 중간 부분(눈), 얼굴의 아랫부분(입), 목, 가슴 윗부분, 어깨와 등, 복부, 오른쪽 다리, 왼쪽 다리 등의 순서로 힘을 주어 근육을 긴장시켰다가 서서히 힘을 빼면서 이완감을 느껴 보는 것이다. 하루에 한두 번 매일 연습을 하되, 식후 2시간이 지난 후부터 실시해야 한다. 이렇게 하여 모든 근육을 이완시켜 나가는 운동이다.

5. 사회적 요소를 고려한 포괄적 접근

최근 PTSD가 개인의 병리적인 측면에만 초점을 맞추는 반면, 그것을 발생케 한 사건이나 원인의 사회구조와 과정을 고려하지 않는다는 비판이 나오고 있다. 외상은 심리적·생리적 영역에서부터 사회적 영역까지 인간의 모든 측면에 영향을 주기 때문에 트라우마 치료는 포괄적이어야 한다. 미국 하버드대학교의 정신의학과 교수인 허먼(Herman, 2012)은 트라우마 회복을 위해서 개인을 대상으로 하는 의학적·심리적 치료뿐만 아니라 사회적 요소가 모두 다루어져야만 한다는 점을 강조하였다.

트라우마를 개인의 병리적 입장에서만 이해할 경우에 회복 또한 개인의 질병 치료에 치중할 것이고, 트라우마 희생자는 환자로 다루어지게 될 것이다. 뿐만 아니라, 회복을 위한 대책도 정신건강의학과 전문의와 정신건강전문요원을 투입하고, 트라우마 전문병원을 설립하는 것에 그칠 수 있다.

트라우마 희생자들이 이런 상황에 직면하게 된 사회구조적인 문제를 뒤로하고 개인의 병리적인 입장에서만 접근하려는 것은 완전한 대책이 되지 않는다. 피해자들이 사회적인 관계를 바탕으로 사회적 지지와 이를 활용할 수 있는 능력은 트라우마 회복에 중요한 영향을 미친다(권정혜 외, 2010). PTSD의 진단에서 사회적, 직업적, 기타 중요한 기능 영역에서 임상적으로 심각한 고통이나 장해의 여부를 따진다는 것은 트라우마의 희생자가 사회적, 직업적, 기타 중요한 영역에서 자신의 역할이나 사회적 기능을 수행할 수 있도록 변화시키는 것이 진정한 치료이고 회복이라는 의미를 내포하고 있음을 간과해서는 안 된다.

이 장의 요약

이 장에서는 외상성 사건을 직·간접적으로 경험한 이후 나타나는 외상 후 스트레스 장애에 대한 올바른 이해와 대처를 위하여 외상성 사건과 심리적 반응 그리고 트라우마에 대해 설명하고, 외상 후 스트레스 장애의 진단 기준과 트라우마 치료 기법을 설명하였다.

외상성 사건을 자연재해와 비의도적인 인재 그리고 의도적이고 악의적인 재해 등 세 가지 유형으로 구분하여 설명하였다. 트라우마에 대한 반응으로 극심한 외상에 노출된 후 그 사건이 지속적으로 떠오르고 그 사건과 관련되는 자극을 회피하려고 하며, 일반적으로 반응이 마비되거나 각성 상태가 증가되는 증상이 지속적으로 나타난다.

뇌의 정보처리 체계에는 평상시와 공포 상황의 경우에 정보처리의 경로가 다름을 설명했고, PTSD의 진단 기준에 대해 DSM-5에 제시되어 있는 내용을 중심으로 살펴보았다.

마지막으로, 트라우마의 치료 방법으로 약물치료, 인지처리치료, 지속적 노출치료, 안구 운동 민감 소실 및 재처리 그리고 심호흡과 점진적 이완 등에 대해 설명하였다.

생각해 볼 거리

1. 국가트라우마센터의 소재와 주요 기능 및 사업은 무엇입니까?

_____

_____

_____

_____

_____

_____

_____

_____

2. 트라우마의 치료 또는 회복을 위한 비약물 요법은 무엇입니까?

_____

_____

_____

_____

_____

_____

_____

참고문헌

김은심, 유수현, 이경순 편(2011). 자살예방을 위한 군 상담기법: PTSD와 군 상담 워크북.

유수현, 천덕희, 성준모, 이종하(2017). 정신건강론(제4판). 경기: 양서원. 한국군상담심리학회.

한소정, 박미정(2017). 트라우마센터에서 근무한 사회복지사들의 경험에 대한 연구: 안산 온마음 센터를 중심으로. 보건사회연구, 37(4), 476-509.

Alexander, J. C. (2007). 사회적 삶의 의미: 문화사회학 (*The meanings of social life: A cultural sociology*). (박선웅 역). 경기: 한울아카데미. (원저는 2003년에 출판).

Allen, J. G. (2010). 트라우마의 치유 [*Coping with trauma: Hope through understanding* (2nd.)]. (권정혜, 김정범, 조용래, 최혜경, 최윤경, 권호인 공역). 서울: 학지사. (원저는 2005년에 출판).

American Psychiatric Association (2015). *DSM-5: Diagnostic and Statistical Manual of Mental Disorders* (5th ed.). Washington D.C.: American Psychiatric Association. (권준수, 김재진, 남궁기, 박원명 등 공역). 정신질환의 진단 및 통계편람(제5판). 서울: 학지사. (원저는 2013년에 출판).

Gabbard, G. O. (2002). 역동정신의학(3판) [*Psychodynamic psychiatry in clinical practice* (3th ed.)]. (이정태, 채영래 역). 서울: 하나의학사. (원저는 2000년에 출판).

Herman, J. L. (2012). 트라우마: 가정폭력에서 정치적 테러까지 (*Trauma and recovery: The aftermath of violence-from domestic abuse to political terror*). (최현정 역). 경기: 열린책들. (원저는 1992년에 출판).

제15장

마음챙김과 부정적 반추에서 벗어나기

이범수(동국대학교 생사문화산업학과 교수)

이 장의 목적

1. 마음챙김의 정의와 원리에 대해 알아본다.
2. 자살 사고를 포함한 많은 청소년이 겪는 문제의 원인 중 하나인 정서조절 결여와 부정적 반추 등에 대한 마음챙김의 효과성에 대해 알아본다.
3. 부정적 반추와 그것을 흘려보내는 마음챙김 명상을 경험해 보고, 실제 삶에 적용할 수 있도록 한다.

1. 마음챙김

인생 발달 과정상 청소년들은 부모와의 갈등, 가정불화, 학업과 진로 문제, 친구와의 갈등, 이성 문제 등과 같은 상황에 노출되기 쉽고, 일반적으로 대처에 능숙하지 못한 경우가 많다. 일부 청소년은 그와 같은 스트레스 상황에 대처하는 데 실패할 경우에 자살 또는 자살시도를 하는 경우도 있다.

그러므로 청소년들에게 있어 극심한 스트레스에 휘둘리더라도 객관적으로 자신의 상태를 자각 및 평가하고, 우울, 불안, 분노, 자살 사고, 부정적 반추 습관 등의 부적응적 패턴을 완화하고, 자아탄력성, 자존감, 자기효능감, 행복감, 낙관성, 수용 능력 등을 높이며, 충동성, 공격성 등은 감소시키는 심리구조를 확립하는 것이 중요하다.

그런 의미에서 마음챙김(mindfulness)은 이미 중·고등학교 청소년들을 대상으로 실시한 자살 방지 프로그램 결과에서도 밝힌 바와 같이 자살 사고를 유의하게 감소시키며, 프로그램 종결 후에도 추후 효과가 지속적(김도연, 손정락, 2012)인 것으로 보고되고 있다. 마음챙김은 청소년이 겪는 문제를 평가하여 객관적으로 자신이 처한 스트레스 상황에서 깨어 있음으로 인해 보다 바람직한 개인의 대처 능력을 배양하고 자살을 방지할 수 있는 하나의 방안이 된다.

1) 마음챙김의 정의와 원리

- '순간순간(moment-by-moment)의 알아차림'

- 인도의 고대어인 팔리어에서의 사티(sati)를 번역한 말로, 알아차림(awareness), 주의(attention), 기억(remembering)이란 뜻임

- 마음챙김이란 행위(doing)의 개념에서 벗어나 행위를 멈추는, 시간상으로 자신을 스스로 '섬'처럼 존재하게 하는 것이기도 하고, 자신을 위한 시간을 마련하는 것이기도 하며, 성질을 느긋하게 하고, 세상에 수용적이 되며, 자신의 마음이 어떻게 움직이는지 관찰하고, 어떻게 생각하는지 바라보며, 생각과 정서에 사로잡혀 끌려다니지 않으며, 떠오르는 생각을 끊임없이 놓는 것, 그것을 통해 과거의 문제를 새로이 바라보고, 각각의 사물 사이에 존재하는 연결을 지각하는 여지를 만드는 것, 순간순간 펼쳐지는 경험에 대해 의도적으로 평가하지 않고 바로 그 순간에 주의를 기울임을 통해 알아차림 하는 것을 말함(Kabat-Zinn, 2012)

- 매 순간의 정보에 대해 분석적인 태도에서 벗어나 경험을 있는 그대로 관찰자적 조망으로 바라보는 것, 주의가 흩어질 때 그 상태를 자각해서 마음의 작용을 알아채 균형을 유지하는 것(김도연, 2014)

- 생겨나는 그대로 연속적으로 흐르는 내적·외적 자극에 대해 평가하지 않는 관찰(Baer, 2003)

- 특정 대상에 고정하지 않고 일상생활에서의 경험에 마음챙김하는 것, 즉 마음을 집중하여 판단하지 않고 관찰하는 명상(김정호, 김선주, 2007)

- 순간순간 의식의 장에서 발생하는 몸과 마음의 현상(신체 감각, 느낌, 감정, 욕구, 의도, 생각 등)에 대한 즉각적인 자각(현재 자각), 주의집중, 비판단적 수용 및 현상에 휩싸이지 않는 탈중심적 주의(박성현, 2006)

2) 마음챙김의 효과

- 마음챙김은 스트레스 및 자살과 관련하여 그 효과가 증명된 심리적 기제(機制)임

- 정서조절 영역을 부정적으로 반추하게 될 때 마음챙김을 통해 적절히 통제 및 조절하게 되면 다양한 삶의 사건에 긍정적으로 접근이 가능(김도연, 2014)

- 자아탄력성, 주의집중력, 심리적 안녕감, 자아존중감, 자기효능감의 증가와 자살 사고 및 우울, 불안, 분노 등을 감소시키는 기능(최주영, 이용남, 2014)

- 자신과 타인의 공감에 대한 공감 능력을 향상시키고, 자살 사고, 불안, 강박 등의 부정적 정서, 부정적으로 반추하는 습관에 대한 자기 조절 기능 향상에 매개 역할을 함

표 15-1　마음챙김과 공감 능력 및 자기조절 효과와의 연관성

공감 능력	자기조절 효과
타인의 생각과 정서를 있는 그대로 느끼고 이해하는 능력을 말하는데, 대상을 향한 공감 능력은 발달상 어느 시기보다 또래와의 교류와 협동관계를 중요시하는 청소년에게 중요한 덕목임	현재의 자신을 자각하고, 과거의 외상 사건에 매달리게 됨으로써 생기는 심리적 고난을 객관적으로 바라보게 하며, 고통과 융합되지 않은 상태로 자신을 유지하게 함
그러한 청소년들에게 마음챙김은 감정 이입을 통한 타인의 고통에 대한 이해와 수용, 이타적인 내적 동기 및 현상에 대한 바른 지혜를 제공해 주는 자살 예방의 효과적 도구임	마음챙김은 인지 재구조화 과정처럼 고통스러운 경험을 회상하게 함으로써 당시의 상황과 연계된 정서적 고통을 직면해야 하는 과정을 밟지 않으며, 두려움 없이 자신의 부정적 인지 오류에 압도당하지 않으며, 자신의 인식을 식별하고 자각하게 함

(가운데: 마음챙김)

출처: 김도연(2014).

3) 부정적 반추

'반추'는 어떤 일을 되풀이하여 음미하거나 생각하는 것이다. 사람은 자신 혹은 문제 상황의 부정적인 측면으로 되돌아가서 반복적으로 되새김질(反芻)함으로써 그것에 대한 생각을 지속시키는 경향이 있다. 기분이 우울하거나 저조할 때는 습관적인 인지 처리 패턴이 자동적으로 전환된다. 그러나 부정적 반추는 우울증을 더욱 고통스럽게 만들고, 기분 유도 편향으로 자신의 삶에서 일어난 부정적인 사건에 더 초점을 맞추게 한다. 그런 경우에 부정적 사고를 반추하는 방향으로 발전하여 우울 반응이 습관화되면 자살시도를 촉진할 수 있다. 우울증이 자살충동으로 이어지지 않기 위해서는 습관화된 부정적 반추를 마음챙김하는 것이 중요하다.

그러한 마음챙김은 부정적으로 반추하는 마음의 패턴을 깨닫게 하므로 스스로를 주위로부터 고립되지 않게 하며, 자신의 고통에 대해 타인과 나누는 장(Field, 場)으로 이끌어 준다.

4) 마음챙김 하는 태도

비판단적으로 마음챙김 하며 주의를 확장하는 태도는 과거, 현재 또는 미래에 대한 부정적 이미지를 긍정적으로 대체할 뿐 아니라, 좌절과 후회 같은 감정도 액면 그대로 통합하고 수용하도록 돕는다. 이를 통해 자동적이고 습관적인 반응으로부터 개인이 자유로워질 수 있게 한다(Sagal, Williams, & Teasdale, 2013).

• 마음챙김을 할 때 유지해야 할 중심 태도

존 카밧진(John Kabat-Zinn)

- 판단하지 않는다(non-judging).
- 인내심을 가진다(patience).
- 처음 시작하는 마음으로 한다(初發心).
- 자신의 직관이나 느낌을 신뢰한다(trust).
- 지나치게 애쓰지 않는다(non-striving).
- 있는 그대로 보고 받아들인다(acceptance).
- 내려놓는다(letting-go).

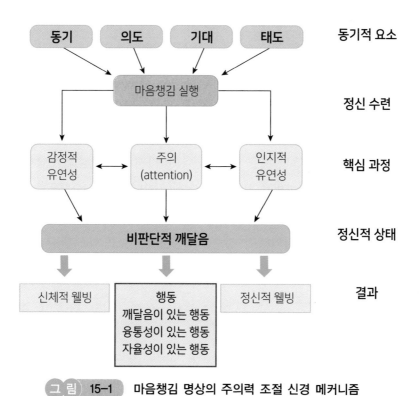

그 림 15-1 마음챙김 명상의 주의력 조절 신경 메커니즘

출처: http://journal.frontiersin.org/article/10.3389/fnins.2013.00008

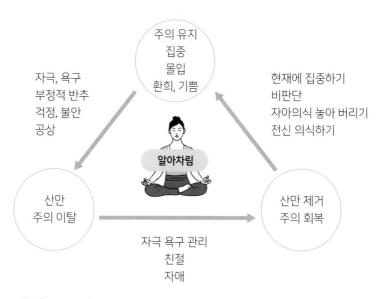

그 림 15-2 마음챙김 명상의 행복한 집중을 위한 주의의 흐름

출처: Hayes & Smith (2010).

5) 마음챙김 원리를 활용한 평가

최근 자살 사고에 영향을 미치는 정서 조절 등을 다루기 위한 치료를 김도연(2014)은 마음챙김을 통한 자살 예방 치료 방법을 8회기 프로그램으로 고안하여 청소년을 대상으로 마음챙김을 통한 자살 예방 효과를 증명하였으며, 그 효과 분석을 위해 마음챙김 척도와 수용척도를 활용할 것을 제안하였다. 따라서 마음챙김의 개념과 원리를 이해한 후, 마음챙김 자살 예방법을 청소년 자살 예방 기법의 하나로 활용할 수 있다.

마음챙김 척도와 마음챙김의 수용 정도를 검증하는 척도는 다음과 같다.

(1) 마음챙김 척도(박성현, 2006)

척도의 구성	해당 문항(각 5문항)	평가 내용
탈중심적 주의	(14~15, 17, 19~20)	마음이 일어난 현상에 휘둘리지 않고 관찰자의 위치를 유지하는 것
비판단적 수용	(9, 22, 25, 27, 29)	개인의 내적 경험에 대해 평가나 판단하는 위치에서 떠나 경험한 것을 있는 그대로 받아들이고 허용하는 태도
현재 자각	(5, 8, 12~13, 24)	현재 일어나는 몸과 마음의 경험에 대해 즉각적이고 명료하게 알아차림
주의집중	(3~4, 10, 28, 30)	현재의 과업에 주의를 유지, 집중하는 것

표 15-2   **마음챙김 척도**

번호	내용	전혀 아니다	약간 그렇다	보통 이다	상당히 그렇다	매우 그렇다
1	한 가지 과제나 일에 정신을 집중하기가 어렵다.					
2	나에게 어떤 감정이 있다는 것을 알면 사람들이 이상하게 볼 것이란 생각이 든다.					
3	나는 현재 내 주변에서 무슨 일이 일어나고 있는지를 놓치는 경우가 많다.					
4	나는 미래에 대한 걱정, 혹은 과거의 일에 몰두해 있는 때가 많다.					

5	어디에 물건을 두었는지 기억하지 못해서 괴로운 경우가 많다.					
6	나는 자신에게 '내가 이런 것을 원해서는 안 되지'라고 말하는 경우가 많다.					
7	나는 순간순간 내 기분의 변화를 잘 알아차리지 못한다.					
8	미래에 대한 걱정이 떠올랐을 때 불안에 휩싸이게 된다.					
9	책(혹은 신문)을 읽거나 TV를 봐도 무슨 내용이었는지 잊어버릴 때가 많다.					
10	어떤 감정을 느낄 때, 내가 느끼면 안 되는 감정이라고 판결하는 경향이 있다.					
11	서운하거나 화나는 감정을 느껴도 어느 정도 시간이 지나기 전까지는 그것을 알아차리지 못한다.					
12	닥칠지도 모르는 불안에 대해서 걱정에 빠져 있는 경우가 많다.					
13	다른 사람들과 이야기할 때, 사람들이 내게 한 말을 금방 잊어버리는 경우가 많다.					
14	내가 이런 생각 혹은 감정을 갖는다는 것에 자신에게 실망하는 경우가 많다.					
15	나는 순간순간 내가 바라는 것이 무엇인지 알 수 없는 때가 많다.					
16	고민을 털어 버리지 못하고 계속 집착한다.					
17	나는 내가 하고 있는 것에 대한 주의집중 없이 멍한 상태로 일하는 경우가 많다.					
18	어떤 생각이나 감정이 떠오를 때, 옳지 못한 것 같아 부끄러울 때가 많다.					
19	때때로 나는 내 느낌이나 감정이 무엇인지 구별할 수 없다.					
20	실망하면 그 타격이 너무 커서 그것을 떨쳐 버릴 수가 없다.					

출처: 박성현(2006).

(2) 수용행동 척도

- 수용행동질문지[Acceptance and Action Questionnaire: AAQ; Hayes 등(2004)에 의해 구성)]를 사용한다.
- AAQ는 자신의 가치와 목적에 일치하는 방식으로 행동하면서 생각이나 감정을 기꺼이 수용하는 정도를 측정하는 총 10문항으로 구성된 척도이다.
- 7점 척도: 전혀 그렇지 않다(1점), 거의 그렇지 않다(2점), 별로 그렇지 않다(3점), 때때로 그렇다(4점), 자주 그렇다(5점), 거의 대부분 그렇다(6점), 항상 그렇다(7점)
- 점수가 높을수록 수용의 정도가 높고, 경험에 대한 회피의 정도가 낮음을 의미한다.

표 15-3 **수용행동 척도**

번호	내용	전혀 그렇지 않다	거의 그렇지 않다	별로 그렇지 않다	때때로 그렇다	자주 그렇다	거의 대부분 그렇다	항상 그렇다
1	뭔가 부정적인 것을 기억하게 되어도 괜찮다.							
2	나의 고통스런 과거 경험과 기억이 내가 추구하는 삶을 어렵게 한다.							
3	내 감정에 대해 겁이 난다.							
4	스스로 걱정과 감정을 통제하지 못할까 봐 겁이 난다.							
5	나의 고통스러운 경험이 충만한 삶을 살기 어렵게 한다.							
6	나의 삶에 대해 통제력을 잘 발휘하고 있다.							
7	내 삶에서 감정이 문제를 야기한다.							
8	대부분의 사람은 나에 비해 자신의 삶을 잘 영위해 가고 있는 것 같다.							
9	염려가 나의 성공을 가로막는다.							
10	나의 생각과 감정은 내가 어떤 삶을 살아가고 싶은지에 별 영향을 주지 않는다.							

출처: Hayes et al. (2004).

(3) 한국판 반추적 반응 척도(Korean–Ruminative Response Scale: K–RRS, 김소정)[1]

놀런 혹스마(Nolen-Hoeksema, 1991)가 우울 감정에 대한 반응을 측정하기 위해 개발한 반응 양식 질문지(Response Style Questionnaire: RSQ)의 총 71문항 중 우울과 가장 높은 관련을 보이는 반추적 반응 양식에 해당하는 문항을 별도의 검사로 제작한 척도이다.

본 척도는 총 22문항으로 구성되며, 리커트 4점 척도로 1점(매우 아니다)에서부터 4점(매우 그렇다)의 사이에서 동의 혹은 반대를 평정하도록 되어 있다. 전체 문항의 점수를 합산하여 반추적 반응 양식의 지표점수를 한다.

문항 총점은 최저 22점에서 최고 28점의 범위로, 점수가 높을수록 반추적인 반응 양식이 두드러짐을 시사한다.

표 15-4 **반추적 반응 척도**

번호	내용	매우 아니다	아니다	그렇다	매우 그렇다
1	"내가 무슨 일을 했기에 이런 일을 당할까?"라고 생각한다.				
2	"왜 나는 꿋꿋하게 지내지 못할까?"라고 생각한다.				
3	"왜 나는 항상 이런 식으로 반응할까?"라고 생각한다.				
4	"최근의 상황이 더 나았으면 좋았을 걸."이라고 생각한다.				
5	"왜 나는 더 잘 대처하지 못할까?"라고 생각한다.				
6	나의 단점과 실패, 잘못, 실수에 대해 생각한다.				
7	내가 왜 우울해졌는지 알아내기 위해 최근 사건을 분석해 본다.				
8	혼자 조용히 왜 내가 이렇게 느끼는지에 대해 생각한다.				
9	내가 생각하고 있는 것을 글로 쓰고 분석해 본다.				
10	내가 왜 우울해졌는지 이해하려고 나의 성격을 분석해 본다.				
11	혼자 어디론가 가서 내 기분에 대해 생각한다.				
12	내가 스스로에게 얼마나 화가 났는지에 대해 생각한다.				
13	내가 얼마나 외로운지에 대해 생각한다.				
14	내가 얼마나 피로하고 아픈지에 대해 생각한다.				

---

[1] 김소정 외(2013).

15	집중하는 것이 얼마나 어려운지에 대해 생각한다.				
16	내가 얼마나 수동적이고 의욕이 없는지에 대해 생각한다.				
17	이제 더 이상 아무것도 느낄 수 없을 것만 같다고 생각한다.				
18	내가 얼마나 슬픈지에 대해 생각한다.				
19	아무것도 할 기분이 안 든다는 생각을 한다.				
20	"이런 기분에서 빠져나오지 못하면 일을 하지 못할 거야."라고 생각한다.				
21	"계속 이런 식으로 느끼다가는 집중하는 게 힘들 거야."라고 생각한다.				
22	"나는 왜 다른 사람들에게는 없는 문제가 있을까?"라고 생각한다.				
	합계				

이 장의 요약

매 순간의 정보에 대해 판단을 하지 않고 현재의 경험을 있는 그대로 바라보며, 주의가 흩어질 때는 그 상태를 자각해서 마음의 작용을 알아채 균형을 유지하는 일련의 과정 또는 그 결과를 마음챙김이라고 한다. 이러한 마음챙김은 스트레스 및 자살과 관련하여 그 효과가 증명된 심리적 기제(機制)로 인정받고 있으며, 특히 자아탄력성, 주의집중력, 심리적 안녕감, 자아존중감, 자기효능감의 증가와 자살 사고 및 우울, 불안, 분노 등을 감소시키는 기능이 있음이 연구를 통해 밝혀졌다. 또한 공감 능력 증진과 부정적 정서와 부정적으로 반추하는 습관에 대한 자기 조절 기능 향상에 매개 역할을 함으로써 다양한 삶의 사건에 긍정적으로 작용할 수 있다. 본문에서 소개한 마음챙김 자살 예방 치료 방법(김도연, 2014)은 마음챙김의 개념과 원리를 이해한 후, 마음챙김 자살 예방 방법을 청소년 자살 예방 방법의 하나로 활용할 수 있다.

활동 1 호흡 명상(김도연, 2012)

(낮고 부드러운 목소리로 천천히 다음의 문장을 읽어 주며 진행한다.)

편안한 자세를 취한 후 가볍게 눈을 감습니다. 호흡에 주의를 집중하며 시작합니다.

어떤 방식으로든 변화를 시도하려고 하지 말고, 잠시 호흡에 대해서만 집중합니다. 숨을 들이쉬고 내쉴 때 아랫배에서 느껴지는 신체 감각에 집중하십시오. 아랫배의 움직임과 감각을 마음의 눈으로 바라보십시오. 숨을 들이킬 때 아랫배가 부드럽게 부풀어 오르고, 숨을 내쉴 때는 부드럽게 줄어드는 것을 느껴 봅니다. 이것이 잘 되어 가면 호흡이 코로 들어와서 아랫배까지 진행되는 전 과정 동안에 신체 감각의 변화를 느껴 봅니다.

숨 쉬는 것을 어떤 식으로든 통제하려고 하지 않습니다. 자연스럽게 숨을 쉬면서 가능한 한 다른 경험이 떠오르더라도 자연스럽게 그냥 두십시오. 지금 이 순간에 머물다가 사라지는 모든 경험에 충실하도록 합니다. 마음이 호흡에 머무르지 않고 다른 생각에 가 있더라도 이를 알아차린 후, 다른 곳에 가 있는 마음을 조용히 붙잡아 호흡 쪽으로 되돌리면 됩니다. 편안한 마음으로, 조금 전처럼 호흡이 들어오고 나가고 할 때 느껴지는 모든 경험을 알아차립니다.

지금 현재 마음에 무엇이 지나가는지 알아차려 깨닫도록 합니다. 무슨 생각이 떠오르나요? 그 중 무슨 생각이 반복적으로 떠오르나요? 다시 가능한 한 최선을 다해 떠오른 생각을 알아차리고, 그와 함께 일어난 감정이 무엇인지 살펴봅니다. 그 느낌을 밀어내거나 억압하지 말고 받아들이면서 '지금 이 순간 이러한 느낌이 드는구나'라고 있는 그대로 알아차립니다. 이 느낌 외에 느껴지는 것을 자각하고 집중합니다.

어느 정도 집중을 유지하게 되면서 호흡에 따라 여러분의 온몸이 호흡하는 것처럼 느껴질 수 있습니다. 좀 더 부드럽게 유지하면서 할 수 있는 만큼 충분히 시간을 두고 계속해 나갑니다.

이제 알아차림 호흡을 마칠 때가 되었습니다. 지금 이 순간에 느껴지는 몸과 마음의 모든 상태를 있는 그대로 살펴봅니다. 준비가 다 되었으면 감았던 눈을 조용히 뜹니다.

> **활동 2** **흐르는 시냇물에 나뭇잎 띄우기**(Hayes & Smith, 2010)

(낮고 부드러운 목소리로 천천히 다음의 문장을 읽어 주며 진행한다.)

조용히 눈을 감습니다.

유유히 흘러가는 아름다운 시냇물을 떠올리십시오. 주변에는 나무가 있고, 냇물은 돌 틈 사이로 흘러가고 있습니다. 그러다 순간 나뭇잎 하나가 냇물에 떨어져 냇물을 따라 흘러갑니다. 어느 밝고 따스한 햇살이 가득한 오후, 당신은 시냇물 옆에 앉아 그 나뭇잎이 떠내려가는 것을 지켜보고 있습니다.

이제 당신의 생각에 집중해 보십시오.

어떤 한 가지 생각이 머릿속에 떠오를 때마다 그것이 나뭇잎 위에 쓰여 있다고 상상하십시오.

어떠한 영상이 떠오른다면 그 영상이 나뭇잎 위에 나타난다고 상상하십시오. 지금의 목표는 시냇가에 머무르며 시냇물 위로 나뭇잎이 계속 떠내려가도록 하는 것입니다. 시냇물을 더 빨리, 또는 더 느리게 흐르도록 하려고 애쓰지 마십시오. 또한 어떤 식이든 나뭇잎 위에 나타나는 것을 바꾸려고 애쓰지 마십시오. 만일 나뭇잎이 사라지거나, 당신의 정신이 다른 어느 곳에 가 있거나, 당신 자신이 시냇물이나 나뭇잎 위에 있는 것을 발견한다면 잠깐 멈춰서 그런 일이 일어났음을 알아차리십시오. 그런 다음 다시금 시냇물로 되돌아와서 마음속에 떠오르는 생각을 관찰하고, 이를 나뭇잎 위에 쓰고, 그 나뭇잎을 시냇물 아래로 흘려보내십시오.

이제 눈을 뜨고 다음의 질문에 답해 보시오.

당신이 떠오른 생각 중 하나에 사로잡힐 때까지 얼마의 시간이 걸린 것 같습니까? 금방이었습니까, 아니면 오래 걸렸습니까?

　　시냇물의 흐름이 멈췄거나 당신의 마음이 다른 어느 곳으로 갔다면 그 일이 일어나기 직전에 무슨 일이 일어났는지 적어 보시오.

　　시냇물이 흘러가는 상상이 시작조차 되지 않았다면 그동안 당신이 무슨 생각을 하고 있었는지 적어 보시오.

　　(시냇물이 흐르지 않는 순간은 인지적 융합의 순간으로 이해할 수 있는 반면, 시냇물이 흐르는 순간은 마음이 일어난 현상에 휘둘리지 않고 관찰자의 위치를 유지한 것이라고 이해할 수 있다. 우리는 인식조차 못하고 어떤 생각에 융합될 때가 많다. 고통스러운 생각과 감정 사이에 공간을 두는 것, 즉 관찰자의 위치에서 마음챙김을 함으로써 더 분명하게 볼 수 있고 과연 그것들과 싸울 필요가 있는지를 알 수 있다.)

생각해 볼 거리

1. 부정적인 감정을 알아차리고 자신의 부정적으로 반추하는 습관으로 어떤 것이 형성되었고, 관찰자의 입장에서 바라본다는 것이 무엇인지 생각해 봅시다.

_____

_____

_____

_____

2. 몰입의 상태와 부정적 생각의 고리에 빠져 있는 것에는 어떤 차이가 있는지 생각해 봅시다.

_____

_____

_____

3. 마음챙김으로 얻을 수 있는 유익에 대해 생각해 봅시다.

_____

_____

_____

_____

_____

참고문헌

김도연(2012). 청소년 자살 및 예방프로그램. 명상심리상담, 8, 109-131.

김도연(2014). 마음챙김에 기반한 청소년 자살방지 프로그램이 학교폭력 피해 청소년의 복합 PTSD 및 자살 사고의 감소와 또래 집단의 도움행동 증가에 미치는 효과. 전북대학교 대학원 박사학위논문.

김도연, 손정락(2012). 마음챙김에 기반한 청소년 자살방지 프로그램이 자살 사고, 우울 및 자기 존중감에 미치는 효과. 한국심리학회지: 건강, 17(2), 323-339.

김소정, 권정혜, 양은주, 김지혜, 유범희, 이동수(2013). 한국판 반추적 반응척도(K-RRS)의 확인적 요인분석: 우울장애 환자를 대상으로. 인지행동치료, 13(1), 133-147.

김정모(2011). 마음챙김에 기초한 인지치료가 공감 능력에 미치는 효과. 한국심리학회지: 상담 및 심리치료, 23(1), 27-45.

김정호, 김선주(2007). 스트레스의 이해와 관리(개정 증보판). 서울: 시그마프레스.

박성현(2006). 마음챙김 척도 개발. 가톨릭대학교 대학원 박사학위논문.

심지은, 윤호균(2008). 상담자 교육에서의 마음챙김 적용. 한국심리학회지: 건강, 13(2), 307-328.

이성준, 박도현, 김완석(2011). 마음챙김이 공감에 미치는 효과. 한국명상학회지, 2(1), 47-61.

장영수(2010). 마음챙김에 기초한 스트레스 감소 프로그램이 고등학생의 우울, 불안에 미치는 효과. 동서정신과학, 13(2), 21-32.

정의롬(2015). 청소년 스트레스 요인이 자살충동에 미치는 영향. 사회과학연구, 22(2), 193-214.

최주영, 이용남(2014). 중·고등학생을 대상 마음챙김 명상 프로그램의 효과에 대한 분석. 교육연구, 37, 49-66.

Baer, R. A. (2003). Mindfulness training as a clinical intervention: A conceptual and empirical review. *Clinical Psychology: Science and Practice, 10*(2), 125-143.

Hanson, R., & Mendius, R. (2010). 붓다 브레인: 행복·사랑·지혜를 계발하는 뇌과학 (*Buddha's brain: The practical neuroscience of happiness, love & wisdom*). (장현갑, 장주영 공역). 서울: 불광출판사. (원저는 2009년에 출판).

Hayes, S. C., & Smith, S. (2010). 마음에서 빠져나와 삶 속으로 들어가라: 새로운 수용전념치료 (*Get out of your mind & into your life: The new acceptance & commitment therapy*). (문현미, 민병배 공역). 서울: 학지사. (원저는 2005년에 출판).

Hayes, S. C., Bissett, R., Roget, N., Padilla, M., Kohlenberg, B. S., Fisher, G., Masuda, A., Pistorello, J., Rye, A. K., Berry, K., & Niccolls, R. (2004). The impact of acceptance and commitment training and multicultural training on the stigmatizing attitudes and professional burnout of substance abuse counselors. *Behavior Therapy, 35*(5), 821-

835.

Hoffman, M. L. (1985). Interaction of affect and cognition in empathy. In C. E. Izard, J. Kagan, & R. B. Zajonc (Eds.), *Emotions, cognition, and behavior* (pp. 103-131). New York: Cambridge University Press.

Kabat-Zinn, J. (2012). 마음챙김 명상과 자기치유 상, 하 (*Full catastrophe living: Using the wisdom of your body and mind to face stress, pain, and illness*). (장현갑, 김교헌, 김정호 공역). 서울: 학지사. (원저는 1990년에 출판).

Lazarus, R. S., & Folkman, S. (1984), *Stress, appraisal and coping*. New York, NY: Springer.

Lefcourt, H. M. (1982). *Locus of control: Current trends in theory and research* (2nd ed.). Hillsdale, NJ: Lawrence Erlbaum Associates.

Malinowski, P. (2013). Neural mechanisms of attentional control in mindfulness meditation. *Frontiers in Neuroscience*, 7, 8. Doi: 10.3389/fnins.2013.00008.

Zindel, V., Segal, J., Mark, G., Williams, John, D., & Teasdale (2013). *Mindfulness-based cognitive therapy for depression, 2nd Edition*. New York, NY: Guilford Press.

Underwood, B., & Moor, B. (1982). Perspective taking and altruism. *Psychological Bulletin*, *91*(1), 143-179.

제16장

건강한 관계 맺기와 효과적인 표현 방법

이정상(이정상 심리상담부부가족상담센터 소장)

이 장의 목적

1. 타인과의 관계 맺기 방식 및 표현 패턴을 파악할 수 있도록 돕는다.
2. 건강한 관계 맺기 및 효과적인 표현 방법을 증진한다.
3. 의사소통 과정에서 긍정적인 자극을 증진하여 만족감을 높인다.
4. 긍정적 스트로크를 나눌 수 있는 자원과 강점을 찾는다.

1. 인간관계와 의사소통의 중요성

인간은 사람들과의 교류와 소통을 본능적으로 소망한다. 그러나 하루가 다르게 변화하는 사회에 적응해야 하며, 경쟁도 치열하게 해야 하는 현대 사회에서의 인간관계는 피상적이거나 단절로 나아가기 쉽다. 그 결과 '군중 속의 고독'처럼 외로움과 고립감을 안고 살아가는 시대이기도 하다. 고립감과 외로움은 '나에게 관심이나 애정을 기울여 주는 사람이나 나를 이해해 줄 사람이 없고, 나는 혼자인 것 같다'는 인식이기도 하다. 이런 생각은 가족이나 타인과의 단절을 더욱 단단하게 하여 존재론적 무가치감으로 우울과 자살 위기로 다가올 수 있다. 삶에서 가까운 이들 또는 타인과 어떠한 관계를 맺고 유지하고 있는가에 따라 삶의 질과 만족도가 달라진다. 나라는 존재를 인식하는 과정에 절대적으로 영향을 미치는 요인은 주변인의 평가와 교환하는 의사소통의 내용에 따라 달라진다. 즉, 긍정적 자극의 교환이 있는 경우에는 '괜찮은 사람'으로 인식되지만, 반대로 부정적 자극의 교환이 이루어지면 '안 괜찮은 사람'이란 인식을 하게 된다.

청소년 · 대학생(청년) 세대에게 있어 또래나 주변인들과의 건강한 관계 맺기는 매우 중요한 과제이다. 특히 가까운 가족이나 친구들과 주고받는 의사소통과 그 과정에서 전달되는 자극과 영향은 자아존중감, 자아정체감 및 자기 존재감을 확인하게 된다. 그러나 대다수의 청소년 · 대학생(청년) 세대는 관계 맺기를 어떻게 해야 하고, 효과적인 의사소통에 대해서 어려움을 겪고 있는 것이 사실이다. 이로 인해 관계 맺기를 거부하거나 포기하며, 자발적인 고립과 사회와의 단절을 선택하려는 경향성도 높아지고 있다. 외로움과 고독, 타인으로부터의 차단과 단절된 상태의 비사회적인 삶은 많은 고통이 따른다. 그러므로 건강한 관계 맺기와 효과적인 표현 방법을 습득할 필요성이 있다.

인간은 탄생 순간부터 주 양육자의 보호가 절대적으로 필요하다. 생물학적으로 연약하게 태어나기에 탄생과 더불어 자연적으로 관계 속에 놓이고, 상호 의존과 보호를 경험하며 관계 맺기가 시작된다. 또한 일생을 살아가면서 생명 유지에 필요한 모든 것을 스스로 조달할 수 없다. 그래서 분업화를 통해 필요한 것들을 교환하며 살아간다. 즉, 타인과의 협력관계 없이는 삶이 영위되지 못한다. 그러므로 모든 사람은 건강한 관계 맺기 기술과 그 관계 속에서 주고받는 효과적인 표현 방법을 익혀야 할 필요가 있다.

더욱 주목해야 할 부분은 주고받는 의사소통 과정에서 부정적인 표현과 그로 인한 부정적인 자극을 받게 되면 심리적인 고통과 자존감 저하는 물론이고, 부정적인 자극이 지속되는 환경이라면 자살의 위험성이 높아질 수밖에 없다. 하지만 반대로 나를 알아 주고 긍정적인 영향을 나누는 사람이 단 한 명이라도 있을 경우에는 삶에 대한 희망을 가지게 된다. 이처럼 행복과 불행을 좌우하는 대인관계와 의사소통은 마음만으로는 부족하다. 서로 만족스러운 관계를 맺고 유지하기 위해서는 의사소통 방식과 자극과 영향에 주목하여 비효율적인 교류 방식을 파악하고 개선해야만 한다.

다음의 척도를 통해서 참여자들의 외로움의 정도를 알아봅시다.

표 16-1　'나는 얼마나 외로움을 느끼는가'

다음은 여러분이 요즘 자신의 대인관계에 대해서 어떻게 느끼는지를 알아보기 위한 문항이다. 문항을 잘 읽은 다음, 빈 곳에 해당 점수를 적어 보시오.
거의 그렇지 않다＝0점, 가끔 그렇다＝1점, 종종 그렇다＝2점, 자주 그렇다＝3점

번호	내용	점수
1	나에게 친한 친구가 없다고 느껴진다.	
2	다른 사람을 믿는 것이 두렵다.	
3	나에게 이성 친구가 없다고 느껴진다.	
4	내 고민을 얘기하면 가까운 사람들이 부담스럽게 느낀다.	
5	나는 다른 사람에게 필요하지도, 중요하지도 않은 사람이라고 느낀다.	
6	나는 누구와도 개인적인 생각을 나누기 어렵다고 느낀다.	
7	나는 다른 사람들로부터 이해받지 못하고 있다고 느낀다.	
8	나는 다른 사람에게 다가가는 것이 편안하지 않다.	
9	나는 외로움을 느낀다.	
10	나는 어떤 친목집단이나 조직에도 소속감을 느낄 수 없다.	
11	나는 오늘 다른 사람과 교류를 가졌다는 느낌이 들지 않는다.	
12	나는 다른 사람에게 할 말이 별로 없다고 느낀다.	
13	나는 다른 사람과 함께 있으면 평소의 내 모습과 달라지는 것 같다.	
14	나는 다른 사람 앞에서 당황해할까 봐 두려워한다.	
15	나는 재미있는 사람이 아니라고 생각한다.	
	합계	

출처: 권석만(1997). 재인용.

1) 채점 및 해석

1번부터 15번까지의 점수를 합하여 총점을 구한다. 총점의 점수대에 따라서 다음과 같은 해석이 가능하다.

- 0~10점: 외로움을 거의 느끼지 않는다.
- 11~20점: 보통 사람들이 느끼는 평균 수준의 외로움을 느낀다.
- 21~28점: 보통 사람들보다 높은 수준의 외로움을 느낀다.
- 29점 이상: 상당히 심한 외로움을 느낀다.

그룹 작업 ❶

• 나는 외로움을 느낄 때 어떻게 하는가?
_____

• 나의 외로움 극복 방법은 무엇인가?
_____

2. 타인과 주고받는 표현 방식과 스트로크 유형

대인관계에서 주고받는 교류 방식을 체계적으로 파악하기 위해서 교류분석 상담 이론의 관점을 소개한다. 교류분석(Transactional Analysis: TA) 상담 이론은 인간관계를 분석하는 데서 출발하였기 때문에 의사소통 이론으로도 분류할 수 있으며, 관계가 존재하는 모든 현장에 적용할 수 있는 이론이다(Stewart & Joines, 1987).

교류분석 상담 이론 중에 타인과의 상호작용을 통해 인간의 성격과 사회성을 형성하는 데 핵심적인 역할을 하는 것으로 알려진 '스트로크(stroke)'라는 개념이 있다. 스트로크란 한 사람이 다른 사람과 나누는 자극과 반응으로서 의사소통 상황에서 오고가는 언어적·비언어적 태도 등을 통틀어 일컫는 것으로, 인간의 일차적인 욕구이면서 타인과 주고받는 심리적 안정이나 신체적 접촉 등으로 정의된다(Berne, 1964).

번(Berne)은 자신의 저서 『사람들이 하는 게임(Games People Play)』에서 "인간에게 자극이 없다면 척수가 쪼그라들 것이다."라고 언급하면서 처음으로 알려지게 되었고, 인간이 사회적 관계를 맺는 매우 중요한 동기 중 하나가 바로 이 스트로크를 추구하는 것이며, 타인과 접촉하며 주고받는 의사소통 과정을 통해 자신 또는 타인의 존재감을 인식하게 된다고 하였다.

번(Berne, 1964)은 스트로크(자극 영향)의 유형으로 긍정적 스트로크, 부정적 스트로크, 신체적 스트로크, 언어적 스트로크, 조건적·무조건적 스트로크, 무(no) 스트로크로 분류하였다. 이때 신체적·언어적·조건적·무조건적 스트로크는 긍정적일 수도 부정적일 수도 있다. 또한 주고받은 모든 행위를 포괄하므로 하나의 스트로크가 꼭 하나만의 유형으로 분류되지 않는다고 하였다.

그룹 작업 ❷

나의 경험을 솔직하게 적어 보고 이야기 나누어 봅시다.

• 나를 가장 슬프게 했던 경험이나 사람을 적어 보시오.
_____

• 잊어버리고 싶은 부정적인 경험이나 사람을 적어 보시오.
_____

• 나를 가장 행복하게 했던 경험이나 사람을 적어 보시오.
_____

• 나에게 힘과 격려가 되었던 경험이나 사람을 적어 보시오.
_____

표 16-2　스트로크(자극 영향)의 유형 및 특징 예시

구분	언어적 (접촉 외의 간접적인 행위)	신체적(비언어적) (접촉에 의한 행위)	조건적 (특정 행위나 태도에 대해)	무조건적 (존재 자체나 인격에 대해)
긍정적	칭찬, 격려하는 말, 지지적인 말, 공감, 포상, 금일봉 등	안아 주기, 손을 잡아 주기, 토닥여 주기, 공감적인 태도 등	심부름해 줘서, 좋은 일을 해서, 약속을 지켜 줘서, 도와줘서 등	너와 있으면 행복해, 난 네가 좋아, 나의 친구라서 좋아, 엄마, 아빠의 아들, 딸이라서 고마워, 사랑해 등
부정적	꾸중, 무시하는 말, 비아냥거림, 욕설 등	때리고, 꼬집고, 비틀고, 걷어차고, 던지고, 밀어내는 태도 등	공부 안 하면, 정리정돈 안 해서, 태도가 불량해서, 성적이 왜 이래 등	그냥 꼴 보기 싫어, 아는 체 하지 마, 그냥 싫어, 무조건 별로야 등

1) 긍정적 스트로크와 부정적 스트로크

긍정적 스트로크는 인간에게 최소한의 생명을 유지하는 것부터 시작해서 서로 마음을 주고받는 일체감을 느끼는 것까지 상대방으로부터 받는 평가, 칭찬과 승인, 마음을 주고받는 사랑의 행위 등을 포괄한다. 서로를 기분 좋게 만들고, 존재로서의 가치를 느끼게 하며, 긍정적인 인생 태도를 형성하도록 만들고, 심리적인 발달과 적응을 돕는다(우재현, 2003, 2007).

인간은 긍정적 자극을 주고받음으로써 건강한 관계 맺기와 기분 좋은 삶을 살아간다. 자신의 가치를 깨닫게 되며, 건강한 정서와 지성을 갖추게 된다. 또한 우호적인 행위와 함께 나도 할 수 있고 너도 할 수 있다는 감정을 일으키고, 행복감과 지적인 능력을 발휘하도록 만든다(백현옥, 2013; 한진원, 2011). 이런 긍정적인 스트로크는 스트레스 상황일지라도 버티고, 벗어나는 에너지원이 되며, 자살 위기에서 벗어나는 중요한 요인으로 작용한다.

반대로 부정적 스트로크는 인간의 부정성을 유발시키는 자극이다. 부정적인 스트로크는 한 인간이 가진 중대한 문제를 묵살해 버리거나 문제의 의미를 왜곡과 관심의 결핍 등으로 존재 자체에 대하여 무가치한 것으로 치부함과 더불어 자기존중감이 저하된다. 또한 심리적, 환경적으로 고통을 주는 자극이므로 원래의 기능과 가능성을 저해하고 가능성의 한계를 정하게 된다.

청소년 및 대학생(청년)들은 누구나 긍정적 자극을 받고 싶어 한다. 하지만 밀접한 관계를 맺고 있는 부모, 친척, 교사 등으로부터 충분한 보살핌을 받지 못하거나, 이것이 제대로 제공되지 못할 경우에는 관심을 얻기 위해 청소년기가 되면 비행, 절도, 흡연, 자신 또는 타인을 해치는 행동 등을 통해 부정적인 자극이라도 받기 위해서 주변 사람과 환경을 조작한다(우재현, 2003, 2007)는 주장에 주목할 필요가 있다. 즉, 스트로크 고갈 상태를 피하기 위해 불건강한 이면 교류를 사용해서라도 관심을 얻고자 하며, 자살 위험군의 이런 노력에도 최소한의 관심과 자극이 없을 시 자신이나 타인에게 해를 입힐 위험성은 높아진다. 그러므로 자살 위기를 겪는 대상의 관심을 받고 싶은 심리적 욕구를 먼저 공감하는 것에서 시작하고 접근해야 한다.

2) 무조건적 스트로크와 조건적 스트로크

무조건적 스트로크란 '존재' 자체를 향해 발신하는 스트로크를 의미한다. 무조건적-긍정적인 자극이란 아무런 조건과 요구 없이 주고받는 최상의 긍정적인 표현 방식이다. 그러나 반대로 무조건적-부정적인 스트로크는 어떤 이유도 없이 질책과 비난을 퍼붓는 부정적인 표현 방식으로, 불건강한 관계를 형성할 뿐 아니라 심리적 고통은 매우 극심하며, 의지만으로 견디기 힘든 매우 위험한 상황에 처해 있다고 판단해서 신속하게 도움을 나누어야 한다.

조건적 스트로크란 특정 조건이나 행위에 따라 제공되는 긍정적 또는 부정적인 언어적·비언어적 스트로크를 의미한다. 인간관계에서 주고받는 의사소통 유형으로 가장 흔한 형태이다. 예를 들어, 학업성적이 향상이 되었거나 부모의 요구에 잘 응했을 때 칭찬을 받는 것과 같은 긍정적인 측면과 성적이 내려가면 자녀의 요구를 철회하거나 꾸중을 듣는 등의 부정적인 측면을 의미한다(이지명, 김인규, 2007).

3) 언어적 스트로크와 비언어적 스트로크

신체적(비언어적) 스트로크란 안아 주거나 볼을 부비고 피부를 쓰다듬어 주는 등 신체에 직접적인 자극을 주고받는 것으로서 스킨십, 신체 접촉과 같은 행위를 의미한다. 영유아기에 아이를 업어 주거나 안아서 재워 주는 행위가 여기에 포함된다. 어릴 때 이러한 신체적-긍정적인 스트로크를 충분히 경험하는 환경에서 양육된다면 개인의 성격은 안정적이 된다. 애착 이론 학자인 볼비(Bowlby, 1985)는 보호자와의 안전하고 신뢰감 있는 접촉은 유아의 긍정적인 발달을 위해 필수적이라고 보았다. 이는 아이가 세상에 적응하고 존재하기 위해, 또한 신체적·심리적 건강을 유지하기 위해 누군가로부터 긍정적인 자극을 제공받아야 하는 필요성을 지지하는 것이라고 할 수 있다.

언어적 스트로크란 언어로 표현되는 모든 것을 의미한다. 그 표현 내용과 방법은 긍정적이고 부정적인 것을 모두 포함한다. 청소년과 대학생(청년) 시기에는 긍정적인 신체적 스트로크에서 점차 격려하고 인정해 주는 언어적 스트로크가 더욱 효과적이다.

4) 무 스트로크

제임스와 종그워드(James & Jongeward, 1971)는 인간은 긍정적 자극을 선호하지만 긍정적 스트로크를 받지 못하면 부정적 자극이라도 받고 싶어 하는데, 이때 부정적인 스트로크보다 더 나쁜 상태를 무(no) 스트로크 상태라고 정의하였다. 무 스트로크란 어떤 자극도 없거나 너무나 미미한 상태로 무관심 상태와 가깝다. 상호 자극을 교환하지 않거나 타인으로부터 오는 자극을 거부하는 관계 패턴이다. 또래관계가 중요한 청소년·대학생(청년)세대에서 주변인으로부터 존재감을 갖지 못하도록 투명 인간 취급을 받거나 왕따를 경험할 때 겪는 고통은 극심하므로 생명존중 예방 교육자는 집중해서 무 스트로크 상태를 파악하여 관계의 연결망을 조성해 주어야 한다.

자발적으로 또래에서 멀어져서 무 스트로크를 추구하는 사람도 있다. 이유는 발달 과정에서 주 양육자로부터 반복적으로 스트로크를 받지 못하는 상황에 익숙해지면 다른 사람으로부터 칭찬을 받아도 무관심하게 된다. 스스로를 칭찬받을 가치가 없다고 여기게 되고, 그 결과 속으로는 인정을 갈구하면서도 타인의 인정을 받아들이지 못하는 사람이 된다(이선자, 2014). 하지만 무 스트로크 상태는 그 누구도 나에게 '관심 없음'으로 인식하여 지독한 외로움과 고독감에 빠져 자살 위험성이 높아지므로 중점 관리와 더불어 주변인과의 교류를 촉진하는 접근이 요구된다.

그룹 작업 ❸

다음의 척도를 활용하여 부모와 나누는 스트로크에 대해 평가해 보세요.

다음 문항은 부모님과의 대화 내용이나 태도에 관한 설문 내용입니다. 부모님께서 평소 여러분에게 대해 주시는 태도와 같다고 생각되는 곳에 ○표 하시오. 부모님이 안 계신 경우에는 자신을 길러 주고 돌봐 주신 분을 부모라고 생각하고 답을 하면 됩니다.

| 표 16-3 | 부모-자녀 간 스트로크 척도 |

번호	내용	전혀 그렇지 않다	거의 그렇지 않다	자주 그러는 편이다	늘 그러는 편이다
1	나에게 늘 다정하게 말씀하신다.				
2	나에게 눈길을 잘 주시지 않는다.				
3	큰 잘못을 하지 않았을 때에도 매를 드신다.				
4	내가 소중한 사람이라고 느끼게 하신다.				
5	나에게 관심이 없으시다.				
6	내가 어떤 실수를 했을 때 모르는 사람들 앞에서도 창피를 주신다.				
7	내가 실수로 일을 잘못한 경우에도 꾸중하기보다는 "애썼다." "다음에 잘하면 된다."라며 격려해 주신다.				
8	내게 걱정되는 일이 있을 때 함께 걱정하고 고민을 해결해 주시고자 한다.				
9	칭찬보다는 꾸중을 많이 하신다.				
10	나를 보고 "너는 누굴 닮아서 그러니? 꼴도 보기 싫다."라는 말씀을 자주 하신다.				
11	나의 장점을 자주 말씀하신다.				
12	내가 어디를 가든, 무슨 일을 하든 상관하지 않으신다.				
13	내가 해야 할 일을 제대로 하지 못할 경우, 화를 내거나 짜증스러워 하신다.				
14	나를 자랑스러워 하신다.				
15	부모님과 함께 오랜 시간을 보내는 것이 부담스럽다.				
16	내가 어떤 일을 했을 때, 머리를 쓰다듬어 주시거나 등이나 어깨를 토닥여 주신다.				
17	나에게 "~하면 안 돼." "~그것도 못하니?" "도대체……"라는 말씀을 자주 하신다.				
18	학교 성적이 조금만 떨어져도 야단을 치신다.				
19	내 말을 못들은 척 자주 무시하신다.				
20	심부름을 하거나 집안일을 도와드리면 "고맙다." "수고했다." 하시며 대견스러워 하신다.				

21	큰 잘못이나 이유 없이 자주 나에게 화를 내신다.				
22	내가 원치 않는 자식이란 느낌이 들도록 하신다.				
23	부모님은 내가 뭔가 열심히 노력하는 모습을 보였을 때 칭찬을 해 주신다.				
24	내 손을 잡아 주시거나 안아 주시는 등 신체적 접촉을 자주 하시는 편이다.				
25	부모님은 내 존재 자체를 귀찮아하시는 것 같다.				
26	나의 의견을 존중해 주신다.				
27	작은 실수에도 바보나 멍청이 같다고 꾸중하신다.				
28	나를 칭찬하거나 혼내는 일이 없으시다.				
29	나와 같이 보내는 시간을 즐거워하신다.				
30	작은 잘못에도 심하게 벌을 주신다.				

출처: 최철숙(2005). 재인용.

활용 방법: 각 문항의 점수를 확인하여 부정적인 것과 긍정적인 것을 파악한다. 그 결과 부정적인 것은 멈추고, 긍정적인 것은 독려함으로써 건강한 관계 맺기와 효과적인 표현 방법을 제시해 주세요.

3. 효과적인 교육 진행을 위한 방향성

참여자들이 타인과의 관계 속에서 어떤 자극에 노출되어 있는지 분석해 보아야 한다. 대인관계에서 상호 간에 표현하는 스트로크(자극 영향)를 분석하면 관계 맺기의 질을 예측할 수 있다.

분석적 순서는 1차적으로 긍정적인 스트로크와 부정적인 스트로크를 파악해야 한다. 부정적인 자극에 노출되어 있는 참가자가 있을 경우에는 부정적인 자극을 주는 대상과 환경을 명확하게 파악하여 부정성을 멈추고 긍정적인 표현 방식으로 전환하도록 돕는다. 그다음 더 세부적으로 언어적 스트로크와 비언어적(신체적) 스트로크를 파악하고, 다음으로 조건적이거나 무조건적 내용도 살펴보아야 한다. 그리고 파악된 상황에 따라 변화 가능한 것부터 전략적으로 개입하는 것이 바람직하다.

특히 중요하게 살펴야 하는 스트로크로 무자극 상태를 파악해야 한다. 무 스트로크 상태는 누구와도 소통과 상호작용이 없는 상태이므로 존재론적 외로움과 고독, 자기 존재감의 저하로 삶의 동기가 약하거나 자살 위험성에 노출되어 있을 수 있다. 이들에게는 최대한 주변의 자원과 연결해야 한다. 즉, 관계 맺기와 긍정적인 스트로크를 나눌 환경을 조성하며, 집단이나 조직 안으로 초대하여 활동을 촉진함으로써 건강한 자극을 나누도록 도와야 한다.

둘째, 무조건적이며 부정적인 자극에 노출되어 있다면 극심한 스트레스와 더불어 심리적인 위험에 놓여 있을 수 있다. 이럴 경우에는 부정적인 자극을 주는 환경이나 대상을 파악하여 부정적인 자극을 멈추거나 수정해야 한다. 그리고 긍정적인 상호작용을 지도하며, 스트레스를 낮추고, 자살 예방과 생명존중의 중요성에 집중해야 한다.

셋째, 부정적인 표현 방식을 가진 참여자에게는 긍정적인 스트로크의 중요성을 인식시키고 직접적으로 효과적인 표현 방법을 지도하고 연습하는 것이 좋다. 또한 일상에서도 연결성을 돕기 위해 숙제를 내어 줌으로써 건강한 관계 맺기와 효과적인 표현 방식을 증진시키는 것이 바람직하다.

종합적으로 정리하면 긍정과 부정을 먼저 파악하고 언어적, 비언어적, 조건과 무조건적인 표현 패턴을 파악한다. 부정적인 스트로크는 내용이나 환경을 파악하여 부정적인 스트로크는 멈추게 하는 동시에 긍정적인 스트로크 교환으로 유도한다. 비합리적인 조건을 합리적으로 조율해 줌으로써 만족스러운 관계를 촉진한다. 변화의 대상이 부모이거나 가족이라면 가족 전체를 교육하는 것도 효과적이다. 또한 교육자들은 교육과정에서 참여자들이 긍정적인 표현 방식을 배우도록 촉진하고, 긍정적인 스트로크를 경험함으로써 건강한 관계 맺기와 효과적인 의사소통 기술을 일상으로 확장하여 자살 위험성에서 벗어나 삶의 주인공으로 기능하도록 돕는다.

> **이 장의 요약**
>
> - 타인과 주고받는 표현 방식을 파악하여 바람직한 방향으로 개선해 준다.
> - 교류가 없는 무 스트로크를 파악하여 관계 맺기를 할 수 있는 환경을 조성한다.
> - 부정적 스트로크를 주는 환경이나 대상을 파악하여 관계 개선과 긍정적인 표현 방식으로 개선한다.
> - 긍정적 스트로크를 주는 환경과 대상과는 관계를 잘 유지하도록 강화하며, 긍정적인 스트로크를 많이 주고받을 수 있도록 자원을 찾아 연결시켜서 친밀한 관계를 맺음으로써 자살 위험에서 벗어나게 한다.

1. 내가 좋아하는 스트로크는 어떤 것이 있는지 생각해 봅시다.

2. 나는 친구, 가족 또는 타인에게 어떤 종류의 스트로크를 주는지 생각해 봅시다.

3. 주위에서 부정적 스트로크를 받는 친구를 어떻게 도울지 생각해 봅시다.

참고문헌

권석만(2017). 젊은이를 위한 인간관계의 심리학(3판). 서울: 학지사.

백현옥(2013). 청소년이 지각한 가족기능과 학교생활 적응간의 관계에서 스트로크와 내외통제성의 매개효과. 목포대학교 대학원 박사학위논문.

우재현(2003). 교류분석(TA) 프로그램. 대구: 정암서원.

우재현(2007). 교류분석(TA) 프로그램-초급과정(TA 101 Course). 대구: 정암서원.

이선자(2014). 어머니의 스트로크가 유아 또래 간 인기도에 미치는 영향. 건양대학교 대학원 박사학위논문.

이지명, 김인규(2007). 교류분석을 통해서 본 재가불자들의 자아상태와 스트로크에 관한 연구. 교류분석과 심리사회치료 연구, 4(1), 19-45.

최철숙(2005). 자녀가 지각한 부모의 스트로크 유형과 자녀의 생활자세와의 관계. 경상대학교 대학원 석사학위논문.

한진원(2011). 상호교류분석 이론에 기초한 유아교사의 자아존중감 증진 프로그램의 구성 및 적용 효과. 중앙대학교 대학원 박사학위논문.

Berne, E. (1964). *Games people play: The psychology of human relationships*. New York, NY: Grove Press.

Bowlby, J. (1985). The role of childhood experience in cognitive disturbance. In M. J. Mahoney & A. Freeman (Eds.), *Cognition and psychotherapy* (pp. 181-200). Boston, MA: Springer.

James, M., & Jongeward, D. (1971). *Born to win: Transactional analysis with gestalt experiments*. Boston, MA: Addison-Wesley.

Stewart, I., & Joines, V. (2010). 현대의 교류분석 (TA today: A new introduction to transactional analysis) (제석봉, 최외선, 김갑숙, 윤대영 공역). 서울: 학지사. (원전은 1987년에 출판).

제17장

청소년 및 대학생의 도움찾기

하상훈(한국생명의전화 원장)

이 장의 목적

1. 참여자가 도움찾기의 정의와 패턴, 효과성 등을 전반적으로 이해하도록 돕는다.
2. 현재 활발하게 진행되고 있는 호주의 도움찾기 프로그램을 소개하여 이해를 돕는다.
3. 도움찾기 질문을 통해 참여자의 도움찾기 행동을 평가할 수 있도록 돕는다.
4. 도움찾기 도식을 통해 도움찾기 행동을 증진하도록 돕는다.

이 장에서는 도움찾기의 개념과 도움찾기 프로그램을 고찰함으로써 자살 위기에 처한 청소년 및 대학생들에게 적절한 도움을 제공하고자 한다. 현재 우리나라에는 정신건강과 자살 문제를 경험하고 있는 청소년 및 대학생들을 돕기 위한 개인이나 기관, 단체들이 많이 있다. 특히 2012년 4월부터 「자살예방 및 생명존중문화 조성을 위한 법률」이 발효되면서 더 많은 기관이 정신건강 증진과 자살 예방 사업을 위해 활동하고 있다. 그러나 아직 정신건강이나 자살 예방과 관련된 사회적 안전망이 더 확충되어야 할 필요가 있다. 청소년상담복지센터, 정신건강복지센터, 자살예방센터, 지역사회 복지 사업 등을 확대하여 사회적 안전망을 잘 갖추어 나가는 것이 우리나라를 선진 복지국가로 진입하게 하는 디딤돌이 되기 때문이다.

또한 이러한 외형적인 사회적 안전망의 확충과 함께 지각된 사회적 지지망(perceived social support network)의 중요성을 고려해야 한다. 아무리 좋은 안전망을 갖추더라도 자살 생각을 가진 청소년 및 대학생들이 학교의 상담소나 지역사회의 상담센터를 이용하지 않으려고 한다면 그 기관은 청소년 및 대학생들의 자살충동을 막기 어려울 것이다. 따라서 자살과 정신건강 문제가 있을 때 도움을 받을 수 있는 기관을 찾는 것은 중요하다. 아울러 정신적으로 힘들고 어려울 때 적절한 도움을 주는 기관을 찾을 수 있고, 필요한 도움을 얻을 수 있다고 자각하도록 훈련하는 것이 필요하다. 이와 관련하여 도움찾기가 무엇인지, 어떠한 프로그램이 실시되고 있는지에 대한 이해를 바탕으로 학교에서 도움찾기를 실천할 수 있는 구체적인 방안을 제시한다.

1. 도움찾기의 정의

도움찾기(help-seeking)란 일반적으로 다른 사람들에게 적극적으로 도움을 찾는 행동을 의미한다. 그것은 다른 사람들과 의사소통 문제나 비참한 경험을 했을 때 이해, 조언, 정보 제공, 치료 그리고 일반적인 지지를 통해서 도움을 얻는 것이다. 도움찾기는 다른 사람에게 의존하는 대처 방식이므로 사회적 관계와 대인관계 기술에 기초하는 경우가 있다. 도움은 당사자의 수준에 따라 다음과 같이 다양한 자원을 통해서 찾을 수 있다.

- 비공식적 도움찾기는 비공식적 사회관계로부터 도움을 찾는 것이다. 즉, 또래 친구나 가족으로부터 도움을 찾는 것이다.
- 공식적 도움찾기는 전문적인 자원으로부터 도움을 찾는 것이다. 즉, 정신건강과 보건 전문가들, 교사, 청소년 관련 종사자, 성직자 등 도움과 조언을 제공하는 데 인정받은 역할과 적절한 훈련을 받은 전문가들이다. 그러나 점점 인터넷처럼 다른 사람과 직접 접촉하지 않는 자원으로부터 도움을 찾는 경우가 많아지고 있다.

2. 도움찾기의 패턴

비록 도움찾기 연구 결과에 일관성과 명확성이 부족하지만, 일반적으로 몇 가지 경향이 있는 것으로 알려졌다.

1) 청소년들은 전문적인 자원에서 도움을 요청하지 않는 경향이 있다

- 정신건강 문제를 가진 4~16세의 아동 중 2%만 6개월 동안 정신건강 서비스에 접촉하였다(서부 호주 아동 건강 설문조사).
- 정신건강 문제를 가진 아동 및 청소년의 29%만 12개월 내에 어떤 유형의 전문적인 서비스(정신건강, 보건과 교육 서비스 포함)와 접촉이 있었다(호주 국립 아동 및 청소년 정신건강과 복지 조사).

2) 청소년들은 공식적 자원보다 비공식적 자원에서 도움을 찾는 것 같다

- 친구와 가족은 도움의 주요 자원이다.
- 친구는 개인의 정서적 문제의 도움을 찾는 데 선호되는 경향이 있다.
- 일반적으로 부모는 친구 다음의 순위가 된다.

3) 여자 청소년과 성인 여성은 남자 청소년과 성인 남성보다 도움을 찾을 가능성이 더 크다

- 도움의 자원과 문제의 유형에 따라 다소 차이가 있지만, 일반적으로 여성이 정신건강 문제에 대한 지지와 조언을 받기 위해 더 적극적으로 도움을 찾는다.
- 남성은 타인의 도움을 요청하기보다는 자기 자신에게 의존할 가능성이 있다.
- 남성은 문제의 존재를 인식하는 것을 피하거나 부정할 가능성이 더 크다.

4) 문제의 일부 유형은 다른 것보다 도움찾기 행동을 더 촉진할 가능성이 있다

- 각각의 도움의 자원은 특정 유형의 문제에 더 적합할 수 있다.
- 관계 문제는 친구, 개인적인 문제는 부모, 그리고 교육적 문제는 교사와 논의할 가능성이 더 크다.

3. 도움찾기의 효과성

도움찾기는 다양한 분야에 걸쳐 오랜 연구의 역사를 가지고 있다. 이는 도움찾기가 한 개인의 전 삶에 긍정적인 영향을 미치는 상당히 적응적인 행동이기 때문이다. 물론 역경에 대처하는 방법은 많다. 하지만 도움찾기는 역경에 대처하는 수많은 방법 중 '접근 대처 양식'의 하나이다. 접근 대처 양식은 하나의 문제를 인식하고 어떤 방식으로든지 적극적으로 문제를 해결하게 하므로 효과적인 대처 전략으로 평가받고 있다. 그러므로 도움찾기는 문제를 부정하고 관련된 사고와 감정을 회피하는 것보다 더 좋은 전략이라고 할 수 있다.

도움찾기의 효과성은 다음과 같다.

- 도움찾기는 자살의 위험요인을 포함한 다양한 정신건강의 위험요인에 대해 보호 요인을 제공한다.
- 도움찾기는 개인적·사회적·정서적 문제로 인한 심리적 고통을 해소하는 데 효과가 있다.
- 자살 예방의 관점에서 적절한 도움찾기는 자살 사고 및 행동과 관련된 위험에서 보호해 주는 잠재력을 갖고 있다.
- 전문적 자원 혹은 전문적 심리 지원에의 접근을 촉진할 수 있다.
- 즉각적으로 자살을 실행하려는 위험을 줄이거나 제거한다.
- 전문적 심리 도움찾기는 자살 위험이 적극적인 자살 생각이나 자살행동으로 발전되기 전에 자살 위험의 추가 형태를 감소시킨다.

4. 도움찾기 프로그램

현재 효과적으로 시행되고 있는 호주의 도움찾기 프로그램을 살펴보고자 한다. 호주인 4명 중 1명은 현재 정신건강 문제를 경험하고 있는데, 이들의 1/3만이 적극적으로 도움을 찾고 있다.

1) 도움찾기 프로그램의 내용

도움찾기 프로그램은 도움을 찾는 데 장애가 된다고 알려져 있는 것을 해결함으로써 정신건강 문제에 처했을 때 도움찾기 행동과 태도를 향상시키는 것이다. 도움찾기의 장애물은 다음과 같다.

- 오명
  - 정신건강 문제에 대해 당황하고, 그것에 대해 수치심과 거부감을 드러낸다.

- 정신건강 문제에 대한 인식 부족
  - 정신건강 문제에 대해 무엇인가 잘못되고 있다는 것을 알고 있다. 하지만 그 문제를 겪고 있는 사람들은 시급히 치료받아야 할 진단적 상태를 겪고 있다는 것을 잘 모른다.

- 치료에 대한 지식 부족
  - 치료를 받는 방법과 치료를 받아야 할 시기를 잘 모른다.
  - 아무도 자신이 겪고 있는 것을 도울 수 없다는 신념을 포함한다.

- 도움을 받을 곳에 대한 지식 부족
  - 올바른 서비스에 접근하는 방법을 모른다.

2) 도움찾기 프로그램의 개발 배경과 영향

이 프로그램은 호주의 국가정신보건전략에 명시된 정신건강에 대한 '예방, 홍보와 조기 개입 체계' 같은 근거에 기반을 둔 연구와 학술적 체계를 바탕으로 개발되었다. 이 프로그램의 참여자들은 다음과 같은 영향을 받는다.

- 참여자들은 고용 지원과 집단 프로그램, 직장 안팎에 있는 기존의 다른 복지 프로그램 등 그들이 이용할 수 있는 다른 지원책 및 개입 방법에 대해 더 개방적이게

되고 그것들을 찾아보려고 노력하게 된다.

- 참여자들은 비공식적 자원에 자신의 문제를 적극적으로 알리고 더 빨리 도움을 요청한다(예: 문제에 대한 부담을 줄일 수 있고, 비교적 덜 전문적인 지원을 할 수 있는 파트너, 친구, 동료들이 필요하다).

3) 도움찾기 프로그램의 목적

도움찾기 프로그램의 목적은 참여자들이 정신건강 문제에 대한 도움찾기 행동과 태도를 개선하는 것이다. 이것은 도움을 찾으려는 의도와 실제 도움을 찾는 행동을 측정하는 세계보건기구(WHO)의 '도움찾기 질문지'를 사용하여 측정한다. 무엇보다 중요한 목적은 도움을 찾는 데 장애가 된다고 알려진 장벽을 해결하는 것이다.

4) 도움찾기 프로그램의 기준과 학습 결과

도움찾기 프로그램의 기준은 이러한 명칭으로 명명하고, 각각의 기준에 구체적이고 측정 가능한 목표와 학습 결과가 포함된다. 각 기준은 프로그램 실시 및 평가 보고서가 제공될 때마다 측정된다.

기준 1: 정신건강 문제를 인식하기

- 장애물: 정신건강 문제에 대한 인식 부족
- 목적: 정신건강 문제를 인식하는 참여자의 능력을 향상시키기
- 학습 결과: 참여자들이 조기 경고 신호, 매일의 특성과 특정 불안과 우울증과 관련된 상태 확인하기(자기와 다른 사람)
- 측정 방법: ① 조기 경고 신호
  ② 매일의 특성
  ③ 특정 상태를 식별하는 자기 평가 능력 측정을 위한 사전 및 사후 프로그램 설문지

기준 2: 건강한 사고

- 장애물: 없음
- 목적: 좋은 정신건강에 대한 정보를 제공하여 균형 있는 정신건강 상태를 갖게 하기
- 학습 결과: 참여자들이 좋은 정신건강의 특성을 파악하고 감정에 관한 사고의 영향을 이해하도록 하기
- 측정 방법: 인지이론과 인지행동치료와 관련된 개념을 측정하는 사후 프로그램 질문지

기준 3: 효과적인 치료 방법 인식

- 장애물: 효과적인 치료 방법을 식별하고 선택하는 능력 부족
- 목적: 정신건강 문제에 대한 효과적인 치료 방법에 대한 지식을 증진시키기
- 학습 결과: 효과적인 치료 방법과 최선의 치료 방법을 선택하는 것 그리고 불안과 우울증 치료에 대한 참여자들의 이해를 증진시키기
- 측정 방법: ① 효과적인 치료 방법 식별
            ② 그것을 사용하는 방법
            ③ 효과적인 치료 방법을 선택하려는 자기평가 능력을 측정하는 사전 및 사후 프로그램 질문지

기준 4: 오명을 감소시킴

- 장애물: 낙인
- 목적: 정신건강 상태에 대해 주변의 인지된 오명을 줄이는 것
- 학습 결과: 참여자들이 도움찾기의 혜택에 대한 이해 개선하기, 정신 상태에 대한 주변의 왜곡된 신화를 줄이기, 정신건강 전문가로부터 무엇을 기대해야 하는지에 대한 지식 개선하기, 참여자들이 도움찾기 계획을 세우도록 돕기
- 측정 방법: 오명 척도에 대한 사전 및 사후 프로그램 질문지

기준 5: 도움을 받을 곳

- 장애물: 바로 도움을 받을 수 있는 곳에 대한 지식 부족(바로 서비스에 접근하는 방법에 대한 지식 부족)
- 목적: 어디서 어떻게 도움을 받을 자원에 접근할 수 있는지에 대한 지식 증진하기
- 학습 결과: 서비스를 확인하고, 이것으로부터 무엇을 기대할 수 있는지에 대한 참여자들의 접근 능력 향상시키기
- 측정 방법: 어떻게 서비스를 식별하고, 서비스로부터 무엇을 기대할 수 있는지에 대한 자세한 정보와 지식을 찾을 수 있는 능력을 측정하는 사전 및 사후 프로그램 질문지

5. 도움찾기 질문지

1) 일반적 도움찾기 질문지

표 17-1 일반적 도움찾기 질문지

다음은 당신이 개인적 · 정서적 문제를 경험하고 있다면 도움이나 조언을 줄 수 있는 사람들의 목록입니다. 당신이 앞으로 4주 동안 개인적 · 정서적 문제에 대해 이 사람들로부터 얼마나 도움을 받을 것인지를 나타낸 것에 ○표 하시오.

문항	전혀 도움받지 않음						매우 도움받음
1a) 파트너(예, 중요한 남자 친구 혹은 여자 친구)	1	2	3	4	5	6	7
1b) 친구(당신의 문제와 관련되지 않은)	1	2	3	4	5	6	7
1c) 부모	1	2	3	4	5	6	7
1d) 다른 친척/가족 성원(형제자매)	1	2	3	4	5	6	7
1e) 정신건강 전문가(예: 학교 상담사, 심리학자, 정신건강 전문의, 정신건강 전문 요원)	1	2	3	4	5	6	7
1f) 전화 상담(예: 생명의전화)	1	2	3	4	5	6	7
1g) 가정의	1	2	3	4	5	6	7
1h) 교사(교사, 상담자)	1	2	3	4	5	6	7
1i) 앞에 제시되지 않은 그 밖의 사람(누구인지를 기술하시오)	1	2	3	4	5	6	7
1j) 누군가로부터 도움을 찾지 않음	1	2	3	4	5	6	7

출처: Wilson et al. (2005).

2a) 개인적 문제에 대해 도움을 얻기 위해 정신건강 전문가(예: 학교 상담사, 상담자, 심리학자, 정신건강 전문의, 정신건강 전문 요원)를 찾아본 적이 있나요? (예, 아니오)

만약 2a) 질문에서 '아니오'라고 답했다면 당신은 이 장을 마치시오.

만약 당신이 '예'라고 답했다면 다음의 2b, 2c, 2d를 완성하시오.

2b) 당신은 정신건강 전문가를 얼마나 많이 방문을 하였습니까? _____번 방문

2c) 당신은 어떤 유형의 정신건강 전문가를 알고 있습니까?

그들의 직업을 적어 주십시오. (예: 상담자, 심리학자, 정신건강 전문의, 정신건강 전문 요원)

2d) 당신은 정신건강 전문가를 방문해서 얼마나 도움을 받았습니까? (다음에 ○표 하시오.)

문항	전혀 도움받지 않음						매우 도움받음
2d) 정신건강 전문가를 방문해서 도움을 받은 정도	1	2	3	4	5	6	7

6. 실제 도움찾기 질문지

표 17-2 　실제 도움찾기 질문지

다음은 당신이 개인적 · 정서적 문제를 경험하고 있다면 도움이나 조언을 받고 싶어 하는 사람들의 목록입니다. 당신이 지난 2주 내로 개인적 · 정서적 문제에 대해 조언이나 도움을 받으러 갔던 사람들이 있는지를 답하고, 문제의 유형을 간략히 써 보시오.

문항	예	문제의 유형을 간략히 기술
3a) 파트너(예, 중요한 남자 친구 혹은 여자 친구)	예	
3b) 친구(당신의 문제와 관련되지 않은)	예	
3c) 부모	예	
3d) 다른 친척/가족 성원(형제자매)	예	
3e) 정신건강 전문가(예: 학교 상담사, 심리학자, 정 　신건강 전문의, 정신건강 전문 요원)	예	
3f) 전화 상담(예: 생명의전화)	예	
3g) 가정의	예	
3h) 교사(교사, 상담자)	예	
3i) 앞에 제시되지 않은 그 밖의 사람(누구인지를 기 　술하시오)	예	
3j) 누군가로부터 도움을 찾지 않았음	예	

출처: Rickwood & Braithwaite (1994).

7. 청소년 자살 위기 상담 기관과 도움찾기 도식

1) 청소년 자살 위기 상담 기관

누구든 주변에서 자살 위험에 처한 사람들을 발견한다면 신속하게 다음과 같은 전문 기관에 의뢰해서 도움을 받을 수 있다. 다음은 자살 위기에 처한 청소년 및 대학생들을 돕는 주요 기관들이다.

표 17-3   청소년 자살 위기 상담 기관

구분	기관명	상담 전화	인터넷 사이트
학교 내	전문상담교사, 보건교사, 지역사회 교육 전문가	상담실, 위클래스, 교육복지실, 보건실	
학교 밖	보건복지부 보건복지상담센터 희망의전화	129	www.129.go.kr
	보건복지상담센터 자살예방상담전화	1393	https://www.129.go.kr/1393
	정신건강 상담전화	1577-0199	–
	한국생명의전화	1588-9191	www.lifeline.or.kr
	한국청소년상담복지개발원	1388	www.cyber1388.kr
	학교폭력 신고센터	117	www.safe182.go.kr

2) 청소년 및 대학생 도움찾기를 위한 도식

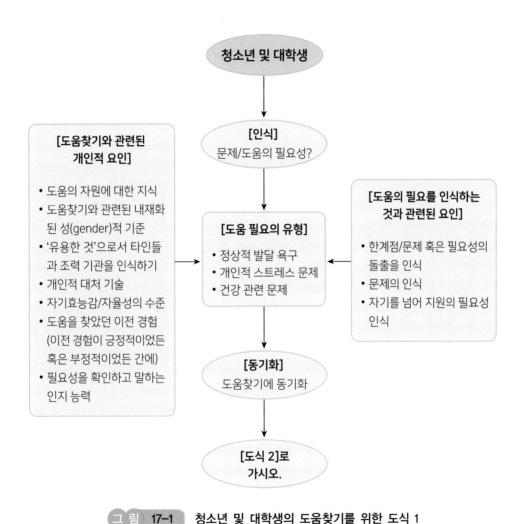

그 림 17-1 청소년 및 대학생의 도움찾기를 위한 도식 1

출처: Baker (2007), p. 35.

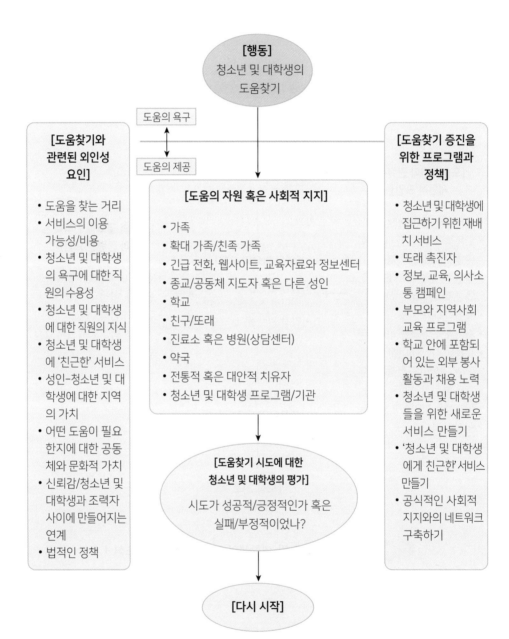

그림 17-2 청소년 및 대학생의 도움찾기를 위한 도식 2

출처: Baker (2007), p. 36.

앞의 [그림 17-1]과 [그림 17-2]를 보면 청소년 및 대학생들이 자살 위기에 처했을 때 실제적인 도움찾기 행동으로 이어지기 위한 내적·외적 요인과 그 과정에 대해 잘 표시되어 있다. 이러한 요인을 고려하여 어려움에 처했을 때 도움찾기 행동을 증진할 수 있도록 노력해 나간다면 매우 효과적일 것이다.

이 장의 요약

도움찾기는 일반적으로 다른 사람들에게 적극적으로 도움을 찾는 행동을 의미한다. 그것은 다른 사람들과 의사소통 문제나 비참한 경험을 했을 때 이해, 조언, 정보 제공, 치료 그리고 일반적인 지지를 통해서 도움을 얻는 것이다. 도움찾기는 공식적 도움찾기와 비공식적 도움찾기가 있는데, 청소년들은 비공식적 도움찾기에 의존하는 경향이 많다. 역경에 대처하는 수많은 방법 중 도움찾기는 '접근 대처 양식'의 하나이다. 또한 도움찾기는 자살의 위험요인을 포함한 다양한 정신건강의 위험요인에 대해 보호요인을 제공하기 때문에 자살 예방에 긍정적인 효과를 지닌다. 그런데 사람들은 정신건강 문제에 적극적으로 도움을 찾는 행동을 하지 않는다. 그것은 정신건강 문제에 대한 사회적 오명, 인식 부족, 치료에 대한 지식 부족, 도움을 받을 곳에 대한 지식 부족 때문이다. 따라서 이러한 장애물을 해결하기 위해서 도움찾기 프로그램을 소개하고, 도움찾기 질문지를 통해서 도움찾기 행동을 평가하며, 도움찾기 도식을 통해서 도움찾기 행동을 증진시키고자 한다.

생각해 볼 거리

1. 체면의식이 강한 한국 사회에서 자살 문제나 정신건강 문제가 있을 때 도움찾기는 어떤
   의미를 갖는지 생각해 봅시다.

_____

_____

_____

_____

_____

_____

2. 자신이 고민과 갈등, 우울증과 자살 생각 같은 것이 들 때 어디에서 도움을 받았는지 이
   야기해 봅시다.

_____

_____

_____

_____

_____

_____

참고문헌

이광자, 하상훈, 현명호(2014). 자살예방 상담의 이론과 실제: 생명을 살리는 상담 지침서. 서울: 생명의전화.

한국건강증진개발원, 한국생명의전화, 삼성생명, 사회복지공동모금회(2015). 청소년 자살예방 교육 프로그램 아이유.

한국자살예방협회 편(2007). 자살의 이해와 예방. 서울: 학지사.

Baker, G. (2007). *Adolescents, social support and help-seeking behaviour: An international literature review and programme consultation with recommendations for action.* Geneva: World Health Organization.

Rew, L. (1997). Health-related help-seeking behaviours in female Mexican-American adolescents. *Journal of the Society of Pediatric Nurses, 2*(4), 156-162.

Rice, K. G., Herman, M. A., & Petersen, A. C. (1993). Coping with challenges in adolescence: A conceptual model and psycho-educational intervention. *Journal of Adolescence, 16*(3), 235-251.

Rickwood, D. J., & Braithwaite, V. A. (1994). Social-psychological factors affecting help-seeking for emotional problems. *Social Science & Medicine, 39*(4), 563-572.

Rickwood, D., Deane, F. P., Wilson, C. J., & Ciarrochi, J. V. (2005). Young people's help-seeking for mental health problems. *Australian e-Journal for the Advancement of Mental Health, 4*(3), 1-34.

World Health Organization (2000). *Preventing suicide: A resource for general physicians.* Mental and Behavioural Disorders. Geneva: Department of Mental Health World Health Organization.

Wilson, C. J., Deane, F. P., Ciarrochi, J. V., & Rickwood, D. (2005). Measuring help seeking intentions: Properties of the general help seeking questionnaire. *Canadian Journal of Counselling, 39*(1), 15-28.

제18장

자살생존자

송인한(연세대학교 사회복지대학원 교수)

이 장의 목적

1. 자살생존자의 정의와 개념을 이해할 수 있도록 돕는다.
2. 자살생존자가 경험하는 심리사회적 어려움과 현황을 이해할 수 있도록 돕는다.
3. 자살생존자를 위한 개입 방안을 강구할 수 있도록 돕는다.

> "죽음은 죽은 사람보다도 남겨진 사람에게 더 날카로운 아픔을 남긴다."
>
> – 아널드 토인비(Arnold J. Toynbee) –

자살은 갑작스럽고 충격적인 사건이다. 그로 인해 자살은 남겨진 사람들에게 트라우마로 작용하여(Latham, 2004) 우울, 불안, PTSD, 자살 생각 및 시도 등 정신건강적으로 부정적인 영향(송인한, 2018)을 미칠 뿐 아니라, 죄책감과 자살 생각 등의 영향을 미친다(송인한, 2020). 이러한 어려움은 자살 유족뿐만 아니라, 친구와 동료 등 다양한 주위 사람에게까지 파급력이 미친다.

우리나라에서 매년 발생하는 약 13,000명 이상의 자살이 주위에 미치는 영향은 막대하다. 자살의 영향력을 연구한 세렐(Cerel et al., 2013)에 따르면 한 명의 자살자가 최소 6명에서 14명, 넓게는 수백 명까지 영향을 끼칠 수 있음을 고려할 때 영향의 범위를

10명으로만 가정해도 대략 연간 13만 명 이상의 많은 사람이 자살에 의한 영향을 받는다고 추측할 수 있으며, 우리나라같이 관계중심적 사회에서는 그 영향이 더 클 수 있다(송인한, 2020). 자살 사망의 영향뿐만 아니라, 주변의 자살시도만으로도 큰 영향을 받게 된다. 우리나라 통계에 따르면, 연간 약 30만 명의 자살시도자가 발생한다. 10명에게 영향이 미친다고 가정하면 대략 연간 300만 명 정도의 사람들이 주위의 자살시도를 경험하는 셈이다. 자살생존은 우리 삶의 매우 가까이에까지 영향을 미치고 있다.

자살에 의해 받은 영향, 즉 주위의 자살을 경험함으로써 생기는 심리사회적 고통을 견뎌 나가며 생존해 나간다는 뜻을 함축한 '자살생존자(Suicide Survivor)'라는 개념은 아직 국내에 잘 알려지지 않은 상태이다. 자살생존자의 개념은 일반인뿐만 아니라 전문가 사이에서도 충분히 알려져 있지 않다. 심지어 자살생존자를 자살시도 후에 생존한 사람을 뜻한다고 오해하는 경우도 있다. 주위의 자살로부터 받은 고통은 생존해 내야 할 만큼의 어려움이라는 것이 충분히 이해되지 못하고 있는 현실을 반영하는 것이라고 볼 수 있을지도 모른다.

세렐 등(Cerel et al., 2016)의 연구에 따르면 연구 대상자 중 자살에 노출된 사람의 비율이 약 50%에 이른다고 조사된 바 있으며, 우리나라에서 기존에 진행되었던 연구에서도 '가까운 사람'의 자살에 노출된 비율이 전체 인구 중 17.2%로 보고되었고(이민아 외, 2010), 다른 우리나라 연구에서도 가족, 친구, 지인 등 사회적 관계 내에 있는 사람의 자살을 경험한 비율은 11.2%로 조사되었던 바 있다(Song, Kwon, & Kim, 2015).

자살생존자에 대한 심층 조사 연구(송인한, 2018)에서는 2,000명의 연구 참여자 중 약 32%가 주위에서 자살을 경험했다고 보고되었다. 특히 전체 인구 중 20% 정도는 주위의 자살로 인해 심각한 영향을 받았다고 스스로 인식하고 있는 것으로 나타났다. 국외에 비해 우리나라의 자살률이 높음에도 불구하고 자살에 노출된 경험이 더 낮게 보고된 것은 자살에 대한 사회적 낙인으로 인한 것으로 추측된다.

1. 자살생존자의 정의와 개념

자살생존자란 "가족, 친척, 친구, 동료, 이웃 등이 자살로 사망해 자살에 노출된 경험을 가진 사람"을 말한다(송인한, 2020). 즉, 사회적 관계 내에 있는 주변 사람 중 자살자가 있을 때 자살 사건을 경험하는 과정에서 자살에 노출된 경험을 견뎌 내고 살아가는 사람을 뜻한다.

폼필리(Pompili et al., 2013)는 중요한 타자(significant others)의 자살로 인해 영향을 받은 사람들을 '자살생존자'로 정의하고, 중요한 타인의 자살에 의해 영향력이 크다는 점을 강조했다. 즉, 자살생존자는 가족, 친척, 친구 등 친밀하고 개인적인 관계를 포함하여 간접적으로 영향을 받을 수 있는 사회적 관계까지 포괄하는 개념이다.

'자살에 대한 노출(exposure to suicide)'은 자살로 사망한 사람을 알고 있거나 관계된 경우를 의미한다(Cerel et al., 2016). 가족, 친구, 동료의 자살뿐만 아니라 업무상 경험하게 되는 자살도 큰 영향을 미친다. 예를 들면, 의료인, 심리상담사나 경찰관 같은 특정 직업군은 업무를 통해 누군가의 자살에 노출되곤 한다. 자살에 대한 노출은 가까운 가족 성원부터 친구, 직장 동료, 이웃에 이르기까지 다양한 유형의 관계에서 발생할 수 있다(Andriessen & Krysinska, 2012).

2. 자살생존자가 경험하는 심리적 영향

자살에 노출된 개인은 평생에 걸쳐 영향을 받을 수 있으며(Feigelman et al., 2018), 주위의 자살에 노출되었을 때 모방효과와 전염성으로 인해 큰 영향을 받는다(Joiner, 2007). 중요한 사람을 잃었다는 상실감은 심리적 외상으로 나타날 수 있으며, 다른 원인으로 인한 사망보다 사별자의 정신질환 발병 위험을 높이는 사건이기도 하다(Linde et al., 2017).

자살생존자가 경험하는 트라우마는 크게 세 가지 차원에서 이뤄진다(송인한, 2020).

- 심리적 충격: 사별, 죄책감 및 애도감
- 직접적 노출로 인한 충격: 자살 현장이나 도구를 직접 목격한 충격
- 상상에 의한 충격: 자살 실행에 대한 상상을 지속함으로써 받는 고통

일반적인 사별과 다른 점은 그들이 겪게 되는 슬픔 반응의 차이이다. 사랑하는 사람을 잃었다는 상실감은 6개월이 지나도 슬픔이 회복되지 않는 복합 비애로 이어질 수

있다(Prigerson et al., 1999). 이는 사별 후에 겪는 심리장애 중 하나로 그리움, 공허함, 죄책감, 분노 등 복합적 감정으로 인한 병리적 문제를 의미한다. 특히 자살로 인한 사별은 일반 사별보다 더 높은 수준의 복합 비애를 겪으며, 우울이나 자살 생각의 위험성이 높은 것으로 보고되었다(Mitchell et al., 2004). 또한 죄책감, 충격, 자살 사망에 대한 분노, 무력감, 자기 책임 등을 경험한다(Andriessen & Krysinska, 2012). 사회적으로는 공동체 내에서 주변 사람들에 의한 낙인, 고립감을 경험할 수 있고(Ross et al., 2019), 가족 기능의 문제(Feigelman et al., 2018), 경제적 문제(송인한, 2018)와 같은 복합적인 어려움을 겪을 수 있다. 약물 또는 알코올 남용, 수면장애, 신체 건강 악화 등의 건강 문제가 발생하기도 한다(Feigelman et al., 2018). 이러한 어려움이 지속되면 정신적으로 취약해진 개인은 우울, 불안, PTSD 등의 후유증을 경험하며 사살 생각이 높아질 수 있다(Joiner, 2007).

안드리센과 크리신스카(Andriessen & Krysinska, 2012)는 자살에 노출된 사람들의 평생 유병률을 약 22%로 보고하였고, 세렐 등(Cerel et al., 2016)의 연구에서는 자살에 노출된 전체 연구 대상자의 48%가 자살에 노출되지 않은 사람보다 우울과 불안, 자살 생각을 경험할 위험이 약 2배 높게 나타났다. 우리나라에서 진행된 한 연구에서는 연구 참여자 1,602명 중 가까운 사람의 자살에 노출된 경우가 17.2%이며, 자살에 노출되지 않은 사람보다 자살 생각의 위험이 1.5배 높다고 분석하였다(이민아 외, 2010).

이처럼 자살에 대한 노출 경험은 신체적 · 심리적 · 사회적 고통으로 이어질 뿐만 아니라 취약해진 개인의 자살 생각을 높이기 때문에 사후 대응이 반드시 요구된다(Jordan, 2017). 가족관계에서 자살 사별을 경험한 자살생존자 33,173명을 대상으로 한 국외 연구(Runeson & Asberg, 2003)에 따르면, 자살생존자는 그렇지 않은 사람보다 자살행동에의 고위험군으로 분류되며, 특히 가족관계에서 자살 사별을 경험하였을 경우에는 그렇지 않은 경우에 비해 2배 이상의 높은 자살률을 보인다고 보고하였다.

이처럼 자살 사별은 궁극적으로 자살생존자들의 자살로 이어질 수 있는 연쇄적 위험성을 수반하여 정신보건상 중요한 문제로 다루어져야 함을 지적하고 있다. 자살사망자와 생물학적 또는 직접적 관련이 없으나 간접적으로 관련된 사람들에게도 이러한 증상은 광범위하게 나타날 수 있다(송인한, 2018).

베르테르 효과

요한 볼프강 폰 괴테의 『젊은 베르테르의 슬픔』이 1774년에 출간되었다. 비극적 사랑의 결말을 그린 이 소설은 유럽 전역에 큰 영향력을 미쳐 나폴레옹이 전장에 가지고 다니며 16번을 통독하고, 영국의 총리 벤저민 디즈레일리도 수십 번 읽었다고 한다. 심지어 근대화 시대에는 아시아에까지 영향을 미쳐 사회의 통념을 넘어서는 개인 감정의 자유에 대한 가치관으로 문화 충격을 주기도 하였다. 괴테는 단순히 감수성 충만한 사랑 소설이 아니라 당시 귀족 사회의 통념에 반대하는 젊은 지식인의 비판을 담아 개인의 감정과 욕망이 사회적 가치를 넘어설 수 있다는 주장을 담았다. 사랑을 이루지 못한 베르테르의 극단적 선택으로 이야기는 끝난다. 이에 대해 귀족들은 나약함의 결과로 파악하고, 성직자는 자살사라는 이유로 장례에 동행하지 않았다는 묘사를 통해 당시의 시대상이 드러난다.

그런데 출간 때부터 '베르테르 열병'으로 불리며 유럽 청년들에게 감성적 파급력을 미친 이 소설의 영향은 예기치 않은 다른 방향으로 번져 나갔다. 주인공 베르테르의 비극적 사랑에 공감한 청년들이 소설 속 베르테르의 의상을 모방해 입는 것을 넘어 우울감에 젖고 자살하는 일이 연이어 일어난 것이다. 정확한 통계는 없지만 2,000명 이상의 젊은이가 사망하였다고 알려졌다. 이러한 현상에서 이름을 따 200년 후인 1974년에 뉴욕 주립대학교의 사회학자 데이비드 필립스(David Philips)는 유명인의 자살 후에 모방 자살이 급격히 증가하는 사회 현상을 '베르테르 효과(werther effect)'라고 명명하였다. 이후 연구에 따르면, 유명인 중에서도 특히 동일시할 수 있고 친밀한 느낌이 드는 대상의 자살에 더 영향을 받는 것이 발견되었다.

유명인 비극 따라 하는 베르테르 효과

우리나라에서도 유명인의 자살 이후에 자살자 수가 급격히 늘었던 현상이 발견되었다. 대중의 큰 사랑을 받았던 유명 연예인들의 자살 직후 전년 동일 기간 대비 2배 가까이 자살이 늘었다. 특히 동일한 자살 수단을 쓴 사례 수가 많게는 10배 이상 늘었다는 점에서 베르테르 효과의 영향이 매우 컸음을 알 수 있다.

유명인의 자살을 그대로 모방한 직접 효과도 있겠으나, 자살의 위험성을 이미 내면에 가지고 있던 상태에서 사건의 자극으로 인해 추상적 계획이 구체적 시도로 옮기게 되는 것이라고 해석하는 것이 적절하다. 유명인의 자살 방법에 대한 구체적 정보를 습득하게 되고, 또한 유명인이 문제에 직면해 택했던 극단적 선택을 문제 해결의 방법으로 잘못 받아들이게 된다. 특히 이미 내면에 위기를 가지고 있던 사람들조차도 실제 본인의 문제를 직시하기보다는 유명인의 사고에 원인을 돌려 자신의 행위를 합리화하기도 한다.

이 과정에서 영향을 미치는 것이 언론과 대중매체의 역할이다. 언론의 중대한 역할에 대한 인식이 높아져서 보도 방식이 많이 개선되었으나, 여전히 일부 언론은 과도한 묘사와 선정적 표현을 사용하고, 자살 장소나 방법에 대해 지나치게 자세하게 보도하기도 한다. 이는 남아 있는 유가족과 동료뿐만 아니라 일반 대중에게까지 큰 트라우마를 남길 수 있다.

흔히 자살생존자는 자살시도 후에 살아남은 사람이라는 뜻으로 잘못 이해되곤 하지만 의미 있는 사람을 자살로 잃고 그로 인해 영향을 받는 사람을 뜻한다. 자살생존자는 사별에 의한 상실감과 죄책감, 애도감을 느끼는 심리적 고통을 경험한다. 또한 사고 현장을 직접 봄으로써 시각적 충격의 잔상이 남아 고통이 지속되고, 이후에도 자살자의 심정이나 정황, 과정에 대해 상상을 하면서 트라우마를 겪게 된다. 이러한 심리적·시각적·상상적 트라우마를 가중하는 것이 일부 언론의 과도한 보도이다.

자살 예방하는 파파게노 효과

보도를 축소하는 것이 대중의 알 권리, 언론 자유의 권리와 충돌한다는 의견도 있다. 그러나 모방 자살 파급을 낳을 수 있는 언론의 역할에 대한 언론 자체의 자정 작용으 2004년에 자살보도 권고 기준이 처음 제정되었다. 이를 근거로, 자살 관련 보도를 가능한 한 최소화하고, 자살이라는 단어 사용을 자제하며, 선정적 표현을 피하고, 유가족 등 주위 사람을 배려하는 신중한 자세를 가지며, 자살 방법을 구체적으로 묘사하거나 미화하지 않고, 자살이 문제 해결의 수단임을 암시하지 않는 등의 보도 기준이 자발적으로 지켜지고 있다.

바로 이렇게 자살에 대한 보도를 자제함으로써 자살 예방 효과를 가져오는 '파파게노 효과(Papageno effect)'가 베르테르 효과의 대척점에 있다. 파파게노 효과는 『베르테르의 슬픔』의 출간과 비슷한 시기인 1791년 빈에서 초연된 모차르트의 〈마술피리〉에 등장하는 새 잡이꾼의 이름에서 온 용어이다. 파파게노가 헤어짐의 아픔으로 극단적 선택을 하려던 순간에 세 요정의 도움으로 자살 생각을 극복하고 파파게노와의 사랑을 다시 찾는 장면에서 가져온 이 표현은 자살 예방을 위한 언론의 긍정적이고 적극적인 역할을 강조한다.

출처: 송인한(2018. 8. 6.).

　　한편, 자살생존자들이 경험하는 심리 내적 고통뿐만 아니라 사회적으로도 어려움을 경험하고 있다. 대표적인 사회적 어려움으로는 사회적 고립, 가족관계의 어려움, 낙인화 등이 있다(Jordan & McIntosh, 2011). 자살은 가족과의 관계, 사회적인 관계에도 변화를 가져온다(Clements et al., 2004). 대인관계에서 이루어지는 기본적인 관계에 대한 욕구의 결핍과 사회적 체계에서의 고립, 장기적인 대인관계에서의 왜곡 현상의 지속은 자살 생각에 영향을 미친다. 이때 자살생존자가 가장 힘들게 경험하는 관계의 어려움은 '낙인(stigma)'이다. 낙인은 자살 또는 기타 예상치 못한 죽음으로 인하여 남겨진 사람들이 대인관계에서 경험하는 것으로 정의된다(Feigelman, Gorman, & Jordan, 2009). 대부분의 자살생존자가 지역사회로부터 사회적 낙인을 경험하며, 2차적으로 사회적 위축, 자기고립(self-isolation)으로 이어져서 자살생존자의 사회적 어려움이 심리적 고통을 가중시킨다. 이는 고립될수록 사회적 고통이 커지고, 사회적 고통이 커질수록 고립되는 악순환을 심화시킨다.

　　자살생존자에 대한 추적연구의 결과를 요약하면 다음과 같다(송인한, 2018).

- 전국 규모의 조사 결과 2,000명 중 자살 사별을 경험한 자살생존자는 32%에 이를 만큼 매우 높은 수준이었다.
- 자살생존자는 자살이 아닌 사별을 경험하거나 주위에서 죽음을 경험하지 않은 사람들에 비해 자살에 대해 더 많이 생각했고, 우울감이 더 높았다.
- 특히 가족, 친구와 같은 관계 형태보다 친밀함의 정도가 더 큰 영향을 미쳐 친밀한 관계의 사람을 잃은 자살생존자가 더 심각한 자살 생각과 우울감을 가졌다.
- 주위의 자살에 노출된 이후 시간이 지나며 자살 생각이 감소했지만 10년 이후에도 자살 생각이 계속 유지되는 것이 발견되었다.
- 주변으로부터의 사회적 지지, 가족 기능, 신체 건강, 자아탄력성 등의 보호요인이 자살생존자의 자살 생각과 우울감을 유의하게 낮추는 효과가 발견되었다.

3. 아픔으로부터의 다음 단계: 외상 후 성장

직전에서 소개한 연구의 마지막 부분에서 언급되었듯이, 자살생존자의 심리적 고통을 완충시키는 사회적 지지, 가족 기능, 신체 건강, 자아탄력성 등의 요인이 있음은 자살생존의 경험을 극복할 수 있는 가능성이 존재한다는 점에서 긍정적인 신호이다.

행동과학자 레비-벨즈, 크리신스카와 안드리센(Levi-Belz, Krysinska, & Andriessen, 2021)의 연구에 따르면 자살생존자가 주위에서 자살을 경험한 후, 주위의 지지로 소속감을 느낄 때 감정을 터놓고 이야기하면서 외상 후 성장(growth after trauma, post-traumatic growth)을 경험한다고 설명했다. 외상 후 성장이란 고통을 이겨 낸 후에 비로소 인생을 넓게 바라보고 성찰할 수 있으며, 다른 이의 고통을 공감할 수 있는 성숙한 단계를 뜻한다.

여기서 주목해야 할 것이 바로 주위의 지지와 대화 상대의 존재이다. 연구 결과에 따르면, 자살생존자에게 이야기 나눌 지지적인 대화 상대가 있을 때 자살 생각이 유의하게 낮은 것이 발견되었다(김지은, 송인한, 2016). 타인과의 대화를 통해 자신이 경험한 자살과 관련된 감정을 표현하고, 의미를 스스로 재구성하고, 앞으로의 삶에 적응할 수 있는 준비를 할 수 있도록 지지를 받음으로써 심리적 고통의 위험성이 낮아진다(Dyregrov et al., 2011).

아울러 자살을 경험한 후에 사회적 관계가 줄어든 상태에서 우울이 높아짐으로써 자살 생각을 포함한 부정적 인식이 생길 수 있으나, 대화를 통해 사회관계망이 회복됨으로써 자살의 위험이 낮아지는 긍정적 효과가 생긴다고 해석할 수 있다. 더 나아가 주변의 자살로부터 받은 충격과 상처를 승화시키고, 삶의 의미를 다시 생각하며, 타인의 고통에 대한 공감 능력이 확장됨으로써 트라우마 이전보다 더 성숙한 심리적 태도를 가지게 된다는 점이 바로 외상 후 성장이 뜻하는 것이다.

4. 자살생존자를 위해 무엇을 할 것인가

자살자의 가족이 경험하는 큰 고통에도 불구하고 충분한 지원 서비스가 제공되지 않다가 최근에서야 자살 유족에 대한 서비스가 「자살예방 및 생명존중문화 조성을 위한 법률」에 포함되었으나, 아직 자살에 의해 영향을 받고 그 고통을 견뎌 나가야 하는 유족을 포함한 많은 자살생존자를 위한 지원이 충분히 이뤄지지 않고 있다. 자살이라는 사건은 남겨진 사람들에게 심리정서적, 사회경제적 등 여러 측면에서 어려움을 남긴다는 점에도 불구하고(Crosby & Sacks, 2002) 남겨진 사람들에 대한 연구는 물론이고, 자살생존에 대한 연구조차 충분히 이뤄지지 않는 상태이다.

「자살예방 및 생명존중문화 조성을 위한 법률」에 유족이라는 표현이 10번 이상 나오며, 제4조에서는 자살유족을 보호하는 것이 국가 및 지방자치단체의 책무라고 규정하고 있다. 자살유족 자조그룹 지원 같은 시스템도 이미 있고, 지역사회마다 정신건강복지센터도 만들어져 있다. 이에 대한 예산과 인력이 현실화되어서 이러한 제도를 실효성 있게 운영할 수 있도록 하는 것이 관건이다.

국외의 예를 살펴보자면, 미국의 경우에는 자살 사건이 발생했을 때 전문가로 구성된 팀이 응급 출동해서 유족의 심리 안정화를 도와주는 체계가 만들어져 있고, 영국의 경우에는 유족 서비스를 체계화시켜서 코디네이터가 즉각 만나 애도 과정을 돕고 필요할 때 치료를 받을 수 있게 도와주는 서비스가 제공된다.

마지막으로, 자살생존자를 위한 범사회적인 접근 방법으로 다음의 것을 생각해 볼 수 있다(송인한, 2018).

1) '자살생존자'의 개념 도입 및 사회적 인식 증진

자살자의 '가족'에만 한정을 둔 '자살 유족'이라는 용어보다는 넓은 의미의 모든 사회적 관계 유형을 포함하여 '자살 사별을 경험한 사람들'을 의미하는 '자살생존자'의 개념을 도입해야 한다. 이를 통해 가장 큰 고통을 경험하는 자살 유족에 대한 도움이 더욱 확대될 수 있다.

현재 자살 유족 정책 및 서비스는 가족만을 대상으로 하여 자살자와 친밀한 관계에 있었던 친구나 동료, 지인 등을 돕는 데는 제한이 있다. 그러나 가족뿐 아니라 친척, 친구나 동료, 지인에 이르기까지 모든 사회적 관계에서 정신건강에 부정적인 영향을 받고 있음을 고려하여 '자살생존자'의 개념을 도입함으로써 다양한 사회적 관계에서 자살 사별을 경험한 사람들에게 접근해야 한다.

2) 자살생존자를 위한 정책 및 서비스의 대상 범위 확대

자살예방센터 및 정신건강센터에서는 유족을 위해 제공되는 자조 모임, 애도상담, 심리부검, 자살 유족 치료비 지원 등을 자살자와 친밀하였던 친구나 동료, 지인 등에게까지 대상을 확대하여야 하며, 유족을 위해 특별한 프로그램이 강화되어야 한다.

자살 사별을 경험한 자살생존자는 그렇지 않은 사람에 비해 우울, 자살시도, 자살생각 등 정신건강의 어려움이 매우 높으며, 자살사망자와 주관적으로 친밀하였던 사람은 특히 자살 생각의 위험이 높다. 자살자의 가족뿐만 아니라 자살사망자와 친밀한 관계를 유지하였던 사람들에 대한 적극적인 자살 예방 서비스가 필요하다.

미국 자살예방자원센터(Suicide Prevention Resource Center: SPR)에서는 국가 자살예방전략 중 하나로 자살 사별을 경험한 자살생존자(survivor of suicde loss)를 위한 정보와 자원을 제공하고 있다. 여기에는 가족 외에도 친구, 대학교, 직장, 지역사회, 보건의료 현장 등 다양한 관계의 자살생존자를 위한 가이드라인과 자살사후프로그램 매뉴얼 등이 있다는 점은 참고할 만하다.

3) 사별 관련 전문 서비스 확대 및 사회적 인식 증진

자살생존자가 사별 후 정신건강의학과 치료나 애도상담, 동료 유족 멘토링서비스 등을 받을 수 있도록 사별 관련 전문 서비스를 확대하고, 서비스 접근을 높이기 위하여 홍보 및 캠페인을 통해 사회적 인식을 증진하고 경제적 지원을 고려하여야 한다.

자살생존자의 정신건강 문제의 심각성에도 불구하고 정보가 부족하고 비용이나 시간의 부족 등으로 사별 관련 서비스의 실제 이용은 미비하였기에 욕구가 높은 정신건강의학과 치료를 비롯하여 사별에 특화된 애도상담, 유족과 1:1 멘토링 서비스 등 정신건강 서비스에 대한 접근성을 높일 수 있도록 정보적 · 경제적 · 사회적 지원을 할 필요가 있다.

4) 정신건강을 위한 포괄적 접근

자살생존자의 정신건강 증진을 위한 정책 및 서비스 개발이나 실천 시 자살생존자의 심리사회적 특성, 가족의 특성, 신체 건강 상태, 자살 사별 관련 특성을 포괄적으로 고려하여야 한다.

자살생존자의 자살 위험 감소를 위하여 자아탄력성, 가족 기능, 사회적 지지를 강화하고, 신체 건강을 향상시킬 수 있는 방안을 모색하여야 한다. 또한 자살사망자와의 사회적 관계 및 주관적 친밀도, 사망 후 경과 기간에 따라 맞춤형 개입 전략을 개발하여야 한다.

자살생존자를 위한 정책 제안

첫째, 자살생존자 지지 시스템이 공적인 자살 대책으로 만들어져야 한다. 각각의 지역별로 자살 유족 자조 모임이 진행되고 있으나 중앙 정부 차원에서의 전국적 확대가 시급히 필요하다. 또 관계별 특성과 생존자의 상황을 고려한 다양한 형태의 자조 모임이 필요하다. 미국의 경우 '생존자 아웃리치 프로그램'을 통해 관계별, 지역별로 특성화된 모임을 구성하며, 자살생존자의 필요에 따라 개별적으로 직접 방문하거나 전화를 이용하여 서비스를 제공하고 있다.

둘째, 특별히 자살 유족이 직면한 심리적·경제적·법적 어려움에 대처할 수 있도록 돕는 종합지원 제도가 필요하다. 일차적으로는 유족을 긴급 지원하는 것이 급선무이다. 그리고 장기적으로는 생존자 스스로가 다른 생존자를 돕는 것은 물론이고, 자살 예방 정책 수립에 참여함으로써 자살 예방을 위한 주도적 역할을 할 수 있도록 지원할 필요가 있다.

셋째, 자살에 대한 사회적 인식을 개선하고 편견을 감소시켜야 한다. 자살생존자가 심리적 어려움을 터놓고 대화할 수 있는 분위기가 조성되어야 한다. 자살 예방 공익 캠페인이나 게이트키퍼 양성교육 등이 방법일 것이다. 미국 자살예방재단에서는 추수감사절 이전 주 토요일에 1년에 한 번씩 모여 '세계 자살생존자의 날'을 통해 회복 경험을 나누고 자살생존자에 대한 인식을 개선하는 활동을 전개하고 있다.

넷째, 미디어는 간접적인 자살 노출을 막기 위해 노력해야 한다. 일부 언론의 선정적인 보도도 있으나 대부분 언론계의 자발적인 참여로 '자살보도 권고기준 2.0'이 성공적으로 준수되고 있다. 드라마 등 예술의 영역에서 여전히 자살이 마치 하나의 문제 해결 방법인 듯한 장면은 부정적 영향을 미친다. 토인비가 말했듯, 죽음은 죽은 사람보다도 남겨진 사람에게 더 날카로운 아픔을 남긴다. 그 어느 때보다 더 많은 사람을 자살로 떠나보내는 우리 시대, 우리는 절망에 전염되지 않도록 견디며 현실의 고통을 함께 극복하고 있다. 서로의 아픔에 대해 무심치 말자. 정도의 차이일 뿐 우리 모두는 자살생존자이다.

출처: 송인한(2018. 4. 16.).

> ### 이 장의 요약

- **자살생존**
  - 자살생존자란 "가족, 친척, 친구, 동료, 이웃 등이 자살로 사망해 자살에 노출된 경험을 가진 사람"을 말하며, 사회적 관계 내에 있는 주변 사람 중 자살자가 있을 때 자살 사건을 경험하는 과정에서 자살에 노출된 경험을 견뎌 내고 살아가는 사람을 뜻한다.
  - 자살생존자를 자살시도 후에 생존한 사람이라고 잘못 이해되기도 할 만큼 자살이 남겨진 사람에게 주는 고통에 대한 이해가 우리 사회에 충분하지 않은 실정이다.

- **자살생존자의 경험**
  - 자살은 남겨진 사람에게도 큰 트라우마를 주는 갑작스럽고 충격적인 사건이다.
  - 그로 인해 자살은 남겨진 사람들에게 우울, 불안, PTSD, 죄책감 등의 정신건강적 영향을 미칠 뿐 아니라, 자살 생각에도 영향을 미친다.
  - 연간 약 13,000명의 자살자가 발생한다는 점을 고려할 때, 심각한 영향을 받는 주위 사람을 10명으로만 가정해도 연간 13만 명의 자살생존자가 우리나라에서만 발생한다고 추측할 수 있다.

- **자살생존자를 위한 지원 방안**
  - 자살을 경험한 가족뿐 아니라 친구와 지인, 사회적 관계 내에 있는 영향을 받는 사람에 대한 인식을 확대할 필요가 있다.
  - 자살예방센터 및 정신건강센터에서는 유족을 위해 제공되는 자조 모임, 애도상담, 심리부검, 자살 유족 치료비 지원 등을 자살생존자를 위해 제공해야 한다.
  - 자살생존자를 위한 사별 관련 전문 서비스를 확대하고, 서비스 접근을 높이기 위하여 홍보 및 캠페인을 통해 사회적 인식을 증진하고 경제적 지원을 고려하여야 한다.
  - 자살생존자의 정신건강 증진을 위한 정책 및 서비스를 체계적으로 개발하고 확대해야 한다.

생각해 볼 거리 ㅂ

1. 자살은 혼자만의 일인가, 타인에게 영향을 미치는 일입니까?

----

2. 주위에서 자살을 경험한 자살생존자가 겪어 나가는 고통은 무엇입니까?

----

3. 자살 유족 및 자살생존자를 위한 사회적 노력은 어떤 것이 되어야 합니까?

참고문헌

김지은, 송인한(2016). 그들에겐 이야기 나눌 사람이 필요하다: 자살에의 노출, 대화상대 및 자살 생각 간의 관계. 정신건강과 사회사업, 44(4), 5-34.

김지은, 전소담, 송인한(2016). 사회적 관계 내 자살 노출 실태 및 주관적 영향에 관한 연구: 자살 생존자에 대한 전국 규모 온라인조사분석. 정신건강과 사회사업, 44(3), 93-119.

김혜진, 김지은, 송인한(2020). 친구·동료·지인의 자살이 자살 생각에 미치는 영향과 보호요인 으로서의 가족기능. 한국사회복지조사연구, 64, 65-90.

송인한(2018). 사회적 관계 내에서 자살을 경험한 자살생존자의 정신건강 추적연구. 한국연구 재 단 보고서, NRF-2015 S1A5A2A01014714.

송인한(2020). 자살도 예방이 되나요?. JTBC 차이나는 클라스 제작팀 저. 차이나는 클라스: 마음의 과학 편, 혼잡한 현대사회에서 마음을 지키는 방법은 무엇인가 (pp. 56-101). 서울: 중앙Books.

이민아, 김석호, 박재현, 심은정(2010). 사회적 관계 내 자살경험과 가족이 자살 생각 및 자살행 동에 미치는 영향. 한국인구학, 33(2), 61-84.

Andriessen, K., & Krysinska, K. (2012). Essential questions on suicide bereavement and postvention. *International Journal of Environmental Research and Public Health*, 9(1), 24-32. Doi: 10.3390/ijerph9010024

Cerel, J., Maple, M., Aldrich, R., & van de Venne, J. (2013). Exposure to suicide and identification as survivor: Results from a random-digit dial survey. *Crisis: The Journal of Crisis Intervention and Suicide Prevention*, 34(6), 413-419.

Cerel, J., Maple, M., van de Venne, J., Moore, M., Flahert, C., & Brown, M. (2016). Exposure to suicide in the community: Prevalence and correlates in one US state. *Public Health Reports*, 131(1), 100-107.

Clements, P. T., de Ranieri, J. T., Vigil, G. J., & Benasutti, K. M. (2004). Life after death: Grief therapy after the sudden traumatic death of a family member. *Perspectives in Psychiatric Care*, 40(4), 149-154.

Crosby, A. E., & Sacks, J. J. (2002). Exposure to suicide: Incidence and association with suicidal ideation and behavior: United States, 1994. *Suicide and Life-Threatening Behavior*, 32(3), 321-328.

Dyregrov, K. M., Dieserud, G., Hjelmeland, H. M., Stration, M., Rasmussen, M. L., Knizek, B. L., & Leenaars, A. A. (2011). Meaning-making through psychological autopsy interviews: The value of participating in qualitative research for those bereaved by suicide. *Death Studies*, 35(8), 685-710.

Feigelman, W., Cerel, J., McIntosh, J. L., Brent, D., & Gutin, N. (2018). Suicide exposures and bereavement among American adults: Evidence from the 2016 general social survey. *Journal of Affective Disorders, 227*, 1-6. Doi: 10.1016/j.jad.2017.09.056

Feigelman, W., Gorman, B. S., & Jordan, J. R. (2009). Stigmatisation and suicide bereavement. *Death Studies, 33*(7), 591-608.

Joiner, T. (2007). *Why people die by suicide.* Cambridge, MA: Harvard University Press.

Jordan, J. R. (2017). Postvention is prevention-The case for suicide postvention. *Death Studies, 41*(10), 614-621. Doi: 10.1080/07481187.2017.1335544

Jordan, J. R., & McIntosh, J. L. (2011). Suicide bereavement: Why study survivors of suicide loss?. In J. R. Jordan & J. L. McIntosh (Eds.), *Grief after suicide: Understanding the consequences and caring for the survivors* (pp. 3-17). New York: Routledge/Taylor & Francis Group.

Latham, A. E., & Prigerson, H. G. (2004). Suicidality and bereavement: Complicated grief as psychiatric disorder presenting greatest risk for suicidality. *Suicide and Life-Threatening Behavior, 34*(4), 350-362.

Levi-Belz, Y., Krysinska, K., & Andriessen, K. (2021). Turning personal tragedy into triumph: A systematic review and meta-analysis of studies on posttraumatic growth among suicide-loss survivors. *Psychological Trauma: Theory, Research, Practice, and Policy, 13*(3), 322-332.

Linde, K., Treml, J., Steinig, J., Nagl, M., & Kersting, A. (2017). Grief interventions for people bereaved by suicide: A systematic review. *PLoS ONE, 12*(6), e0179496. Doi: 10.1371/journal.pone.0179496

Mitchell, A. M., Kim, Y., Prigerson, H. G., & Mortimer-Stephens, M. (2004). Complicated grief in survivors of suicide. *Crisis: The Journal of Crisis Intervention and Suicide Prevention, 25*(1), 12-18. Doi: 10.1027/0227-5910.25.1.12

Pompili, M., Shrivastava, A., Serafini, G., Innamorati, M., Milelli, M., Erbuto, D., Ricci, F., Lamis, D. A., Scocco, P., Amore, M., Lester, D., & Girardi, P. (2013). Bereavement after the suicide of a significant other. *Indian Journal of Psychiatry, 55*(3), 256-263.

Prigerson, H. G., Bridge, J., Maciejewski, P. K., Beery, L. C., Rosenheck, R. A., Jacobs, S. C., Bierhals, A. J., Kupfer, D. J., & Brent, D. A. (1999). Influence of traumatic grief on suicidal ideation among young adults. *American Journal of Psychiatry, 156*(12), 1994-1995. Doi: 10.1176/ajp.156.12.1994

Ross, V., Kõlves, K., & De Leo, D. (2019). Exploring the support needs of people bereaved by suicide: A qualitative study. *OMEGA-Journal of Death and Dying, 82*(4), 632-645.

Runeson, B., & Asberg, M. (2003). Family history of suicide among suicide victims. *The American Journal of Psychiatry, 160*(8), 1525-1526.

Song, I. H., Kwon, S. W., & Kim, J. E. (2015). Association between suicidal ideation and exposure to suicide in social relationships among family, friend, and acquaintance survivors in South Korea. *Suicide and Life-Threatening Behavior, 45*(3), 376-390.

부록

부록 1 **MZ세대의 자살 위기 평가하기**

1) 스트레스에 취약한 나의 개인적 · 환경적 요인 확인하기

나의 어떤 개인적 요인이 스트레스를 받기 쉽게 하나요?

1. _____
2. _____
3. _____

나를 둘러싼 어떤 환경적 요인이 스트레스를 받기 쉽게 하나요?

1. _____
2. _____
3. _____

2) 자기 스스로 통제 가능한 개인적 · 환경적 요인 점검하기

스트레스에 취약한 개인적 요인 중에서 나 스스로 통제(관리) 가능한 것은 무엇인가요?

1. _____
2. _____
3. _____

스트레스에 취약한 환경적 요인 중에서 나 스스로 통제(관리) 가능한 것은 무엇인가요?

1. _____
2. _____
3. _____

스트레스를 쉽게 받지 않도록 하기 위해서 스트레스와 정신건강 문제를 일으키기 쉬운 개인적 · 환경적 요인을 어떻게 관리하면 좋을까요? 나만의 노하우를 찾아보시오.

1. _____
2. _____
3. _____

| 부록 2 | 학교 내 공조 체계 확인하기 |

참여자를 둘러싼 활용 가능한 자원이 있나요?

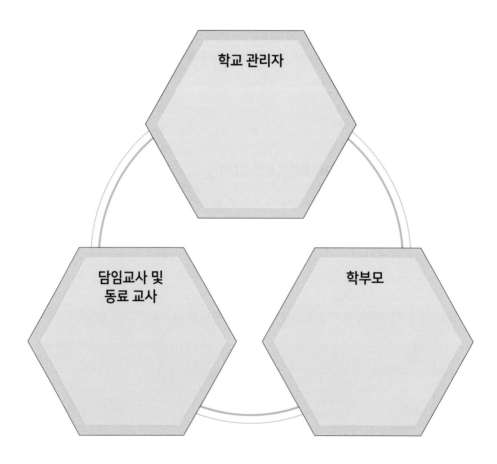

부록 3 　최근에 경험하고 있는 스트레스 확인하기

❙ 가정에서

• 일상생활을 할 때(여가 시간 등)
• 부모님/형제자매와의 관계에서

❙ 학교에서

• 공부할 때
• 선생님/친구와의 관계에서

❙ 기타

부록 4 아동용 우울증 검사

    CDI는 코박스와 벡(Kovacs & Beck, 1977)이 아동기 우울증의 인지적 · 정서적 · 행동적 증상을 평가하기 위해 개발한 자기보고서이다. CDI는 7~17세의 아동과 청소년들에게 실시할 수 있으며, 총 27문항으로 구성되어 있다. 각 문항에 대한 지난 2주 동안의 자신을 가장 잘 기술해 주는 정도를 0~2점으로 평정하도록 되어 있으며, 각 문항에 대한 개인의 평정치를 합산한 총점이 우울 정도를 나타낸다. 총점의 범위는 0~54점으로 점수가 높을수록 우울 정도가 심한 우울 증상을 보인다. 총 20~30분 정도의 시간이 소요되는 이 척도는 자기보고식으로 작성 가능하며, 다섯 가지 하위 영역(우울 정서, 행동장애, 흥미 상실, 자기비하, 생리적 증상)에 대해 검사한다. 점수가 높을수록 우울의 정도가 심한 것을 의미한다.

아동용 우울증 검사

1. 나는 가끔 슬프다.
   나는 자주 슬프다.
   나는 항상 슬프다.
2. 나에게는 제대로 되어 가는 일이란 없다.
   나는 일이 제대로 되어 갈지 확신할 수 없다.
   나에게는 모든 일이 제대로 되어 갈 것이다.
3. 나는 대체로 무슨 일이든 웬만큼 한다.
   나는 잘 못하는 일이 많다.
   나는 모든 일을 잘 못한다.
4. 나에게는 재미있는 일이 많다.
   나에게는 재미있는 일이 어느 정도 있다.
   나에게는 재미있는 일이 전혀 없다.
5. 나는 항상 나쁜 행동을 한다.
   나는 자주 나쁜 행동을 한다.
   나는 가끔 나쁜 행동을 한다.
6. 나는 가끔씩 나에게 나쁜 일이 생길지도 모른다는 생각이 든다.
   나에게 나쁜 일이 생길까 봐 걱정이 된다.
   나에게 꼭 나쁜 일이 생길 것만 같다.

7. 나는 나 자신을 미워한다.

   나는 나 자신을 좋아하지 않는다.

   나는 나 자신을 좋아한다.

8. 나에게 일어난 모든 나쁜 일은 다 내 잘못이다.

   나에게 일어난 나쁜 일 등의 대부분은 내 잘못이다.

   나에게 일어난 나쁜 일은 보통 내 잘못 때문이 아니다.

9. 나는 나를 해치고 싶다는 생각은 하지 않는다.

   나는 나를 해치고 싶다고 생각하기도 하지만 그렇지 않을 것이다.

   나는 나를 해치고 싶다.

10. 나는 매일 울고 싶은 기분이다.

    나는 매일은 아니지만 자주 울고 싶은 기분이 든다.

    나는 가끔 울고 싶은 기분이 든다.

11. 여러 가지 일이 항상 나를 귀찮게 한다.

    여러 가지 일이 자주 나를 귀찮게 한다.

    여러 가지 일이 가끔 나를 귀찮게 한다.

12. 나는 사람들과 함께 있는 것이 좋다.

    나는 사람들과 함께 있고 싶지 않을 때가 많다.

    나는 사람들과 함께 있는 것이 싫다.

13. 나는 어떤 일에 대한 결정을 쉽게 내릴 수가 없다.

    나는 어떤 일에 대한 결정을 내리기가 어렵다.

    나는 쉽게 결정을 내린다.

14. 내 외모는 괜찮은 편이다.

    내 외모 중에는 못생긴 부분이 약간 있다.

    나는 못생겼다.

15. 나는 학교 공부를 하는 것이 늘 힘들다.

    나는 학교 공부를 하는 것이 대체로 힘들다.

    나는 학교 공부를 하는 것이 그리 힘들지 않다.

16. 나는 매일 밤 잠들기가 어렵다.

    나는 잠들기 어려운 밤이 많다.

    나는 잠을 잘 잔다.

17. 나는 가끔 피곤하다.

    나는 자주 피곤하다.

    나는 늘 피곤하다.

18. 나는 밥맛이 없을 때가 대부분이다.

    나는 밥맛이 없을 때가 많다.

나는 밥맛이 좋다.

19. 나는 몸이 아플까 봐 걱정하지는 않는다.

나는 몸이 아플까 봐 걱정할 때가 많다.

나는 몸이 아플까 봐 항상 걱정한다.

20. 나는 외롭다고 느끼지는 않는다.

나는 자주 외롭다고 느낀다.

나는 항상 외롭다고 느낀다.

21. 나는 학교생활이 재미있었던 적이 없다.

나는 학교생활이 가끔씩 재미있다.

나는 학교생활이 늘 재미있다.

22. 나에게는 친구들이 많다.

나는 친구들이 조금이지만, 더 많이 있었으면 좋겠다.

나에게는 친구가 전혀 없다.

23. 나의 학교 성적은 괜찮다.

나의 학교 성적은 예전처럼 좋지는 않다.

내가 전에는 잘했던 학과목 성적이 떨어졌다.

24. 나는 절대로 다른 아이들처럼 착하지 않다.

나는 마음만 먹으면 다른 아이들처럼 착할 수가 있다.

나는 다른 아이들처럼 착하다.

25. 나를 진심으로 좋아하는 사람은 아무도 없다.

나를 진심으로 좋아하는 사람이 있을지 확실하지 않다.

분명히 나를 진심으로 좋아하는 사람이 있다.

26. 나는 나에게 시킨 일은 대체로 한다.

나는 나에게 시킨 일은 대체로 하지 않는다.

나는 나에게 시킨 일은 절대로 하지 않는다.

27. 나는 사람들과 사이좋게 잘 지낸다.

나는 사람들과 자주 싸운다.

나는 사람들과 항상 싸운다.

* 22~25점: 약간 우울한 상태, 26~28점: 상당히 우울한 상태, 29점 이상: 매우 심한 우울 상태

부록 5 벡의 불안척도

벡이 인지행동모델에 기반하여 개발한 벡 불안척도는 청소년 및 성인을 대상으로 활용 가능하며, 오랜 연구를 바탕으로 널리 활용되고 있는 척도이다.

■ 다음의 항목은 불안의 일반적 증상을 열거한 것이다. 먼저, 각 항목을 주의 깊게 읽어 보시오. 오늘을 포함해서 지난 한 주 동안 귀하가 경험한 증상의 정도를 다음과 같이 그 정도에 따라 적당한 곳에 ○표 하시오.

0: 전혀 느끼지 않는다.
1: 조금 느꼈다. 그러나 별 문제가 되지 않는다.
2: 상당히 느꼈다. 힘들었으나 견딜 수 있었다.
3: 심하게 느꼈다. 견디기가 힘들었다.

번호	문항	전혀 안 느낌	조금 느낌	상당히 느낌	심하게 느낌
1	나는 가끔씩 몸이 저리고 쑤시며 감각이 마비된 느낌을 받는다.				
2	나는 흥분된 느낌을 받는다.				
3	나는 가끔씩 다리가 떨리곤 한다.				
4	나는 편안하게 쉴 수가 없다.				
5	매우 나쁜 일이 일어날 것 같은 두려움을 느낀다.				
6	나는 어지러움(현기증)을 느낀다.				
7	나는 가끔씩 심장이 두근거리고 빨리 뛴다.				
8	나는 침착하지 못하다.				
9	나는 자주 겁을 먹고 무서움을 느낀다.				
10	나는 신경이 과민해 있다.				
11	나는 가끔씩 숨이 막히고 질식할 것 같다.				
12	나는 자주 손이 떨린다.				
13	나는 안절부절못해 한다.				
14	나는 미칠 것 같은 두려움을 느낀다.				
15	나는 가끔씩 숨쉬기가 곤란할 때가 있다.				
16	나는 죽을 것 같은 두려움을 느낀다.				
17	나는 불안한 상태에 있다.				
18	나는 자주 소화가 잘 안 되고 뱃속이 불편하다.				
19	나는 가끔씩 기절할 것 같다.				
20	나는 자주 얼굴이 붉어지곤 한다.				
21	나는 땀을 많이 흘린다(더위로 인한 경우는 제외).				

출처: Beck et al. (1988).

벡 불안척도의 채점 방법

▶ 벡 불안척도	
척도 내용	• 정신과 집단에서 호소하는 불안의 정도를 측정하기 위한 도구 • 불안의 인지적 · 정서적 · 신체적 영역을 포함하는 21문항으로 구성 • 특히 우울로부터 불안을 구별해 내기 위한 목적으로 개발됨
실시 방법	자기보고식: 지난 한 주 동안 불안을 경험한 정도를 4점 척도상에 표시

채점 방법	• 각 문항의 점수를 합산하여 총점을 구함
	  – 전혀 느끼지 않았다＝0점
	  – 조금 느꼈다＝1점
	  – 상당히 느꼈다＝2점
	  – 심하게 느꼈다＝3점

해석 지침	• 총점의 범위: 0~63점
	  – 22~26점: 불안 상태(관찰과 개입을 요함)
	  – 27~31점: 심한 불안 상태
	  – 32점 이상: 극심한 불안 상태

부록 6 | 생명의 존엄성

활동 1: '생명' 하면 떠오르는 이미지가 무엇인지 잠시 눈을 감고 생각해 봅시다.

_____

_____

_____

_____

활동 2: '생명'이란 무엇인지 두 사람이 짝이 되어 각자의 생각을 나누어 봅시다.

_____

_____

_____

_____

활동 3: 3~4명이 한 팀이 되어 전쟁과 테러, 살인, 자살, 낙태, 동물 학대, 생태계 파괴, 자극적인 미디어와 인터넷 게임 등의 생명 경시 현상과 우리 마음의 상처에 대해 이야기를 나누어 봅시다.

_____

_____

_____

_____

활동 4: 3~4명이 한 팀이 되어 자기 자신과 타인, 모두가 한 생명체임을 나타낼 수 있는 생명존중의 실천에 대해 생각해 봅시다. 더불어 자신을 희생하면서 목표로 한다는 것에 대해 생각해 봅시다.

_____

_____

_____

_____

부록 7 　자살에 대한 이해

좌절 리스트를 기록하시오.

1. _____
2. _____
3. _____
4. _____
5. _____

좌절에 대한 나의 대처 방식을 기록하시오.

1. _____
2. _____
3. _____
4. _____
5. _____

부모님이나 주변 사람들이 나에게 가장 많이 해 준 말은 무엇인가?

1. _____
2. _____
3. _____
4. _____
5. _____
_____

그들의 말이 나의 가치관이나 미래에 미치는 영향을 적어 보시오.

1. _____
2. _____
3. _____
4. _____
5. _____

부록 8 　 나의 왜곡된 인지구조 조정하기

◆ 나의 왜곡된 인지구조 조정하기

사건	정서	비합리적 사고	지지하는 증거	지지하지 않는 증거	합리적 사고	정서

1. 해소되지 않은 슬픔 이해하기

이 그림을 보고 내 삶 속에 이런 순간이 언제 있었는지 그 순간을 회상해 보시오. 그리고 그 이야기를 짝을 지어 나누어 보시오.

에르바르트 뭉크의 〈절규〉
출처: https://namu.wiki/w/절규

2. 해소되지 않은 슬픔 작업하기

이 그림을 보고 그림 속에서 일어나고 있는 일에 대해 상상해서 이야기를 만들어 보시오. 그리고 짝을 지어 이야기를 나누어 보시오.

에르바르트 뭉크의 〈병실에서의 죽음〉
출처: https//m.blog.naver.com/PostView.naver?isHttpsRedirect=true&blo gd=vrhkdtn&logNo=10101201220

부록 9 중독과 자살에 대해 알기

1. 나의 사회적 영향

거절 기술 훈련

약물을 사용하자고 권하는 친구에게 어떻게 거절할 수 있을까?

- _____
- _____

공약 발표하기

약물을 사용하지 않겠다고 공약을 내걸어 봅시다.

- _____
- _____

광고 논박하기

담배와 알코올 관련 광고를 본 후 논박해 봅시다.

- _____
- _____

규범 교육

알코올 등 물질 사용집단은 10~14배의 자살시도 가능성이 높다고 한다.

- _____
- _____

십대의 리더 사용

초대된 사람이 약물을 사용하려고 했을 때 어떻게 대처했는지 알려 줍시다.

- _____
- _____

부록 10 동기강화상담의 OARS 실천

열린 질문하기	인정하기	반영하기	요약하기

부록 11 | 법적으로 알아야 할 사항

1. 언론의 자살 보도에 대한 법적 책임은 무엇인가요?

----

2. 자살 예방을 위한 법적 보호 조치에는 어떠한 것이 있나요?

----

3. 자살에 따른 민형사 책임에는 무엇이 있나요?

부록 12 자살 위험성과 신호

_____의 사례

행동적 표현

-
-
-
-

언어적 표현

-
-
-
-

상징적 표현

-
-
-
-

부록 13 생명존중 서약서

생명존중 서약서

나 _____은(는) 나의 생명을 존중하고 자살이나 자해로 나의 귀한 생명을 손상시키시 않을 것입니다. 나는 _____와(과) 상담하는 동안에 자살이니 자해의 생각이 나면 보호자, 지인에게 연락하여 도움을 요청할 것입니다.

도움 요청 시 연락할 전화번호: _____

서약자 이름: _____

증인 이름: _____

날짜: _____

부록 14   자살 위기 평가 도구

자살 위기 평가 도구

이   름:
생년월일:
성   별:
연락 번호:

1. 최근에 우울감을 경험한 적이 있나요?
    ① 전혀 없었음
    ② 가끔 있었음
    ③ 자주 있었음

2. 최근에 자살을 생각해 본 적이 있나요?
    ① 전혀 없었음
    ② 가끔 있었음
    ③ 자주 있었음
    (2번, 3번으로 대답한 경우에 얼마나 자주 생각을 하고 구체적인 계획을 하였는지 질문해 주세요. 그리고 구체적인 계획을 가지고 있는 경우에 학생에게 생명존중 서약을 하게 하고, 보호자나 담임선생님, 학과장에게 보고한다고 동의를 구하고 보호자나 학과장에게 알려 주세요)

3. 과거에 자해 및 자살을 시도한 적이 있나요?
4. 약물 또는 알코올을 사용한 적이 있습니까?
5. 수면에 장애를 느낀 적이 있습니까?
6. 식욕의 변화가 있었던 적이 있습니까?
7. 평소에 좋아했던 활동들에 대해 관심이 사라졌나요?

상담자 이름: _____   상담 날짜: _____

부록 15　위험성 평가 도구

평가 A (위험성)	자살 및 타해 사고를 표현하거나 관련된 환청이 있음. 현 병력 기간 중에 자살시도가 있음. 예측 불가능하게 폭력적이거나 충동적임	1
	자살 사고를 표현하거나 자살행동이 주변 환경이나 스트레스에 영향을 받음. 폭력적·충동적 행동의 기왕력이 있으나 현재는 뚜렷하지 않음	2
	자살 및 타해 사고가 부분적으로 있으나 양가적임. 또는 자살행동을 취한 적이 있음. 충동조절 능력은 확실하지 않음	3
	자살 및 타해 사고가 부분적으로 있거나 기왕력상 부분적으로 있었음. 활동 조절은 가능함	4
	자살 및 타해 사고나 행동의 과거력 및 위험이 있음	5
평가 B (지지 체계)	가족, 친구 또는 다른 형태의 지지 가능한 사람이 없음. 관련 기관에서도 필요한 서비스를 즉각 제공할 수 없는 상태임	1
	약간의 지지가 가능할 수 있으나 그 효과는 제한적임	2
	지지 체계가 충분히 가능한 상태이나 제대로 기능하기 위해서는 어려움이 있음(잠재적 지지 체계)	3
	관심이 있는 가족, 친구가 있으나 지지 능력과 의지는 다소 불명확함	4
	관심이 있는 가족, 친구 등이 있으며, 능력과 의지도 있음	5
평가 C (협조 능력)	협조가 불가능하거나 거부적임	1
	약간의 관심을 보이거나 개인에 대한 노력	2
	개입을 수동적으로나마 받아들임	3
	도움을 원하나 양가적이거나 동기가 강하지 않음	4
	적극적으로 지역사회 치료를 원하고 협조하려고 함	5

A	3~9점	극도의 위기 상황	즉각적인 서비스가 필요함 입원 조치가 필요함
B	10점	고위험 상황	2시간 이내에 접촉이 필요함 입원이 가능할 수 있음(예: 폭력적, 반복적이지는 않으나 급성적이고 심한 스트레스) * 9~10점인 경우에는 좀 더 면밀한 임상적 평가가 필요함. 다양한 개입 가능
C	11점	중간 정도의 위기 상황	12시간 이내에 접촉이 필요(예: 혼란스러운 행동)
D	12~13점	낮은 위험성	48시간 이내에 접촉이 필요함 * 48시간 이내에 전화 상담, 내방 상담, 가정방문 등 위기 개입 약속을 예약하는 것도 포함됨
E	14~15점	위기 상황 아님	2주 이내에 개입이 가능

출처: https://blog.naver.com/PostView.nhn?blogId=haengbbok&logNo=221972801317& categoryNo=130&parentCategoryNo=0〈부록 22〉

부록 16 한글판 우울증 선별 도구

이 검사는 우울한 정도를 스스로 알아보기 위한 것입니다. 이 질문들이 확정된 진단을 위한 것은 아니지만 높은 점수가 나왔을 경우에는 우울증의 가능성이 높으므로 더 정확한 평가를 위해서 상담센터나 관련 기관 그리고 병원에서 진료를 받아 볼 것을 추천합니다.

지난 2주간 얼마나 자주 다음과 같은 문제로 곤란을 겪으셨습니까?

지난 2주 동안에 다음과 같은 생각을 한 날을 헤아려서 해당하는 숫자에 ○표 하시오.

번호	지난 2주 동안에 다음과 같이 느끼거나 행동하였다.	없음	2, 3일 이상	7일 이상	거의 매일
1	기분이 가라앉거나, 우울하거나, 희망이 없다고 느꼈다.	0	1	2	3
2	평소 하던 일에 대한 흥미가 없어지거나 즐거움을 느끼지 못했다.	0	1	2	3
3	잠들기가 어렵거나 자주 깼다./혹은 너무 많이 잤다.	0	1	2	3
4	평소보다 식욕이 줄었다./혹은 평소보다 많이 먹었다.	0	1	2	3
5	다른 사람들이 눈치챌 정도로 평소보다 말과 행동이 느려졌다./혹은 너무 안절부절 못해서 가만히 앉아 있을 수 없었다.	0	1	2	3
6	피곤하고 기운이 없었다.	0	1	2	3
7	내가 잘못했거나 실패했다는 생각이 들었다./혹은 자신과 가족을 실망시켰다고 생각했다.	0	1	2	3
8	신문을 읽거나 TV를 보는 것과 같은 일상적인 일에도 집중할 수가 없었다.	0	1	2	3
9	차라리 죽는 것이 더 낫겠다고 생각했다./혹은 자해할 생각을 했다.	0	1	2	3

출처: 안제용 외(2013).

각 칸별로 점수를 더하시오.

총점에 따른 결과

1~4점=우울증 아님, 5~9점=가벼운 우울증, 10~19점=중간 정도의 우울증, 20~27점=심한 우울증

부록 17   지각된 스트레스 척도

다음의 문항은 지난 한 달간 당신의 감정과 생각에 대한 질문이다. 각 질문에 대해 얼마나 자주 그러했는지 비슷하다고 생각되는 것을 하나 골라 번호에 ○표 하시오.

번호	지난 한 달간	전혀 없었다	거의 없었다	가끔 있었다	자주 있었다	매우 자주 있었다
1	예상치 않게 생긴 일 때문에 속상한 적이 얼마나 자주 있었습니까?	0	1	2	3	4
2	중요한 일을 조절할 수 없다고 느낀 적이 얼마나 자주 있었습니까?	0	1	2	3	4
3	불안하고 스트레스 받았다고 느낀 적이 얼마나 자주 있었습니까?	0	1	2	3	4
4	개인적인 문제를 잘 처리할 수 있다고 자신감을 가진 적이 얼마나 자주 있었습니까?	0	1	2	3	4
5	일이 뜻대로 진행되고 있다고 느낀 적이 얼마나 자주 있었습니까?	0	1	2	3	4
6	자신이 해야 할 모든 일에 잘 대처할 수 없었던 적이 얼마나 자주 있었습니까?	0	1	2	3	4
7	일상에서 짜증나는 것을 잘 조절할 수 있었던 적이 얼마나 자주 있었습니까?	0	1	2	3	4
8	자신이 일을 잘 해냈다고 느낀 적이 얼마나 자주 있었습니까?	0	1	2	3	4
9	자신의 능력으로는 어떻게 해 볼 수 없는 일 때문에 화가 난 적이 얼마나 자주 있었습니까?	0	1	2	3	4
10	어려운 일이 너무 많아져서 극복할 수 없다고 느낀 적이 얼마나 자주 있었습니까?	0	1	2	3	4

출처: 이종하 외(2012).

* 19점 이상이면 스트레스를 받고 있음을 의미한다.

부록 18 나의 스트레스에 대한 인지적 평가

어떤 스트레스를 경험했나요?

- _____
- _____
- _____

1차 평가를 해 봅시다. 위협적인 사건인가요?

- _____
- _____
- _____

2차 평가를 해 봅시다. 내가 무엇을 할 수 있을까요?

- _____
- _____
- _____

재평가를 해 봅시다. 제대로 대처를 한 것 같나요?

- _____
- _____
- _____

부록 19 MZ세대의 위험요인과 보호요인

1. 혹시 자살 생각을 하고 계십니까? 그렇다면 다음의 질문을 생각해 봅시다.

1) 삶의 의미와 가치를 주는 희망적인 가치관, 삶에 대한 믿음이 있다면 그것은 무엇인가요?

_____
_____
_____

2) 미래에 희망과 기대감을 주는 것을 찾아본다면 그것은 무엇인가요?

_____
_____
_____

3) 자신에게 있는 긍정적인 자원, 힘이 있다면 그것은 무엇인가요?

_____
_____
_____

4) 활력과 즐거움을 주는 취미 활동이 있다면 그것은 무엇인가요?

_____
_____
_____

5) 나에게 힘이 되어 주는 가족, 친구, 기관, 모임이 있다면 나와 어떤 관계인가요?

_____
_____

자살 예방 전문 기관에서 여러분의 도움 요청을 기다립니다. 언제든 연락해 봅시다.

부록 20 자기 소개하기

나는요

1. 나를 4~6글자로 표현한다면 _____입니다. 이유는 _____입니다.

2. 친구들은 나를 _____라고 생각합니다. 이유는 _____입니다.

3. 가족은 나를 _____라고 생각합니다. 이유는 _____입니다.

4. 내가 좋아하는 색깔은 _____입니다. 이유는 _____입니다.

5. 내가 좋아하는 음식은 _____입니다. 이유는 _____입니다.

6. 내가 가장 좋아하는 일은 _____입니다. 이럴 때 나는 _____합니다.

7. 나의 좋은 점은 _____입니다. 그래서 _____합니다.

8. 내가 좋아하는 사람의 특징은 _____입니다. 왜냐하면 _____입니다.

9. 내가 싫어하는 사람의 특징은 _____입니다. 왜냐하면 _____입니다.

10. 올해의 목표는 _____입니다.

부록 21 정신건강 돌보기

　시를 들려 준다. 자신에게 있었던 어려웠던 일 그리고 극복하였던 일을 이야기 나누도록 한다. 조원 중 한 명이 나와 어려움을 극복한 후에 성숙해진 부분을 발표하도록 한다.

흔들리며 피는 꽃

도종환

흔들리지 않고 피는 꽃이 어디 있으랴
이 세상 그 어떤 아름다운 꽃들도
다 흔들리면서 피었나니
흔들리면서 줄기를 곧게 세웠나니
흔들리지 않고 가는 사랑이 어디 있으랴

그대는 되고 법칙을 아는가?

돈이 없으면 돈은 벌면 되고
잘못이 있으면 잘못은 고치면 되고
안 되는 것은 되게 하면 되고
모르면 배우면 되고
힘이 부족하면 힘을 기르면 되고
부족하면 메우면 되고
잘 모르면 물으면 되고
잘 안 되면 될 때까지 하면 되고
길이 안 보이면 길을 찾을 때까지 찾으면 되고

길이 없으면 길을 만들면 되고
기술이 없으면 연구하면 되고
생각이 부족하면 생각을 하면 되고
이와 같이 '되고 법칙'에 대입해서
인생을 살아가면 안 되는 것이 없다.
내가 믿고 사는 세상을 살고 싶으면 거짓말
속이지 않으면 되고
미워하지 않고 사는 세상을 원하면
사랑하고 용서하면 되고
사랑받으며 살고 싶으면
부지런하고 성실하고 진실하면 되고
세상을 여유롭게 살고 싶으면
이해하고 배려하면 되고
돈이 없어서 자식이나 주위 사람들에게 얹
혀 살지 말고
돈을 벌어 베풀면 된다.
열심히 해 보라! 하면 된다.

- 해 보라! 된다! 새로운 세기의 시작 2권 중에서-

부록 22   스트레스 점검표

신체적 증상	1. 숨이 막힌다. 2. 입이나 목이 마른다. 3. 불면증이 있다. 4. 편두통이 있다. 5. 눈이 쉽게 피로해진다. 6. 어깨나 목이 자주 결린다. 7. 가슴이 답답해 토할 기분이다. 8. 식욕이 떨어진다. 9. 변비나 설사를 한다. 10. 신체가 나른하고 쉽게 피로를 느낀다.
심리·정서적 증상	1. 언제나 초조해하는 편이다. 2. 흥분이나 화를 잘 낸다. 3. 집중력이 저하되고 인내력이 없어진다. 4. 건망증이 심하다. 5. 우울하고 기분이 침울하다. 6. 무엇인가를 하는 것이 귀찮다. 7. 매사에 의심이 많고 망설이는 편이다. 8. 하는 일에 자신이 없고 쉽게 포기하는 편이다. 9. 무엇인가를 하고 있지 않으면 진정이 안 된다. 10. 성급하게 판단을 하는 경우가 많다.
행동적 증상	1. 반론이나 불평, 말대답이 많아진다. 2. 일의 실수가 증가한다. 3. 주량이 늘었다. 4. 필요 이상으로 일에 몰입한다. 5. 말수가 줄고 생각에 깊이 잠긴다. 6. 말수가 많고 말이 되지 않는 주장을 펼친다. 7. 사소한 일에도 화를 잘 낸다. 8. 화장이나 복장에 관심이 없어진다. 9. 사무실에서 개인적 전화를 하거나 화장실에 자주 간다. 10. 결근, 지각, 조퇴가 증가한다.

부록 23 | 마음챙김 척도

마음챙김 척도와 마음챙김의 수용 정도로 검증하는 척도는 다음과 같다.

번호	내용	전혀 아니다	약간 그렇다	보통 이다	상당히 그렇다	매우 그렇다
1	한 가지 과제나 일에 정신을 집중하기가 어렵다.					
2	나에게 어떤 감정이 있다는 것을 알면 사람들이 이상하게 볼 것이란 생각이 든다.					
3	나는 현재 내 주변에서 무슨 일이 일어나고 있는지를 놓치는 경우가 많다.					
4	나는 미래에 대한 걱정 혹은 과거의 일에 몰두해 있는 때가 많다.					
5	어디에 물건을 두었는지 기억하지 못해서 괴로운 경우가 많다.					
6	나는 자신에게 '내가 이런 것을 원해서는 안 되지'라고 말하는 경우가 많다					
7	나는 순간순간 내 기분의 변화를 잘 알아차리지 못한다.					
8	미래에 대한 걱정이 떠올랐을 때 불안에 휩싸이게 된다.					
9	책(혹은 신문)을 읽거나 TV를 봐도 무슨 내용이었는지 잊어버릴 때가 많다.					
10	어떤 감정을 느낄 때, 내가 느끼면 안 되는 감정이라고 판결하는 경향이 있다.					
11	서운하거나 화나는 감정을 느껴도 어느 정도 시간이 지나기 전까지는 그것을 알아차리지 못한다.					
12	닥칠지도 모르는 불안에 대해서 걱정에 빠져 있는 경우가 많다.					
13	다른 사람들과 이야기할 때, 사람들이 내게 한 말을 금방 잊어버리는 경우가 많다.					
14	내가 이런 생각 혹은 감정을 갖는다는 것에 자신에게 실망하는 경우가 많다.					
15	나는 순간순간 내가 바라는 것이 무엇인지 알 수 없는 때가 많다.					
16	고민을 털어 버리지 못하고 계속 집착한다.					
17	나는 내가 하고 있는 것에 대한 주의집중 없이 멍한 상태로 일하는 경우가 많다.					
18	어떤 생각이나 감정이 떠오를 때, 옳지 못한 것 같아 부끄러울 때가 많다.					
19	때때로 나는 내 느낌이나 감정이 무엇인지 구별할 수 없다.					
20	실망하면 그 타격이 너무 커서 그것을 떨쳐 버릴 수가 없다.					

출처: 박성현(2006).

부록 24   수용행동 척도

- 수용행동질문지(Acceptance and Action Questionnaire: AAQ)를 사용한다.
- AAQ는 자신의 가치와 목적에 일치하는 방식으로 행동하면서 생각이나 감정을 기꺼이 수용하는 정도를 측정하는 총 10문항으로 구성된 척도이다.
- 7점 척도: 전혀 그렇지 않다(1점), 거의 그렇지 않다(2점), 별로 그렇지 않다(3점), 때때로 그렇다(4점), 자주 그렇다(5점), 거의 대부분 그렇다(6점), 항상 그렇다(7점)
- 점수가 높을수록 수용의 정도가 높고, 경험에 대한 회피의 정도가 낮음을 의미한다.

번호	내용	전혀 그렇지 않다	거의 그렇지 않다	별로 그렇지 않다	때때로 그렇다	자주 그렇다	거의 대부분 그렇다	항상 그렇다
1	뭔가 부정적인 것을 기억하게 되어도 괜찮다.							
2	나의 고통스런 과거 경험과 기억이 내가 추구하는 삶을 어렵게 한다.							
3	내 감정에 대해 겁이 난다.							
4	스스로 걱정과 감정을 통제하지 못할까 봐 겁이 난다.							
5	나의 고통스러운 경험이 충만한 삶을 살기 어렵게 한다.							
6	나의 삶에 대해 통제력을 잘 발휘하고 있다.							
7	내 삶에서 감정이 문제를 야기한다.							
8	대부분의 사람은 나에 비해 자신의 삶을 잘 영위해 가고 있는 것 같다.							
9	염려가 나의 성공을 가로막는다.							
10	나의 생각과 감정은 내가 어떤 삶을 살아가고 싶은지에 별 영향을 주지 않는다.							

출처: Hayes et al. (2004).

<table>
<tr><td>부록 25</td><td>'나는 얼마나 외로움을 느끼는가'</td><td></td></tr>
</table>

거의 그렇지 않다=0점, 가끔 그렇다=1점, 종종 그렇다=2점, 자주 그렇다=3점

번호	내용	점수
1	나에게 친한 친구가 없다고 느껴진다.	
2	다른 사람을 믿는 것이 두렵다.	
3	나에게 이성 친구가 없다고 느껴진다.	
4	내 고민을 얘기하면 가까운 사람들이 부담스럽게 느낀다.	
5	나는 다른 사람에게 필요하지도, 중요하지도 않은 사람이라고 느낀다.	
6	나는 누구와도 개인적인 생각을 나누기 어렵다고 느낀다.	
7	나는 다른 사람들로부터 이해받지 못하고 있다고 느낀다.	
8	나는 다른 사람에게 다가가는 것이 편안하지 않다.	
9	나는 외로움을 느낀다.	
10	나는 어떤 친목집단이나 조직에도 소속감을 느낄 수 없다.	
11	나는 오늘 다른 사람과 교류를 가졌다는 느낌이 들지 않는다.	
12	나는 다른 사람에게 할 말이 별로 없다고 느낀다.	
13	나는 다른 사람과 함께 있으면 평소의 내 모습과 달라지는 것 같다.	
14	나는 다른 사람 앞에서 당황해할까 봐 두려워한다.	
15	나는 재미있는 사람이 아니라고 생각한다.	
	합계	

출처: 권석만(1997). 재인용.

1) 채점 및 해석

1번부터 15번까지의 점수를 합하여 총점을 구한다. 총점의 점수대에 따라서 다음과 같은 해석이 가능하다.

- 0~10점: 외로움을 거의 느끼지 않는다.
- 11~20점: 보통 사람들이 느끼는 평균 수준의 외로움을 느낀다.
- 21~28점: 보통 사람들보다 높은 수준의 외로움을 느낀다.
- 29점 이상: 상당히 심한 외로움을 느낀다.

부록 26 부모-자녀 간 스트로크 척도

다음의 척도를 활용하여 부모와 나누는 스트로크에 대해 평가해 보세요.

다음 문항은 부모님과의 대화 내용이나 태도에 관한 설문 내용입니다. 부모님께서 평소 여러분에게 대해 주시는 태도와 같다고 생각되는 곳에 ○표 하시오. 부모님이 안 계신 경우에는 자신을 길러 주고 돌봐 주신 분을 부모라고 생각하고 답을 하면 됩니다.

번호	내용	전혀 그렇지 않다	거의 그렇지 않다	자주 그러는 편이다	늘 그러는 편이다
1	나에게 늘 다정하게 말씀하신다.				
2	나에게 눈길을 잘 주시지 않는다.				
3	큰 잘못을 하지 않았을 때에도 매를 드신다.				
4	내가 소중한 사람이라고 느끼게 하신다.				
5	나에게 관심이 없으시다.				
6	내가 어떤 실수를 했을 때 모르는 사람들 앞에서도 창피를 주신다.				
7	내가 실수로 일을 잘못한 경우에도 꾸중하기보다는 "애썼다." "다음에 잘하면 된다."라며 격려해 주신다.				
8	내게 걱정되는 일이 있을 때 함께 걱정하고 고민을 해결해 주시고자 한다.				
9	칭찬보다는 꾸중을 많이 하신다.				
10	나를 보고 "너는 누굴 닮아서 그러니? 꼴도 보기 싫다."라는 말씀을 자주 하신다.				
11	나의 장점을 자주 말씀하신다.				
12	내가 어디를 가든, 무슨 일을 하든 상관하지 않으신다.				
13	내가 해야 할 일을 제대로 하지 못할 경우, 화를 내거나 짜증스러워 하신다.				
14	나를 자랑스러워하신다.				
15	부모님과 함께 오랜 시간을 보내는 것이 부담스럽다.				

16	내가 어떤 일을 했을 때, 머리를 쓰다듬어 주시거나 등이나 어깨를 토닥여 주신다.				
17	나에게 "~하면 안 돼." "~그것도 못하니?" "도대체……." 라는 말씀을 자주 하신다.				
18	학교 성적이 조금만 떨어져도 야단을 치신다.				
19	내 말을 못들은 척 자주 무시하신다.				
20	심부름을 하거나 집안일을 도와드리면 "고맙다." "수고했다." 하시며 대견스러워 하신다.				
21	큰 잘못이나 이유 없이 자주 나에게 화를 내신다.				
22	내가 원치 않는 자식이란 느낌이 들도록 하신다.				
23	부모님은 내가 뭔가 열심히 노력하는 모습을 보였을 때 칭찬을 해 주신다.				
24	내 손을 잡아 주시거나 안아 주시는 등 신체적 접촉을 자주 하시는 편이다.				
25	부모님은 내 존재 자체를 귀찮아하시는 것 같다.				
26	나의 의견을 존중해 주신다.				
27	작은 실수에도 바보나 멍청이 같다고 꾸중하신다.				
28	나를 칭찬하거나 혼내는 일이 없으시다.				
29	나와 같이 보내는 시간을 즐거워하신다.				
30	작은 잘못에도 심하게 벌을 주신다.				

출처: 최철숙(2005).

활용 방법: 각 문항의 점수를 확인하여 부정적인 것과 긍정적인 것을 파악한다. 그 결과 부정적인 것은 멈추고, 긍정적인 것은 독려함으로써 건강한 관계 맺기와 효과적인 표현 방법을 제시해 주세요.

부록 27 일반적 도움찾기 질문지

다음은 당신이 개인적 · 정서적 문제를 경험하고 있다면 도움이나 조언을 줄 수 있는 사람들의 목록입니다. 당신이 앞으로 4주 동안 개인적 · 정서적 문제에 대해 이 사람들로부터 얼마나 도움을 받을 것인지를 나타낸 것에 ○표 하시오.

	전혀 도움받지 않음						매우 도움받음
1a) 파트너(예: 중요한 남자 친구 혹은 여자 친구)	1	2	3	4	5	6	7
1b) 친구(당신의 문제와 관련되지 않은)	1	2	3	4	5	6	7
1c) 부모	1	2	3	4	5	6	7
1d) 다른 친척/ 가족 성원(형제자매)	1	2	3	4	5	6	7
1e) 정신건강 전문가(예: 학교 상담사, 심리학자, 정신건강 전문의, 정신건강 전문 요원)	1	2	3	4	5	6	7
1f) 전화 상담(예: 생명의전화)	1	2	3	4	5	6	7
1g) 가정의	1	2	3	4	5	6	7
1h) 교사(교사, 상담자)	1	2	3	4	5	6	7
1i) 앞에 제시되지 않은 그 밖의 사람(누구인지를 기술하시오)	1	2	3	4	5	6	7
1j) 누군가로부터 도움을 찾지 않음	1	2	3	4	5	6	7

2a) 개인적 문제에 대해 도움을 얻기 위해 정신건강 전문가(예: 학교 상담사, 상담자, 심리학자, 정신건강 전문의, 정신건강 전문 요원)를 찾아본 적이 있나요? (예, 아니요)

만약 2a) 질문에서 '아니요'라고 답했다면 당신은 이 장을 마치시오.

   만약 당신이 '예'라고 답했다면 아래의 2b, 2c, 2d를 완성하시오.

2b) 당신은 정신건강 전문가를 얼마나 많이 방문을 하였습니까? _____번 방문

2c) 당신은 어떤 유형의 정신건강 전문가를 알고 있습니까?

   그들의 직업을 적어 주십시오. (예: 상담자, 심리학자, 정신건강 전문의, 정신건강 전문 요원)

2d) 당신은 정신건강 전문가를 방문해서 얼마나 도움을 받았습니까? (다음에 ○표 하시오.)

	전혀 도움받지 않음						매우 도움받음
2d) 정신건강 전문가를 방문해서 도움을 받은 정도	1	2	3	4	5	6	7

출처: Wilson et al. (2005).

부록 28 실제 도움찾기 질문지

　　다음은 당신이 개인적·정서적 문제를 경험하고 있다면 도움이나 조언을 받고 싶어 하는 사람들의 목록입니다. 당신이 지난 2주 내로 개인적·정서적 문제에 대해 조언이나 도움을 받으러 갔던 사람들이 있는지를 답하고, 문제의 유형을 간략히 써 보시오.

	예	문제의 유형을 간략히 기술
3a) 파트너(예: 중요한 남자 친구 혹은 여자 친구)	예	
3b) 친구(당신의 문제와 관련되지 않은)	예	
3c) 부모	예	
3d) 다른 친척/가족 성원(형제자매)	예	
3e) 정신건강 전문가(예: 학교 상담사, 심리학자, 정신건강 전문의, 정신건강 전문 요원)	예	
3f) 전화 상담(예: 생명의전화)	예	
3g) 가정의	예	
3h) 교사(교사, 상담자)	예	
3i) 앞에 제시되지 않은 그 밖의 사람(누구인지를 기술하시오)	예	
3j) 누군가로부터 도움을 찾지 않았음	예	

출처: Rickwood & Braithwaite (1994).

찾아보기

인명

내용

저자 소개

유영권(You Young Gweon)
미국 밴더빌트 대학교 기독상담학 박사
전 생명문화학회 회장
현 연세대학교 상담코칭학과 교수

노충래(Nho Choong Rai)
미국 컬럼비아 대학교 사회사업 대학원 사회복지학 박사
전 뉴욕 퀸스 차일드 가이던스 센터(현, 뉴욕아동센터) 사회복지사
현 이화여자대학교 사회복지학과 교수

송인한(Song In Han)
미국 시카고 대학교 사회복지행정학 박사
전 미국 하버드 대학교 보건대학원 객원과학자
현 연세대학교 사회복지대학원 교수

신성만(Shin Sung Man)
미국 보스턴 대학교 상담학 박사
전 한국중독심리학회 회장(2019~2021)
현 한동대학교 상담심리사회복지학부 교수

신성현(Shin Sung Hyun)
동국대학교 철학 박사
전 동국대학교 불교대학원장 역임
현 동국대학교 불교대학 불교학부 교수

유수현(You Soo Hyun)
숭실대학교 사회복지학부 박사
전 숭실대학교 교수
현 생명문화학회 이사장

이범수(Lee Pum Soo)
동국대학교 응용불교학 박사
전 한국상장예문화학회 회장
현 동국대학교 불교대학원 생사문화산업학과 교수

이정상(Lee Jeong Sang)
홍익대학교 교육학 박사
전 서울서부지방법원상담위원
현 이정상 심리상담부부가족상담소 소장

이희영(Lee Hee Young)
한영대학교 사회복지학 박사
전 서울서부교육지원청 wee센터 상담원
현 성결대학교 파이데이아학부 강사

임승희(Lim Seung Hee)
버밍엄 대학교 사회복지학 박사
현 신한대학교 사회복지학과 교수
　　생명문화학회 학회장

조영순(Cho Young Soon)
백석대학교 기독교전문대학원 사회복지학 박사
전 국민대학교 행정대학원 겸임교수
현 생명문화학회 이사

조흥식(Cho Heung Seek)
서울대학교 사회복지학 박사
전 서울대학교 사회복지학과 교수
현 서울대학교 사회복지학과 명예교수

최승원(Choi Seung Won)
서울대학교 법학 박사
전 이화여자대학교 법학전문대학원 사회복지학과 교수
현 이화여자대학교 법학전문대학원 명예교수

최윤영(Choi Yoon Young)
이화여자대학교 법학 박사
전 고려대학교 법학전문대학원 연구교수
현 서울시립대학교 행정학과 강사

하상훈(Ha Sang Hun)
인하대학교 대학원 교육학 박사
전 고려대학교 교육대학원 겸임교수
현 한국생명의전화 원장

현명호(Hyun Myoung Ho)
중앙대학교 심리학과 문학 박사
전 우석대학교 심리학과 교수
현 중앙대학교 심리학과 교수

MZ세대를 위한 생명존중교육
Mental Health Care for MZ Generation

2023년 1월 20일 1판 1쇄 인쇄
2023년 1월 30일 1판 1쇄 발행

지은이 • 유영권 · 노충래 · 송인한 · 신성만 · 신성현 · 유수현 · 이범수 · 이정상
　　　　이희영 · 임승희 · 조영순 · 조흥식 · 최승원 · 최윤영 · 하상훈 · 현명호
펴낸이 • 김진환
펴낸곳 • (주) **학지사**
　　　　04031 서울특별시 마포구 양화로 15길 20 마인드월드빌딩
대표전화 • 02)330-5114　　　팩스 02)324-2345
등록번호 • 제313-2006-000265호

홈페이지 • http://www.hakjisa.co.kr
페이스북 • https://www.facebook.com/hakjisabook

ISBN 978-89-997-2811-2 93180

정가　20,000원

출판미디어기업 학지사

간호보건의학출판 **학지사메디컬** www.hakjisamd.co.kr
심리검사연구소 **인싸이트** www.inpsyt.co.kr
학술논문서비스 **뉴논문** www.newnonmun.com
교육연수원 **카운피아** www.counpia.com